U0829238

青蓝文库

青蓝文库

走向“理由之治”

行政说明理由制度之透视

苏宇 著

中国法制出版社
CHINA LEGAL PUBLISHING HOUSE

编委会委员（按姓氏拼音排序）：

常鹏翱　车　浩　陈杭平　陈新宇　侯　猛

劳东燕　雷　磊　栗　峥　王　莹　谢海定

许德峰　尤陈俊　张　红　张　翔　张　龑

赵　宏　赵　磊　朱　腾

问渠那得清如许

经过两年多的策划和工作，《青蓝文库》终于面世了。这中间，凝聚了很多人的努力和期待。中国法制出版社邀我写一个总序，考虑到丛书包涉法学各个专业，自己所学狭薄，我一开始有些犹豫。但又想到司马迁所言："序者，绪也，所以助读者，使易得其端绪也。"参与和见证一段历史，无形中就承载了记录绍介的义务。读者可能希望了解到这套文库的来龙去脉，如果我的序能够有所帮助，那还是义不容辞的。

说来话长。这套文库的大致雏形，最早涌现于 2016 年 3 月某日，中国法制出版社的马颖女士与我在陈明楼办公室的一番叙谈。马颖在法律出版界是资深编辑，那时刚接任编辑六部主任一职，很想为法制社的学术出版再开局面，拓展出一些新气象。而我自己当时手头文债积压，并无新货，于是，我们就聊到其他出版项目，其中就包括，法制社打算资助出版一批优秀博士论文。

如所周知，博士论文凝聚了一个人以学术为业的最初心血，是他走上学术之路的叩门砖，意味着从汲取导向的学生，开始向创新导向的学者蜕变。而且，从学术史经验来看，博士论文中也不乏经受住了时间检验的经典之作。尽管意义与价值如此之大，但是，在当下的出版环境中，博士论文出版却非常之难。一来，是由于纯粹的学术著作的受众市场本身就非常狭小；二来，在逼仄的市场中，书的销量和效益又往往与作者的知名度挂钩。于是，一个名不见经传、初出茅庐的学者，捧着手中新鲜出炉的博士论文，既不容易得到学术市场的认可，也因此很难获得出版社的支持。名家大腕被争相约稿，而刚出道的新人，即使自掏腰包自费出版，恐也难逃被冷落敷衍的命运。所以，尽管每年中国的法学院校里有很多博士生毕业，但是，即使是其中最优秀的博士论文，想要立即出版也非易事，往往是“养在深闺人未识”，直到作者闯出腕儿来、有了学术名声的那一天，蒙尘的明珠才可能绽放光芒。

然而，此时出版，已有些错过，不再是学术新人最渴望自我肯定和向学界证明的迫切时机，也不是学者在最艰难的出道之初，最急需的支持和鼓励，因而，可能只是锦上添花。过往，中国人民公安大学出版社的《北大刑法博士文丛》，以及武汉大学出版社的《武汉大学刑法学博士文库》，为很多刚毕业的刑法博士提供了论文出版的平台，成就了他们人生中的第一本书，那是颇有高义的雪中送炭之举。不过，这两套文库作者限于特定高校和刑法专业，影响不免有限。如今，法制社有意精心打造一套文库，推出全国法学院各专业的优秀博士论文，这种对学术新人鼎力相助的力度，可谓前所未有，出版社的学术情怀和社会担当更是令人敬佩。因此，当听到马颖提出这个出版计划并征询我的具体建议时，我也感到很振奋，愿意尽自己绵薄之力，帮助她绘成这个蓝图。

我当时向马颖建议，可以通过民间渠道邀请一批中青年学者，而非官方机构来遴选优秀论文。这不仅是由于，机构评选论文的形式已成窠臼，更主要是考虑，如果评审人与被评审人年龄代际相近，那么无论是个人的学术潜质还是论文情况，都一定更为熟悉。而且，相对于年长的学界大家来说，中青年学者距离在毕业前后的艰难岁月中努力跋涉的经历，时间还未久远，因此，对学术新人出头的不易，以及博士论文出版的困难，大都有尚未淡化和忘却的切身体会，可能更愿意去投入精力帮助后来人。加之较少社会杂务，更多爱惜学术羽毛，评选上也会更加认真、负责和公允。

马颖是个很有决断力的人，她听了我的建议后，完全赞同这个新的民间方案，并请我推荐和联系编委会人选。我被马颖的热诚感染，受她之托，给一些学界朋友打了电话。大家在了解到这个出版计划后，几乎都是毫不犹豫地应允下来，愿意义务承担审查来稿和推荐优秀论文的工作。编委会的人员组成很快就确定下来。这也让我颇有感触，一个有情怀的出版项目，不需要多少鼓吹，自会焕发出它的光彩，吸引和召唤着有学术责任感的学者们汇集。

万事俱备，只欠开会。2016 年 4 月 18 日，第一次神仙会胜利召开。根据出版社的记录，第一次与会的学者名单如下：车浩、陈新宇、侯猛、劳东燕、雷磊、栗峥、王莹、许德峰、张翔、张龑、赵宏、朱腾、谢海定。舒丹、马颖、王雯汀三位法制社编辑策划主持了第一次聚会。聚会之日适逢当年的北京电影节，于是，由我提议，大家在小西天附近餐叙后，又集体遛弯到中国电影资料馆，看了一场银河映像系列之《暗花》。从电影院出来，仍然意犹未尽，找了一处胡同里的茶馆继续聊。

这次聚会颇有成果。商定的内容包括：(1) 在全国范围内面向各个高校和专业征求优秀论文。(2) 采用作者自荐和编委推荐两种方式确立稿源。(3) 编委会的工作制度和推荐评审的义务。(4) 兼顾图书质量和出版规模等基本理念和规则。其实，答应参与编务的学者，虽然是法学各个专业里出类拔萃的青年才俊，但毕竟有学校和专业的隔离，相互间并没有想象中那么熟悉，甚至是闻名已久但从未谋面的神交，是《青蓝文库》这个出版项目中包含的学术理想和情怀，调动了每个人的学术热忱，大家才聚到一起来。每个人都很珍重自己的责任。在集聚餐、喝茶、看电影于一体的聚会中，严肃活泼地讨论了问题，达成了共识，像这样的交游轶事，对我们每个参与者都是很奇妙的体验，也是一次弥足珍贵的回忆。

第一次聚会后不久，法制社就在征求各位编委意见的基础上，面向全国，推出了正式的征稿启事。“《青蓝文库》是由中央级法律专业出版社中国法制出版社创设的重大出版项目，专门出版中国法学专业优秀博士学位论文。文库旨在发现有潜质的学术新星，为法学博士论文的发表搭建优质平台。文库支持和推动高校不断推出创新性成果，与学界一起探索和确立中国法学博士论文的优秀标准。”这份启事，包括我本人在内，多位老师参与修改润色，应当说，完整地表达了出版社编辑和我们编委会成员的共同心声。

在这份启事中，中国法制出版社郑重承诺：《青蓝文库》的出版无需任何资助；出版社会精心打磨每一部作品，以精美的版式设计和装帧风格匹配作品的学术价值；对《青蓝文库》的出版成果，出版社会积极联系各学术刊物、报刊媒体、学校官方平台等进行大力宣传；每一年度出版社将邀请出版论文作者参加“青蓝出版沙龙”，享受一次打破学科专业界限相互交流的盛会。显而易见，这些承诺如能一一实现，那么，进入《青蓝文库》，对于博士毕业的学术新人在学界影响力的彰显和提升，将会有极大的助力。这可能是青年学者能在国内出版界得到的最好的亮相机会了。当然，这份启事中也写明了我们这些编委的承诺，即编委会成员将尊重学术研究视角和立场的多元化，本着充分的学术包容精神，对挑选出真正有价值的论文怀有使命感，力求评选结果客观公正。

出版社与编委会的第一次碰头议事，设在小西天，以独特的方式，取得了非常好的效果。在其乐融融的气氛中，沟通了感情，增进了对《青蓝文库》这项共同事业的认同度和使命感。可能是受此激励，三个月后的一个周末（2016 年 7 月 23、24 日），马颖很快又趁热打铁组织了第二次编委会会议，地点设在京郊。报到当天下午，大家就开始了分组审稿的工作。第二天，在北京实创西山科技培训中心，召开了正式的评审会。针对符合征稿要求的21篇博士论文，按照“严格筛选、宁缺毋滥”的原则，以编委的个人初审为基础，经过分组审稿、分组讨论以及集中评审后，编委会成员进行匿名投票。再由出版社统计全体编委的推荐意见，当场公布获得三分之二（即12名以上）编委推荐的论文名单。针对入选的论文，编委会确定一至两名编委，综合全体编委的修改意见，会后与论文作者直接沟通，提出完善建议。至此，第一次评审会圆满完成，共评选出4篇优秀论文，作为《青蓝文库》第一批次推出的作品。

这是一次非常成功的论文评审会。这首先得益于，马颖、王雯汀、罗莎、侯鹏、吴宇辰等几位出版社的编辑及工作人员，为这次评审会付出了大量的心力来准备、策划和安排。其次，参加评审会的编委会成员，包括陈杭平、侯猛、劳东燕、雷磊、栗峥、王莹、许德峰、尤陈俊、张翔、张龑、朱腾、赵磊以及本人在内，都本着珍重这份责任的态度，对评审投入了很大精力。会前，出版社就已经通过邮件把论文发给了编委进行预审，等到开会当天，各学科组的编委对所推荐论文和存在争议的论文讨论得非常深入，争论得也十分激烈，可以说是充分且坦诚地交换了意见。

之后很长时间，我都常常想起这次令人难忘的评审会。马颖等各位编辑老师的策划安排，可谓煞费苦心。会议所在之地离龙泉寺很近，龙泉寺是全国有名的佛教古刹，出过很多高僧，常常以现代人喜闻乐见的方式传播佛法，寺内香火旺盛，游客如织，置身其中，感受到一种出世般的内心宁静，但也不会斩断与人间烟火的勾连。浸染在这种情绪中，特别适合投入接下去的评审工作。因为学术一途，本来也是素心人之事，要能脱心志于俗谛之桎梏，而付出精力去评审和推荐他人的论文，更是要有一种对学术共同体的使命感。所以，我觉得法制社的这次会议策划颇有禅机、值得回味。

半年之后，我们又在法制社的会议室召开了第三次编委会，也是第二次论文评审会。有了前两次成功的会议打下的基础，编委会磨合日趋顺畅，后面的评审会就进入了良性运转的正常轨道。值得一提的是，在几次会议中，大家逐渐达成一项共识，即《青蓝文库》支持的对象，不仅仅是优秀论文本身，而且是论文作者的学术之路。因此，虽然论文质量不错，但是作者博士毕业后就不再从事学术工作的，原则上不纳入出版计划之列。

受命作序，回想往事，点点滴滴都涌上来。这样不厌其详地叙述过往细节，正如开头所言，因为要向读者诸君讲述《青蓝文库》的来龙去脉，希望文库的每一位作者都能记住历史。法制出版社多次表示，他们有能力、有信心将《青蓝文库》的项目坚持下去，十年、二十年甚至更久。我也相信，未来将有更多的青年才俊，以这套文库为阶，走上学术舞台的中心。序中所记，是在这套文库诞生过程中，出版社编辑和编委会成员付出的热情和心血，当然，肯定还有很多我不了解的幕后工作无法呈现。我一直认为，缺乏学术传承和积累，是中国法学曾被人讥为“幼稚”的重要原因。而学术传统的形成，不是某一两个人甚至一两代人就能毕功的事业。我们每个人，都是在无尽的历史长河中来承担各自的使命。我们努力完成自己的作品，也不要淡忘先行者的努力和恩惠，同样，有能力时，更应尽力去帮助和支持学术之路上的后来人。由此，学术共同体才可能写下历史记忆，中国法学才可能形成绵延不断的积累。

问渠那得清如许？我想，年轻学者们锐意十足的作品、学界同仁间相互守望和提携的赤诚、出版界襄助学术的热忱，就是那永不枯竭的源头活水吧。愿中国法学的学术传统涓涓不息，清水长流！

是为序。

车浩

2018年4月9日于北大陈明楼

推荐序

“理由说明”制度并非公法中的一个新话题。作为现代行政程序的核心构成，理由说明制度不仅在域外历经丰富发展，也早早就被纳入我国行政法秩序中，此前研究理由说明制度的文献也不在少数。但苏宇老师的博士论文《走向“理由之治”：行政说明理由制度之透视》对于说明理由制度的书写却并未只是停留在制度评介或是教义分析的层面。在其论文中，“理由”和“说明理由”在现代行政中所承担的更近于填补“行政合法性”内容的功能。因为理由的填充和纳入，现代行政的合法性要求才得以避免形式化和扁平化。因此，“理由”成为平衡和联结形式合法与实质合法之间的中观概念，是新行政法学框架的理想支点。

从论文开始，苏宇博士对于理由说明的写作就立意新颖，不落俗套。在对理由说明进行了上述重新定位后，论文的着眼点就积聚于“将说明理由制度的外在功能统一于内在法理中，使说明理由制度能够在行政法学的理论架构中获得稳固的立足点”。为达此目的，苏宇博士以整体的行政过程为线索，围绕理由的形成、说明、审查及围绕理由的社会互动，呈现出理由说明的完整过程，而这一过程在其看来也同样是以说明理由为支点的新行政法展开的整个过程。

因为对于理由说明意义的重新定位以及对于文章写作线索的宏观和动态安排，苏宇博士对于理由说明的阐释和分析在许多章节都令人颇受教益且印象深刻。例如，论文第一章对“理由”如何进入公法进行了相当细致的知识考古，而这种知识考古又建立在极为充分的资料收集以及极为广泛的阅读和思考的基础上。经其梳理，理由说明自罗马公法至当代公法的嬗变发展为我们所充分了解和完整体察。而这种对历史脉络的细致回溯和整理也同样为其论文的后续部分提供了扎实基础，为其对理由说明的重新定位提供了背景说明。文章第二章针对“理由的内涵与构造”，苏宇博士同样认为，对于理由说明的观察不能仅局限于某个点，例如，像既往研究一样仅着眼于行政行为或具体决定的理由说明，而需“将观察视野拓展到上至决策、立法，下至司法审查的整个行政过程之中”，并在此过程中对理由的内部构造和类别样式进行了重新归纳和梳理。其在文中所总结的抽象理由、具体理由、规范理由、最高埋由、必要理由、善好理由、权威性理由、符合性理由、相关性理由、证据采信理由、依据选择理由、行政裁量理由等总结都令人感觉耳目一新，细读之后感觉理由的确具有相当的抽象性、功能性和涵盖性，的确具备成为行政法体系性基石的要求。苏宇博士对整体行政过程的理解并未以行政决定的最终作出为终点，而是同样包含了司法对于行政的审查。第四章对于“针对说明理由的司法审查”的评介，同样意在说明，理由说明并非只是局限在狭义行政过程中的形式化义务，而是现代行政的关键构成，而美国和德国在此领域的司法审查实践又同样证明，司法对于行政说明理由的审查又会进一步补强理由说明的内容和功能。如果说第四章对美国、德国司法审查经验的评介还是在一种更宽泛的行政过程和行政法律关系中去探讨理由说明，那么第五章对说明理由的探讨则拓展至广阔的社会空间，并通过探讨相对人之外的社会群体、专业群体以及因焦点性事件所聚结起的各种群体对于行政理由的进一步探讨、争执和论辩，来凸显说明理由在整体的现代公法场域所具有的深远意涵。如苏宇博士在文中所揭示的，在社会空间中的理由说明，在传统功能之外还有助于促使行政主体完善价值考量、弥合社会共识。

在书稿结尾，苏宇博士再次重申其写作意图，即不是单纯地将说明理由视为一种程序性构件，视为行政行为成立或生效的一项前提，而是用来架构和重塑行政法体系的支点。在此意义上的理由说明，显然在未来的行政法中会有更广阔的发展空间。尽管理由说明是否能够真正成为新行政法的支点，其已有的教义发展和功能设定是否能够使其成为统摄各个部门行政法，进而覆盖行政法总论的体系基石还有待论证和观察，但本书对于理由说明的深入挖掘却让我们对于这一传统制度的丰富意涵有了更深刻的体悟。借由书写理由说明制度，苏宇博士对于现代行政法尤其是合法行政原则的发展与问题、行政法体系化建构、国家与社会间的良性互动等问题都进行了深有启发的探讨，整篇文章可以说是从小处着眼来观察和思考整体的、宏观的行政法世界的一篇佳作。而且本书的资料性和思想性也很强，作者的用心和功力力透纸背。鉴于此，我诚挚向读者推荐本书，我也确信读者会和我一样从本书中获得极大的收获。

赵宏

2019 年 5 月 1 日

序

苏宇博士的《走向“理由之治”：行政说明理由制度之透视》一书即将付梓，我亦颇感欣慰。作为苏宇的硕士生和博士生导师，我见证了他在北大读书期间的学术探索和成长过程。在北京大学法学院的六年学习期间，苏宇一直随我做高等教育法、人口与计划生育法、相对集中行政处罚权等方面的研究，在学期间即参与多个国家级、省部级课题的研究，并在各类核心期刊上发表了十余篇学术论文；与此同时，他也对行政法的基础理论抱有浓厚的兴趣，特别是对行政合法性问题有持续的关注和钻研。本书来源于苏宇的博士学位论文，原名为《行政过程中的说明理由研究》，一方面是与我所关注的现代行政过程理论研究有内在联系，另一方面也体现了他对行政合法性问题更为广阔的探索与深刻追问。此书并不仅仅是一项行政程序研究，更是作者对当代行政法学总论的一次深入思考。

说明理由制度是现代行政程序法制的重要组成部分，它和表明身份、告知、听取陈述和申辩、听证、送达、公众参与、专家咨询等程序性制度一道，构成现代行政程序法制的主体部分。表面上，说明理由似乎只是一个附加于行政决定和行政命令之上的辅助性要求，但作者的思考和探索显然远不止于此。他是从理由与合法性的关系出发，先梳理了理由在法律思想史中的地位，继而揭示当代行政说明理由制度兴起的深层原因，随后指出行政理由大大丰富和扩展了行政合法性的视野，并展示了如何通过与行政先例及司法审查等制度结合，从行政理由的层次“倒逼”行政合法性的深化与发展，立意深远而又有理有据，资料丰富而又线索清楚，值得肯定。需要指出的是，对行政理由的研究近年来在西方国家有勃兴之势，通过理由塑造更具立体性的行政法治图景，已经吸引了杰里·马肖（Jerry L.Mashaw）等许多著名学者的注意，也积累了相当丰富的论述。本书可以视为作者有积极意义的一个阶段性探索成果，但还要力争吸收更多有益的制度实践经验和理论学说，可以继续在此基础上作进一步的努力。

苏宇从北京大学法学院获得博士学位至今，在新的学术领域内谋求发展，在警察法学、信息法学等方面努力耕耘，但仍然坚持关注和研究行政法学的基础概念和基础理论，我亦对他的学术努力一直抱有积极的关注和期待。在此我要特别祝贺他的第一本个人专著出版，同时我也祝愿苏宇未来的学术道路盈科后进、辉光日新。

湛中乐

于北京大学法学院陈明楼

2019 年 4 月 16 日

导 言

行政法学需要一场思想变革。在“最为普遍的合法性形式即对合法律性的信仰”的时代，行政法治的内涵曾一度贫瘠得只剩下形式上的符合性，而合法性概念中隐藏的丰富内涵往往被有意无意地忽略了。合法律性非常重要，但远不是全部。在今天，当理由的形成、说明与审查成为行政过程中日益重要的构成部分时，它所展示的丰富内涵令人意识到，“理由”可能有着远超越单纯的形式合法性之上的深远意义。当我们渐次展开有关理由的思想史与制度历程的浩瀚图卷时，我们不仅可以更深刻地认识理由的内涵，也可以真正看清楚合法性的完整形象。真正的合法性并不建基于孤立的字面意义符合度之上，而是需要一系列的理由来支撑，直至总体上满足一定的充分性水平。在此，理由的角色举足轻重，无可替代。

在复杂社会中，行政法治远非单纯的形式合法性判断所能调节。在社会生活千变万化、行政法律规范更新让人目不暇接的今天，基于纯粹形式合法性的传统行政法教义学已经无法提供充足而有效的理论资源，而基于实质合法性的行政法学理论却又缺乏合适的中观概念架构。作为行政合法性的中间层结构，理由正是新的行政法学框架的理想支点。为了详尽而明确地展示理由在行政法中的角色和意义，本书将沿着历史、法理、逻辑以及实践的线索，对行政过程中的理由作一次较为深入的检视。作为一项力图视野开阔的探索，本书的观察对象并不限于传统意义上的行政行为说明理由。这幅图卷上及于两千多年来理由在公法思想史中的漫长变迁、对合法性概念的深入分析，下及于行政过程[1]的各个主要环节，包括行政决策、行政立法、具体行政行为、其他行政活动与司法审查，甚至包括与此相关的社会互动。我相信，面对行政过程和行政法治实践中日显重要的理由层面，我们需要在历史中追寻法理，在现实中把握治道，在反思中探索未来。

（一）当前的研究基础

行政法上的说明理由制度是一个发源已久的学术主题，但只在最近一段时间才获得学界的强烈关注。近二十年来，西方国家对行政过程中的说明理由制度的关注与日俱增，最近几年这一主题更有成为行政法学一个焦点的趋势。1992 年，当代世界行政法学名家马丁·夏皮罗教授以《说明理由之要求》一文引发了学界对这一主题的关注。夏皮罗在系统地介绍美国行政法上的说明理由要求及相关司法审查实践的发展历程以后，转而比较欧洲共同体法中的说明理由要求，指出欧洲共同体说明理由实践的不足，认为说明理由对于保障政府行为的透明性有着重要意义，欧洲需要积极的变革。[2]1995 年，哈佛大学法学院的著名法学教授绍尔（Frederick Schauer）的《说明理由》[3]一文揭开了对行政过程中的说明理由制度进行深入理论思考的序幕。绍尔教授此文展示了说明理由的深远意义，主要从普遍性（generality）的视角对说明理由的意义进行了阐发，认为与法规、标准、原则等相比，行政理由是最普遍但却最受忽视的普遍化机制。他指出，理由比之结论而言是更具普遍性的命题，它使得决定被放置进一个更普遍的原则中，并相当于为未来作出一种原则上的表面许诺（prima facie

[1] 狭义的行政过程专门指行政主体在行政权力的配置、实施（运作）与受监督的过程中，与行政相对人所发生的相互关系在时空上的各种表现形式和状态。广义的行政过程是指行政主体（或公权力主体）在行政权力的配置、实施与受监督中与其他主体之间所产生的相互作用、相互影响在时间和空间上的各种表现形式和状态。本书在广义行政过程中使用这一概念。参见湛中乐：《现代行政过程论——法治理念、原则与制度》，北京大学出版社 2006 年版，第 30 页。

[2] Martin Shapiro, “The Giving Reasons Requirement”, *The University of Chicago Legal Forum*, 1992, pp.179-220.

[3] Frederick Schauer, “Giving Reasons”, *Stanford Law Review*, Vol 47（April, 1995）, pp.633-659.

commitment）。由此，说明理由不仅改善了决定的质量，还增进了决定的稳定性和可靠性。[1] 在夏皮罗和绍尔之后，英美法系学界开始从不同角度深入思考这一主题。例如，南非的乔治·巴里（George N.Barrie）教授对英国和美国行政法中的说明理由制度进行了简要的介绍，并引用庞德的名言说明这一制度的重要性——它可以使绝对的权力受到以理性为基础的法律的约束。[2] 芝加哥大学的格伦·施达策维奇（Glen Staszewski）从说明理由制度与负责性（accountablity）的关系着手，指出传统政治负责性图式（political accountability paradigm）已经变得不可靠，派性的、代理的和直接的负责性图式又各有弊端，在这种情况下，作者主张"协商的负责性图式"（deliberative accountability paradigm），并将说明理由要求作为这种负责性图式中的首要因素，它限制了行政裁量权，提升了政府活动的透明度，并提供了协商的重要基础。[3] 周迪·肖特（Jodi L.Short）更是直言，说明理由在美国行政法当中已经居于中心位置，并提出超越理性化的模式而从政治功能上看待说明理由的作用，强调说明理由对于法律和政治互动结构的重塑力量。[4] 著名公法学家马肖（Jerry L.Mashaw）更是直接以说明理由和理性行政为主题形成了专著《理性行政与民主合法性》（Reasoned Administration and Democratic Legitimacy）。由此，行政法学界对说明理由制度的研讨有日益深入、如火如荼之势。

在大陆法系国家，学者们对这一主题的关注也是自最近十年来才开始逐渐升温。例如，德国学界对这一主题的研究甚至比美国学界更早，早在

---

[1] Frederick Schauer, "Giving Reasons", *Stanford Law Review*,Vol 47（April, 1995）, p.654.

[2] George N.Barrie, "The Giving of Reasons for Administrative Decisions in English and United States Law", *Journal of South African Law*, 2000, pp.595-204.

[3] Glen Staszewski, "Reason-Giving and Accountability", *Minnesota Law Review*, Vol 93（2008-2009）, pp.1253-1326.

[4] Jodi L.Short, "The Political Turn in American Administrative Law: Power, Rationality, and Reasons", *Duke Law Journal*,Vol.61（May, 2012）, pp.1811-1881.

1974年就已经开始有这方面的专著；[1] 1989年，德国《行政程序法》第39条关于说明理由的条款也被行政法学专家以专著的形式进行了详细阐释；[2] 但是，从理论到实践各方面较为成熟的作品直至2003年乌维·基舍尔（Uwe Kischel）的《说明理由：为国家针对公民的决定提供阐释》一书[3]才真正出现。此书从说明理由的概念及历史背景写起，论及说明理由的制度框架、功能，阐明说明理由的宪法基础、说理义务的教义学结构，介绍了法治实践中国家权力所作决定的说明理由义务，特别是行政行为说明理由的情况，延展及说明理由制度的各个方面，可谓一部集大成的作品。至此，德国行政法上对说明理由的研究已经全面趋于成熟。而在同为对中国影响深远的大陆法系国家日本，行政过程中的说明理由也得到了全面的研究，除去制度层面的差异，德国对行政法上说明理由义务的认识与英美已经日趋接近，但也有所差异。德国学者从促进行政的实质正确性（materielle Richtigkeit）、加强行政机关的自我约束和外部控制、增强行政的透明性、强化公民的接受和认同、生成更充分的合意等几方面解读说明理由制度的功能与意义，将对说明理由制度的认识推进到一个相当丰满的水平。

在我国，自世纪之交以来，行政过程中的说明理由制度也日益得到重视。章剑生教授《行政行为说明理由判解》[4]一书是早年对这一主题较为突出的专著，该书系统地梳理了中国法院针对行政行为说明理由的数十个判决，在阐述了行政法上说明理由的意义和要求的同时，也留下了珍贵的研究资料。此后，李春燕、朱应平、宋华琳、郑春燕、秦静等学者也对这一主题进行了探讨，这种探讨主要可以归结为四条进路：一是外国制度引介和比较研究，以宋华琳的《英国行政决定说明理由研究》[5]、

---

[1] *Wolfgang Demeter*, Die Begründungspflicht für Verwaltungsentscheidungen im deutschen, französischen und europäischen Recht, München, 1974.

[2] *Siegfried Schwab*, Die Begründungspflicht nach 39 VwVfG, Centaurus-Verlagsgesellschaft, 1989.

[3] *Uwe Kischel*: Die Begründung: Zur Erl?uterung staatlicher Entscheidungen gegenüber dem Bürger, Mohr Siebeck, 2003.

[4] 章剑生：《行政行为说明理由判解》，武汉大学出版社2000年版。

[5] 宋华琳：《英国行政决定说明理由研究》，载《行政法学研究》2010年第2期。

朱应平的《澳大利亚行政说明理由制度及其对我国的启发》[1]、梁承武的《国外说明理由制度立法模式比较研究》[2]等为代表，其中较有深度的分析集中于英语国家；二是理论与比较相结合的研究，以郑春燕的《论行政行为补充说明理由》[3]、尹建国的《不确定法律概念具体化的说明理由》[4]等为代表，理论研究虽然精彩纷呈，但限于主流行政法学的常规架构之内，未能进一步深入其法理内核；三是实务研究，多为行政机关中的实务工作者所撰写，提供了丰富的实践素材，如江苏省镇江市工商局的《推行说理式文书促进执法规范化》[5]《林业行政处罚说明理由浅谈》[6]、苟铭的《"干戈"如何化"玉帛"——三问江苏盐城质监实施的全程说理执法新模式》[7]等，但有的研究也停留在空泛的宣讲层面；四是系统性的全面研究，以一系列行政行为或行政决定说明理由方面的学位论文为代表，但基本上均限于硕士学位论文，多数研究存在浅尝辄止的情形。从时间上看，在2000年以前，这一主题仅有章剑生和李春燕的两篇论文；近十余年来，相关研究成果不断喷涌，直接相关的研究文献已超200篇，研究的精度和深度都在持续强化。可以认为，我国对行政过程中的说明理由制度的研究虽然方兴未艾，但前景非常广阔，未来的成果将相当可观。

（二）研究现状之简要评析

总体上看，对于行政过程中的说明理由制度，国内外学界已经给予了相当程度的关注。尤其在美国和德国学界，对这一制度的法理基础、法律

[1] 朱应平：《澳大利亚行政说明理由制度及其对我国的启发》，载《行政法学研究》2007年第2期。

[2] 梁承武：《国外说明理由制度立法模式比较研究》，载《社科纵横》2007年第7期。

[3] 郑春燕：《论行政行为补充说明理由》，载《行政法学研究》2004年第2期。

[4] 尹建国：《不确定法律概念具体化的说明理由》，载《中外法学》2010年第5期。

[5] 江苏省镇江市工商局：《推行说理式文书促进执法规范化》，载《工商行政管理》2009年第3期。

[6] 邹润学：《林业行政处罚说明理由浅谈》，载《森林公安》2012年第6期。

[7] 苟铭：《"干戈"如何化"玉帛"——三问江苏盐城质监实施的全程说理执法新模式》，载《中国质量技术监督》2008年第5期。

依据及司法实践的研究已经得到全面推进，各个板块之间的相互关系也已经有了切实的通盘掌握。不仅如此，他们对说明理由的研究成果，已经全面反映在行政法的教科书中。例如，在长达六大卷、数千页的美国著名教科书《行政法》中，作者以详尽的篇幅介绍了这一制度的主要规范与司法审查实践全景。[1] 国内外学界的这些研究基础为进一步的研究提供了相当大的便利。

不过，虽然国内外学界在这个主题上已经有了相当程度的研究，但从整体上看，现有的研究在理论深度和实践广度方面仍然存在一定的不足，尤其是一些根本的理论问题往往被忽略。从理论深度上看，一些论者已经注意到了说明理由对于加强公共行政的合法性[2] 的作用，并将说明理由制度的许多意义和功能与合法性增强作用关联起来，但却没有指出这种关联的法理根源何在。这一点正是制约整个说明理由制度研究深入进行的关键。换言之，当前针对说明理由制度的理论研究均是从外部视角进行的探讨，缺乏一种有效的内部视角对说明理由的意义进行整合与深化。也因为这一点的缺失，有关可接受性（acceptablity）、负责性与促进沟通、加强控权等各个要点无法融为一个有机的整体，说明理由制度始终无法获得一个完整的意义图景和制度定位。从实践广度上看，说明理由制度的比较分析并未获得有效的展开，尤其是跨越法系的比较研究较为欠缺，对于说明理由制度的主要推动力——司法审查也没有作深入的追寻。尤其是国内学界针对这一主题的研究，基本上多属法条罗列和简单的法律价值宣示，既没有深入的法理和历史探索，也没有详备的实践素材支持，使得研究呈现出一种悬空感。

因此，对行政过程中的说明理由进行研究，必须力避既有研究所陷入

---

[1] Jacob A.Stein, Glenn A.Mitchell & Basil J.Mezines, *Administrative law*, Vol.5, Lexisnexis, 2011, § 39.05-55.

[2] 本书使用的合法性概念有两种用法，除有“形式”“实质”等特定修饰语时依学界习惯用法外，其余为整全的合法性概念，即第一章第二节所论证的整合的合法性概念。对此，除本书外，一个详细论述参见苏宇：《深化合法性分析技术：迈向“整体合法性”理念的探索》，载《东方法学》2011 年第 4 期。

的窠臼，而首要的问题，就是要打通理由与合法性之间的法理联结，将说明理由制度的外在功能统一于内在的法理中，使得说明理由制度能够在行政法学的理论架构中有一个稳固的立足点。在这方面，现有的理论思考已经为深入推进研究做好了准备。在西方，盖涅斯·波斯特（Gaines Post）、维若里（M. Viroli）等学者的法律思想史研究已经揭示了公法思想中的“理由”与公共权力正当性/合法性之间千丝万缕的联系，卡尔·施米特、于尔根·哈贝马斯等著名当代学者则提供了切入的法理线索。在国内，沈岿、王锡锌、何海波等教授对于（行政）合法性的深入反思（详见后文）也已经为深入打通此项法理关联做好了理论铺垫。在这种情况下，以“理由—合法性”的关系为主线，沿着行政过程中理由的形成、说明、审查及围绕理由的社会互动，展开整个说明理由制度的完整图景，从而彻底打通法理各要点及理论与实践间的关系，将是下一步研究的最佳路线。

（三）本书的基本架构

基于以上论述，全书的架构由六章和一个简要的余论组成。第一章“理由在当代行政法中的地位”展示理由在公法中的历史变迁和当今风貌，寻求追根溯源，以知其非一时兴起的发明，而实含深远的机理；同时探索合法性的内层构造，力求深入展开合法性概念的复杂结构，表明理由在合法性认知中的关键地位，从而为真正把握行政过程中说明理由制度的完整功能奠定基础。第二章“理由的内涵与构造”具体阐述行政过程中相关理由的逻辑模式及构成类型，为详细展开理由的说明与审查机制作理论铺垫。第三章“理由的形成与说明”对行政过程中相关理由的形成与说明机制进行了扼要的比较分析，显示出当前说明理由法制的日益发达。第四章“针对说明理由的司法审查”以美国和德国等西方发达国家的司法实践为代表，对行政过程中所说明的理由的司法审查范围、标准及力度进行了阐述。第五章“围绕理由的社会互动：说明理由的深远影响”进一步拓展了行政说明理由活动的法治意义，检视相关理由所可能促进的社会互动效果及社会影响。第六章“中国行政过程中的说明理由制度”集中检视了我国行政说明理由法制实践中的现状及问题，在肯定说明理由法制建设成绩的同时也思考这一法制建设的不足之处及提升空间。余论“理由的位置：行政法学体系的拓展”则从审视行政法学体系根本变革的需要及进路，指出理由或许是一个值得思考的新的学理体系基点，通过一定的理由结构来丰富和充实行政法体系的横向结构是有益的发展方向，需要我们为之努力。

目 录

第一章

理由在当代行政法中的地位

“理由”在当代行政法中的地位已经日显重要。随着单纯的形式合法性日益不足以支撑公共治理所需要的合法性基础，一种基于相互性标准的政治合法性理念正在发展，它可以被表述为：“只有当我们真诚地相信我们为我们的政治行动所提出的理由——假定我们要作为政府官员来提出这些理由——是充分的，而且我们也合乎情理地认为其他公民也可以合乎情理地接受那些理由，这时我们对政治权力的行使才是恰当的。”[1] 现代世界正日益建基于理性交往与商谈之上，公共治理的合法性则日益需要公共理性的支持，而种种“理由”构成了这个理性秩序的主要素材，它们正在不断地发展和成熟，成为公共论辩的一部分。与此同时，当代行政法的视野正从简单地着力于行政行为的形式合法性这一孤点，不断扩展到由行政过程中各种程序、理由和法律关系交织而成的广阔天地。行政程序与行政法律关系在当代行政法中的冉冉上升固然引人注目，理由的登场和发展更是行政

[1] [美] 罗尔斯：《公共理性理念新探》，谭安奎译，载谭安奎编：《公共理性》，浙江大学出版社 2011 年版，第 125 页。

法开疆拓土的里程碑：说明理由与对理由的司法审查，意味着行政法的实体法视野从行政行为合法性之一点，扩展到行政行为背后的整个思维过程，使得行政法与行政法学得以开启一条更多维度、更深内涵的拓展之路。当行政法需要面对的不仅仅是一纸决定、一个最终的行为时，它就必须承载更为丰富的内容和更加深邃的考量。

我们对理由在公法中地位变迁的考察也正是表明：作为一个曾经如此重要的概念，它为何会在近代的公法中短暂消失，又如何在当代公法中隆重回归。也正如本书后续各章即将展现的那样，说明理由的程序法要求以及对行政理由日益深入的司法审查，正在倒逼行政法开始一场意义深远的变革：表面上看仅仅是从行政合法性到行政合理性的扩展，实际上却蕴含着整个行政法认知范式和价值内核的革命。

第一节　理由在公法中的变迁

一、近代以前的理由变迁史

在当代公法和公共治理中，“理由”正日益获得重要的地位。理由的形成、说明和审查，在各种公法程序中日益深入，基于各种理由的互动也在根本上改变着公共治理的内在结构，同时对理由的研究也不断丰富，大大拓展和深化了公法的合法性基础。然而，这一切并不是崭新的事物，当我们将眼光放到整个制度史中，就会发现，理由的沉浮在西方经历了上千年的变革，从中世纪中晚期开始，它就几乎一直是公法的一个核心概念，只是近一两百年曾经有过短暂的退潮，但晚至20世纪上半叶的法学思想中，它都依然扮演着重要角色。[1]20世纪70年代以后，它又在当代公法中改头

---

[1] 例如，卡尔·施米特1932年所著的名篇《正当性与合法性》中，“实质理由”“最高理由”“必要理由”就担任着以正当性的力量击破狭义合法性的主力军，从而引发人们对理由与合法性关系之深思。参见［德］施米特：《正当性与合法性》，李秋零译，载刘宗坤等编译：《政治的概念》，上海人民出版社2004年版，第216—248页。

换面地重新崛起。要充分理解理由在公共行政和行政法中的作用，我们就有必要深入认识“理由”概念变迁和发展的历史——不仅在历史中看清楚理由概念内涵、外延和用法的演变，也更深刻地看清楚它在公共生活中的地位和作用。

“理由”（reasons）[1]是我们得以认识事物、评价事物和作出选择的事实与价值基础，是法律中的重要组成部分。当今法律中的理由来源于拉丁语的 ratio 一词。Ratio 原先等同于希腊文的 λόγος（逻各斯），[2]其含义在罗马以后的岁月里非常广泛，它既指人或宇宙普遍的“理性”，也指皇帝下的行政机构分支，[3]还指计算、比例、份额、体系、学问、原则等，又指某种具体的理性因素或价值依托，最后一种含义即发展为今天的“理由”。和“理性”一义不同的地方在于，“理由”可以是复数的，它是多样化、主观化的，不存在唯一绝对正确的答案，只要能获得一定程度的可接受性即可，今天的“立法理由”“裁量理由”“说明理由”等用法均取此义。理由在罗马法中即已屡次登场，不过，在罗马法中，ratio 的作用远没有今天广泛，在公法方面只作为笼统的法律原则使用，更加强调“理性”含义的整体作用，如《学说汇纂》中著名的段子：“已接受的法律规定如违反法律理性，

---

[1] Reason 作为单数形式时也有表示“理性”的意思，但复数（英语的 reasons 或拉丁语的 rationes）基本均指各种各样的理由。因此，此处用复数来加以注明。这里的困难是，有时候 ratio 或 reason 兼有理性和理由之义，而我们只能用一个词来兼表两个意思，在这里，我们就只能选择含义更为宽泛的概念。有意思的是，国内的译者在翻译 public reason 和 public reasons 的时候也遇到了类似的困难，并且在采取“公共理性”表述时也承认“公共理由”用法的显然性，参见谭安奎编：《公共理性》，浙江大学出版社 2011 年版，第 8 页。在此，为了说明主题的方便，笔者在本书中统一使用“理由”的用法，尤其对于现代行政法中的说明理由制度更是如此；在部分涉及 ratio 或 reason 的概念中，如果偏重理性的含义，则加以特别注明，以免同一个词在汉语中引起太多的歧义。

[2] Gerald Bray, “The Legal Concept of Ratio in Tertullian” , *Vigiliae Christianae*, Vol.31, No.2（Jun., 1977）, p.94.

[3] 例如，rationes metallorum 是矿业管理机构，rationes operum publicarum 是公共建筑管理机构，rationes bibiothecarum 是图书馆机构等，see Adolf Berger, *Encyclopedic dictionary of Roman law*, Volume 43, the American Philosophical Society, 1991, Philadelphia: p.668.

不生效力”[1]；但也一定程度上从非普遍性、多样性的意义上适用ratio一词，如“同样的理由将导致同样的法权，相似的情形导致相似的判决”。[2]这些情形下可以认为此处的ratio兼有理性和理由之义，因此可统称为“理”。后来，“理由”的含义日渐从“理性”中独立出来。Ratio的复数形式日益得到释放，以及ratio后面的修饰成分逐渐丰富，是理由在公法中逐渐登场的外部标志和社会语言准备，后一种变化更是强烈地催生了一系列的“理由”类型概念。经过漫长的演变，“理性”与“理由”日益分离，而“理由”最终拥有了独立于理性之外的丰富内涵。

“理由”在公共领域中的最初出场，就是起源于古罗马著名的“国家理由”观念。这一观念的最初形式并不是“国家理由”（[意] ragione di stato，又译“国家理性”），而是被表述为许多其他的形式，最终被后世思想家抽取出“国家理由”概念。例如，西塞罗就是频繁地使用这类“理由”的一位著名政治家和思想家，在他的《论义务》中有“（公共）利益理由”（rationem utilitatis,[3]后世的“公共利益理由”的来源）、在他的《论共和国》中有“公共理由”（rationes civitatis）[4]、“公共事务之道理”（rationibus rerum civilium）[5]等。虽然这些概念很少在制度和合法性的领域内被运用，但它们已经暗含了相当大的扩展潜力。例如，它们可以被拓展为一个关于增进公共福利、判定公共行为在道义上是对是错的“总问题”；[6]它也可以用来为

[1] *Digesta,* 1.3.14.（笔者自译，除特别注明外，下同。）

[2] *Co.Litt.*191（*Coke Upon Littleton*, 柯克大法官四卷本名作 *Coke's Institute* 的第一本，此处从外文注释惯例），原文为 Obi eadem ratio ibi idem jus, et de similibus idem est judicium.

[3] Cicero, *De Officiis*, 9, 80. 这里 ratio 在“利益理由”和下文“公共利益理由”中的形态不同，主要是在句子中语法成分的变化。本书的引用均直接取自原文的段落，故而可能变格形式呈现不同状态。

[4] Cicero, *De Republica*, I, 11.Civitas（属格 civitatis）是一个内容十分丰富的词，主要可以表示国家或其他形式的、文明世界（基督教世界）的、国家级别的政治共同体，此处 rationes civitatis 暂译公共理由，到中世纪时这个词就可以看作国家理由，只是当时还未发展出现代的国家形式。

[5] De hoc, I, 13.

[6] Cicero, *De Officiis*, 9.

避免战争的选择提供正当化论证；[1]这种概念还被用作质疑所谓“博学者”作为政治掌舵人的依据。[2]这些概念通过罗马时期的著作为后世学者所认识和扩展，不断出现在日后法学家和政治学者的论述中，直至经过熟悉西塞罗与塔西陀[3]著作的马基雅维里的重新诠释，逐渐演变成后世极具争议的国家理由概念。[4]

不过，在这一时期，理由始终没有真正叩开公法的大门，无论在政治家的学说中多么引人注目，它始终被隔离在罗马公法之外。虽然法学家们不止一次地使用“理由”这个词，如著名法学家盖尤斯在其篇幅浩繁的著作中使用了自然理性（naturali ratione）[5]、保罗和尤里安使用了法律理性（rationem iuris）[6]、乌尔比安使用了最公正之道理（ratio aequissima）[7]，但这些都和公法罕有联系。罗马公法中充斥着有关职权、职责、人员构成、税务法则、土地管理准则甚至官员选举程序的内容，就是没有明显地要求包含、运用、说明或审查“理性”或“理由”的规则。不过，也不能说罗马公法中完全没有 ratio 的运作余地，它有时以“理性”或“道理”的面目出现，如在《查士丁尼法典》中罗马皇帝直接以“不违反

---

[1] De hoc, 80.

[2] Cicero, *De Republica*, I, 11.

[3] 塔西陀也是广泛使用“理由”的一个名家，其著作被后世的国家理由研究者所广泛引用。“塔西陀被看作国家理性大师，事实上，有关塔西陀的评论与有关国家理性的文献是一个并行的流派，两者繁荣于同一时期……”参见［英］彼得·柏克：《塔西陀主义、怀疑主义与国家理性》，肖彦希、翟志勇译，载许章润、翟志勇编：《国家理性与现代国家》，清华大学出版社 2012 年版，第 21 页。据笔者的考证，塔西陀本人也使用了一些理由概念，战争理由（ratio belli，战争理性）就不止一次地出现在他的著作中，如塔西陀曾称在一场内战中兄弟残杀的行为并非来自基于战争理由而施加的荣誉或惩罚，而是求取领导的赏金。Tacitus, *Historiae*, III, 51.

[4] 这里有一个值得注意的地方，就是西塞罗的作品中，这些理由类型都是以复数形式出现的，但日后中世纪的理由群都以单数形式使用 ratio 一词，所以有的西方学者也主张将它们译成原则（principle）或知识（knowledge）。但其实这中间经历过一个复杂的理性统一化和再分解的哲学史进程，因与文章主题关系甚小，此处不再做学说史的追述。

[5] Gaius, *Commentary*, I, 89, 185; II, 69.

[6] *Digesta*, 1.3.14-15.

[7] De hoc, 2.13.4.1.

理性”为由维持了行政总督对喂养赛马案件的定性，[1]以“正当道理”（proiustitiae ratione）来支持士兵获得分配利益优惠的特权；[2]有时甚至直接用“理由”的面孔出场，如皇帝宣称承诺包税的行政官员“完全有正当理由让欠税人先补足税款，然后再行使他们对赊买者的追索权”[3]，在军费开支部分更是用了“最大且不可避免之理由”（maximas et inexcusabiles rationes）[4]，即士兵负有保家卫国之职责来为这笔开支增添合法性的依托。但总体上看，理由在罗马公法中施加作用的余地并不大，不仅没有进入正式规则或在司法中被进一步发挥，而且这套话语，甚至包括自然理性和法律理性，在西罗马帝国衰亡之后很快被后继的蛮族政权及制度所淡忘。

“理由”在公法中的真正兴起和辉煌，直到中世纪中晚期才开始。在中世纪前期，随着罗马帝国的衰亡和蛮族政权的兴起，“理由”一度完全销声匿迹。在这期间，真正意义上的公共生活大大缩减，凭借私人权力、迷信和宗教权威即可以实现强有力的统治，公共生活中多元化的“理由”自然也缺乏容身之所。这一时期称得上是政治学著作的作品都在讨论权力和权利问题，甚至日后触发理由在公法中重新登场的契机，也是由皇帝是否对私人财产拥有所有权的著名问题引起的。随着社会生活的发展，贸易和商业的繁荣，社会群体、利益结构和价值观的分化，特别是沿海城镇中公共生活和公共领域的复活，理由终于得以再次有机会走上前台。

在罗马法复兴和教会法相结合的背景下，ratio 开始在公法中崭露头角。早在 11 世纪，就有学者从罗马私法中挖掘出管辖理由和实体理由来

---

[1] CJ.10.42.4.

[2] CJ.12.37.16.1.

[3] CJ.10.2.1，此处的译法参考了 http://uwacadweb.uwyo.edu/blume&justinian/Book%20X2.asp，2012 年 3 月 19 日访问。

[4] CJ.12.37.17.

为国王的统治权辩护。[1] 在 12 世纪，著名神学家和法学家索尔兹伯里的约翰（John of Salisbury）正式揭开了“理由”之舞的序幕，他宣称：“每一个‘国家’（respublica[2]）都是一个由上帝恩典注入生命的法人（corpus），受到一种理性（理由）的统治。”这一说法被认为是日后“国家理由”和各种类似理由登场的序幕。[3] 在这一时期，原先曾由神学—哲学进程统一过的“理性”概念开始重新分解，ratio 的“理性”一义向“理由”一义的部分回归已经重新开始，不同种类的 ratio 开始喷薄而出，如 ratio utilitatis status（国家利益理由）、ratio reipublicae（公事 [4] 理由）、ratio status（国家理由的早期版本）及 ratio civitatis（公义理由）等，每一种 ratio 的表述在此处均代表着适用于政治体的理性形式，但它们在用法中更多是作为政治行为的评价依据或辩护根据，或者作为公权利的基础，因此作“理由”看也完全合适。值得关注的是，ratio 作为公权利的基础，被用于解答一个非常重要的公法问题，启发了长达数个世纪的争论，这就是神圣罗马帝国腓特烈一世在 1156 年提出、由罗马法学家展开的“皇帝是否对私人财产拥有所有权”的系列问题。索尔兹伯里的约翰认为，皇帝无权从他人处获取想要的财产，除非基于法律授权、公平正义或公共利益理由（ratio communis utilitatis）。[5] 这些思想深刻地影响了后世的学者，包括远在英格兰的布

[1] “Nemo ambigit possessionis duplicem esse rationem, aliam quae iure consistit, aliam quae corpore, utramque autem ita demum esse legitimam, cum omnium adversariorum silentio ac taciturnitate firmetur…”, CJ.7.32.10. 这被中世纪学者克拉苏斯用来为亨利四世的统治权辩护，see Petrus Crassus, *Defensio Henrici IV*, 206.

[2] 在中世纪，表示一个政治实体的词很多，regnum、republica、civitas 等都是对政治实体的不同表达，含义各有侧重，但不同程度上都是现代国家（state）的来源。See Gaines Post, *Studies in Medieval Legal Thought*, the Lawbook Exchange, 1964, New Jesey:p.248.

[3] Id, p.259.

[4] 在中世纪，respublica、status、civitas、regnum、partria 等词都有国家的意思，但侧重点不同。最一般的政治体是 partria，强调地缘和民族，如果加上对罗马天主教世界的忠诚，那它就是 civitas。Respublica 或 regnum 更多地指罗马天主教之下的整个政治共同体（=patria communis）。Status 一开始只有纯粹的事实状态意义，后来逐渐吸收了其他类似概念的内涵而成为一般的“国家”概念。

[5] Gaines Post, *Studies in Medieval Legal Thought*, the Lawbook Exchange, 1964, New Jesey:p.260.

拉克顿，也曾学习索尔兹伯里的约翰的学说，而将其融入自己的王权观念中。[1]

在欧洲学界，围绕前述问题的讨论广泛地扩展了 ratio 的类型和功能，到 13—14 世纪以后，在中世纪神学理性化及理性类型化、场合化[2]的大背景下，ratio 在法律中的作用进一步扩展开来。特别是意大利半岛众多城邦的兴起引起公共政治的复兴，导致政治技艺和政治法则的重新发现，[3]也使得 ratio 在政治领域的运用进一步扩展。基于亚里士多德的重新发现及索尔兹伯里的约翰、帕多瓦的马西利乌斯等学者的思想，政治开始重新成为一个独立的领域，在这个时期，除原有的理由类型得到强化外，政治和法律学说中又出现了善好理由（ratio boni）、[4]统治和管辖理由（ratio gubernationis et jurisdictionis）、[5]王政理由（ratio status regis，在 ratio Reipublicae 或 ratio civitatis 之下）[6]、最高理由（ratione supremitatis）[7]、保护和

[1] 参见于洪：《论布拉克顿的王权观念》，载《世界历史》2009 年第 2 期。

[2] 这和中世纪学者对柏拉图学说的发展有关。原先柏拉图的理念论中万物分有理念的学说，在中世纪被进一步发挥开来（阿拉伯哲学中的光照说等强化了理念论的实在化倾向），每一种事物中都包含着“ratio”的某种形式，而理性本身也因其栖身之所的不同而开始产生千奇百怪的类型。这一思潮的起源是奥古斯丁，他在理性和理念（idea）之间所做的联结使分有论直接推及理性本身，这一想法经波埃修等发扬光大，到中世纪中晚期开始成为一种十分流行的思想观念。详细追述从略。

[3] See M.Viroli, “The Revolution of the Concept of Politics”, *Political Theory*, Vol.20, No.3（Aug., 1992）, p.476.

[4] Gaines Post, *Studies in Medieval Legal Thought*, the Lawbook Exchange, 1964, New Jesey: p.294.

[5] Id, pp.302-303.

[6] Id, p.303.

[7] 这一说法的例子来自 Gabriel Biel，因欠缺原文，可参见 The Parker Society, *The Works of John Jewel*, University Press, 1847, p.747, fn.7. 拉丁法律文本里有一系列以 ratione 开始的词汇，对于这类单数夺格的“理由”，在翻译上颇为麻烦，更准确地说，它们有时也表示“出于……的考虑”或“以……为基础”，如 ratione contractus、ratione loci 等，后世的属人管辖、属地管辖等也出于此。对这类概念需要区分使用场合，但因为其中一部分的本原形式就是一个独立概念，或经常被抽取出来作为一个常用的独立概念，而且在意思上包含着固定的理据内容，有时也能算作单独的一种理由类型。经过历史文献考察，ratione supremitatis 和 ratione temporis 等概念在特定化的理由类型和辩解依据方面的含义更为明显。某些理由的两种用法都很常见，如 ratio necessitatis 及 rationes necessitatis，此中细处恕不一一赘述。

管辖理由（ratione protectionis et jurisdictionis）[1]等，出现了一个内涵丰富、功能多维的理由之网，既有叠合也有交错，初步形成了一个复杂的理由结构。

到了近代，理由的网络被基本固定下来，但向新的视角和内涵发起冲击。马基雅维里之后的焦万尼·波特罗是提出“国家理由”概念的第一人，也正式开启了各种“理由”类型作为一个术语群给公共活动提供多元化合法性基础的丰富历程。但国家理由在智识传统上并非一个新的产物，[2]而是前述古典序列的继续发展。此后较为突出的概念还有公共利益理由、“自然理性（理由）”[3]、康帕内拉使用的“政治理由”（ratio politica）[4]及维柯等使用的“文明理由”（ratio civilis）[5]等。

这些“理由”全部可以看作某种类型的“理性”，而且还可以一定程度上相互置换，如文明理性在一定范围内就是自然理性，[6]政治理由也和国家理由有着很深的相互影响。[7]随着民族国家的兴起和世俗王权的巩固，世俗权力、世俗秩序和合法性急需得到一个法理支撑体系，因此就出现了一

---

[1] 这原先是为解决一个权力的实体性问题而使用的概念，如巴托鲁斯对皇帝权力的论证，就以管辖和保护为理由来说明皇帝是世界的主人；类似地，他由 ratione protectionis vel administrationis 导出皇帝对臣民的统治权。See C.Woolf, *Bartolus of Sassoferrato: His Position in the History of Medieval Political Thought*, Cambridge University Press, 1913, p.23.

[2] M.Viroli, “The Revolution of the Concept of Politics”, *Political Theory*, Vol.20, No.3（Aug., 1992）, p.474.

[3] “自然理性（理由）”（naturalis ratio，另有多种词形变化）是一个十分复杂的术语，在罗马法中就已经大量被使用。在中世纪，它表示世界的基本原理，和现代意义上的“自然理性”实在相去太远。它既作为根本法理和道德原则的来源，也作为一种辩护依据，为政治秩序进行辩护。在一系列的文本中，naturalis ratio 中的 ratio 有时作为“理性”用，有时更接近“理由”的含义，不能一概而论。

[4] M.Viroli, “The Revolution of the Concept of Politics”, *Political Theory*, Vol.20, No.3（Aug., 1992）, p.474.

[5] Vico, De *Universi Juris Uno Principio Et Fine Uno*, see from Giorgio Del Vecchio, *General principles of law*, Wm.S.Hein Publishing, 1956, p.31; p.36, n3.

[6] Id.

[7] See M.Viroli, “The Revolution of the Concept of Politics”, *Political Theory*, Vol.20, No.3（Aug., 1992）, pp.473-495.

个专门用于加强合法性或支持法理秩序的“理由层”。“在18世纪，如果一个国王依然诉诸君权神授以获得人民的顺从的话，无异天方夜谭，因为当下每个人都在怀疑这个权力来源的合法性。相反，没有人会质疑一个基于理性、洞见并诉诸人的权利的斟酌。”[1]这时候的理由，很大一部分已经出现在现代民族语言而非拉丁语的作品中，并且开始在论述中担当中坚力量。例如，博丹在《国家六书》中基于“必要理由”（raison nécessaire）来为国王不受法律约束的权力作辩护，[2]这种通过“理由”的支持由合法性（Legitimität）方向突破合法律性（Legalität）秩序的路径，经过修正后一直延续到卡尔·施米特身后的政治理论中。又如，曾经在法国红极一时的最高理由（raison suprématie），[3]也被大量运用于政治和公法论证，如神圣理由（理性）和最高理由分别导致建立教会和世俗秩序两种权力。[4]自马基雅维里以后一两代学者的时候起，到“二战”结束前止，“理由”已经繁衍成为欧洲大陆政治理论和公法理论中的一个重要层次，尽管随着代议制国家的兴起它们在后一两百年有所消退，但仍然占据着舞台一角不可或缺的位置。

在这数百年间，“理性”的类型化、场合化和特定化，非常有力地推动了“理由”在公法中的兴起。经由ratio的特定化，每一种政制、法律、秩序乃至价值诉求都有其自身的ratio，这种ratio不仅是历史的，还是变幻无常的，甚至可以根据外部条件而变化，这将它的含义不断从单一的、铁一

[1] Gast: *Juristische Rhetorik*, 3.Auf.l 1997, S.58, 转引自秦静：《中德行政行为理由说明义务之立法与现状比较研究》，载《研究生法学》2011年2月。

[2] Jean Bodin, *Les six livres de la République*, Livre I,Chapitre VIII; Livre VI, Chapitre I.

[3] 和“必要理由”不一样，这个词来自经院哲学，但却是一个相当通行的日常词汇，法国著名作家莫泊桑和巴尔扎克等人的作品中都用了这个很流行的词，如《羊脂球》中将法国人的娴雅性情作为“最高理由”来解释普鲁士军官和鲁昂市民私底下的亲近。它在很长的时间内都保持着上至最专业的哲学界（最高理性）、下至平民百姓的广泛的使用范围。值得一提的是，在公共哲学上，这个词最初正是来自西塞罗的《法律篇》；中世纪经院哲学中的ratio summa和它也有很大关系，但源流尚未考究清楚。

[4] Guglielmo Audisio, *Droit public de l'église et des nations crétiennes*, Ch.Peeters, 1864, p.13.

般的“理性”中推离，而大大加深了它的“理由”含义。[1]

“理由”的角色一旦被解放出来，就引起了深刻的学理格局变化。虽然它们在当时有时被用来为统治者的行为辩护，如备受争议的“国家理由”概念就常常被用于给统治者的政治行为提供辩护；但总体上它们还是起了很积极的作用。对于其辩护机能，这是由当时的历史背景、学术传统和政治形势决定的，并不取决于某个特定的个人或流派所提出的思想。例如，自马基雅维里后逐渐成长起来的“国家理由”长期受到褒贬不一、两极分化的评价，但和马基雅维里持不同进路的学者也在使用类似的概念和论证。和马基雅维里基本同时、备受后世盛赞的人文主义者伊拉斯谟，稍早于马基雅维里的《君主论》写出《一个基督教王子的教育》，后书获得的正面评价曾长期远超前书。但就在这本书里，伊拉斯谟也写道：“……对王子的正确教育并非着眼于他的个人收益，而是致力于使他的整个国家获得福利。一个国家须给一位王子所有的好处，这是有许多正当理由支持的。”[2]这种现象的出现，很重要的一个原因，就是当时的权威并不是韦伯所言的法理型权威，而单纯的传统型权威又渐显贫瘠，不足以提供充分的正当化能力；这些“理由”正好充当了两种权威类型之间的过渡角色。

不过，中世纪的许多学者是有思想立场和独立品格的，并非一味唯当权者马首是瞻。这个时期的系列类似概念，如公共利益理由、公家理由等，有时也被用来限定统治者行为的发动条件，乃至否定某种政治举动。[3]除前述索尔兹伯里的约翰外，英国法学家布拉克顿和著名思想家阿奎那也是这方面的典型代表。在民族国家兴起以后，这方面的出色例子首数普芬道夫（Pufendorf）。普芬道夫在论述政治社会和政治权力的生成时，限制了

---

[1] Ian Maclean, *Interpretation and meaning in the Renaissance: the case of law*, Cambridge University Press, 1992, p.153.

[2] Erasmus, *De Natiuitate et educatione Principis Christiani*, 1, 6-7.

[3] Leidulf Melve, *Inventing the Public Sphere: The Public Debate during the Investiture Contest*（c.1030-1122）, Brill, 2007, p.409.

义务理由的作用，而选择基于“安全理由”[1]来建立契约、建立共同的政治指引。[2]在经由“双重契约、一个法令”建立政治社会和政府权力后，权力并非为所欲为，最高统治者不能一人统治全部，他不仅需要臣僚和理事去从事处理民众纷争、侦察邻国动向、指挥士兵、收集和分配资源、管理公共利益等公共活动，还需要对这些活动提供理由。[3]没有理由，君主也不能强征钱财；[4]只有作为贡品或税收时，政府才能向民众收取一小部分财物，此外则需要受到“紧急的、公共的、必要的善”之理由的严格限制。[5]对公共权力的行使附加理由的要求或基于理由进行限制，已经成为政治思想家和法学家对大众主权国家正式建立前公权力行使加以约束的一种流行方法。遗憾的是，这种方法一般停留在纸面上，而没有办法转化为一种稳定的、明确的制度，但至少在思想上，“理由”所形成的缓冲地带，依然形成了一片无形的合法性边界，对统治权力依然施加了某种程度的软约束。

更重要的是，与此同时，这些理由被用来深入解释法的精神，发展法的义理，大大丰富了公法的内涵，扩展了公法的知识疆域；它们为肯定或否定的合法性评价[6]提供了价值性和规范性的中介层，这一中介层从形式到内容都是可调节的，由此这种灵活的评价结构为后来“理由”在现代公法中的复兴奠定了基础。这一中介层始建于索尔兹伯里的约翰的年代，而奠

[1] 准确来说，本句并没有一个独立的“安全理由”，原分句是 suœ quœ salutis ac securitatis rationes communi consilio ac ductu administrare，意为“……为（保障）其安好与安全，（一系列）理由通过建议和指引发挥作用”，因 rationes 是复数，联系上文陈述的众多缘由，故不作“理性”解。这里也可以被进一步阐释、发挥，解读为一种“安全理由”。

[2] Pufendorf, *De Officio Hominis et Civis Juxta Legem Naturalem Libbi Duo*, Liber II, Caput VI, VII.

[3] De hoc, Liber II, Caput VII, VI.

[4] De hoc, Liber II, Caput VIII, VI.

[5] De hoc, Liber II, Caput XV, IV，此处的“紧急的……”一语原文是 urgente reipublicae necessitate bona，作者对权力的发动一连使用了四个限制词。

[6] 这里指的是 legitimacy 意义上的“合法性”（如果将 legality 译成“合法律性”），也译“正当性”（如果将 legality 译成“合法性”）。有学者指出，legality 与 legitimacy 的意义与用法，在中世纪并没有作什么区分，他们直至近代才出现明显的意思区别。See Jost Delbrück, “Exercising Public Authority Beyond the State: Transnational Democracy and/or Alternative Legitimation Strategies?” *Indiana Journal of Global Legal Studies* No.10, 1（Winter 2003），p.32.

基于大法学家巴托鲁斯之手。巴托鲁斯为公权力合法性奠定了一条“意志加理性”（voluntas et ratio）乃至“理由加权威”（rationes et auctoritates）的道路，并且将多种尚未定型的理由运用于公法论证中，为日后理由类型在世俗政治体中的展开确立了基础。通过理由类型日积月累的发展，各种理由构成的中介层逐渐在政治学和公法著作中占据了一定的实质分量。

不过，虽然当时“理由”已经成为公法的重要组成部分，但它的众多作用途径显得太过纷纭复杂，而缺乏统一的分类和辨识标准，也没有获得论题学意义上的单独归类和独立发展。这使得公法中如此重要的主题和领域，竟至于几乎逐渐消亡在现代性的喧嚣中，为意志因素居首要位置的现代政治法律框架所日益淹没。

大众主权的兴起使得意志因素在近代国家中一度占据绝对权威的地位：民众选举政府进行统治，将自己的意志转变为法律，多数决就是权威，无须让“理由”来插手。更何况，许多理由本身就充当过粉饰政治、高抬政权的角色，像“国家理由”一类的概念在政治思想史中的位置并不光彩，在当代民主体制下尤其在议会立法政制的形式法治国时期，那些粉饰高权者的理由不可能再有立足之地。康德的批判更是在哲学上给了众多林林总总假借理性之名进行论证和辩护的托词致命一击，厘清了理性本身可能的证明限度。在无须太多理由的中世纪和无须任何理由的大众主权国家之间，“理由”之花在政治和公法理论中曾惊鸿一瞥地绽放，但又不可避免地凋零。不过，由林林总总的“理由”所组成的公法学思维结构，毕竟还是给现代的公法学留下了一笔引人深思的遗产；而现代行政说明理由制度的一些萌芽，也在这套知识几乎完全销声匿迹之前出现了。[1]

---

[1] 例如，德国最早关于行政行为理由说明义务的法律规定出现在符腾堡大公国1819年9月25日所颁布的宪法性文件中。在该文件的第36条中规定了，任何公民对行政机关违反法律或规章程序或迟延作出行政决定的行为可以在其上级机关提出申诉。接下来的第37条规定，如果上级机关认为公民的该申诉没有足够理由可以支持，有义务向申诉人告知其不予支持的理由。参见秦静：《中德行政行为理由说明义务之立法与现状比较研究》，载《研究生法学》2011年2月。

二、理由在当代法律实践中的复兴

19世纪中叶以来，随着合法性日益被民主代议制的合法律性所填充，基于理由的公法学思维一度销声匿迹。但是，近代排斥各种理由、高扬纯粹意志因素的公法理念并没有持续太久，就出现了各种问题。首先，以主体意志为合法性基础的治理机制太依赖于多数决。如果承认人和人之间的平等，就只能坚持一人一票原则，而当意志的方向发生冲突时，就只能根据相互平等的肉体数量实行力学意义上的意志冲抵，这是从霍布斯开始就根深蒂固的一种论证思路，[1]尽管看起来似乎比较粗鄙，但基于纯粹意志取向的合法性理论一直无法从根本上摆脱这种逻辑，如果不对意志的内容加以区分而赋予其不同意义，单纯考虑意志的形式，最终的结果就只存在一个空洞的形式性整合过程，对于意志冲突而又必须解决问题时，只能无奈地落入多数决的最终解决方案。在这种系统下，少数（在多元化选项投票和分阶段投票中还不一定是总量上的少数）[2]不仅无力抗击多数的压制，更

---

[1] 霍布斯对人的平等观设定对多数决原则的理论化起到了根本性的影响。多数决就是人不分任何实质特性而一律在形式上按照肉体数量来决定正当性的归属，或者将意志作为可数的对象，不区分意志的内容而纯以其外观上的个数及最简单粗暴的方向选择来生成正当性。为何要如此强制所有意志在形式上一律平等？霍布斯的论证是："如果人生而平等，那么这种平等就应当予以承认。如果人生而不平等，那也由于人们认为自己平等，除了在平等的条件下（人们）不愿意进入和平状态，因而同样必须承认这种平等。因此，我便制定第九自然法如下：每一个人都应当承认他人与自己生而平等，违反这一准则的就是自傲。"参见［英］霍布斯：《利维坦》，黎思复、黎廷弼译，商务印书馆1997年版，第117页。加上霍布斯基于力学架构对政治社会进行的一系列描述与界定，多数决的原理已经隐含其中了。后世的思想家干脆一开始就设定人生而平等，转而论证不平等的反自然性质，在这种情况下，在已经建立的政治社会中，正当性来源逐渐转向多数决规则是很顺理成章的事情。

[2] 这方面的一个典型例子是阿罗不可能定理及防策略投票不可能定理。关于阿罗不可能定理的证明，see Kenneth J.Arrow, "A Difficulty in the Concept of Social Welfare", *Journal of Political Economy*, Vol.58, No.4（Aug., 1950）, pp.328-346; 关于阿罗不可能定理及防策略投票不可能定理引发民主进程中少数意志压倒多数意志的可能性，see I.D.A.Macintyre, "Cheers for Democracy", *Synthese*, Vol.131, No.2（May, 2002）, p.260; Richard H.Pildes and Elizabeth S.Anderson, "Slinging Arrows at Democracy: Social Choice Theory, Value Pluralism, and Democratic Politics", Columbia Law Review, Vol.90, No.8（Dec., 1990）, p.2203. 在多数决规则下多数自身有时不能决定，阿马蒂亚·森将这个情况叫作"多数不一致性"（majority inconsistency），see Amartya Sen, "Social Choice Theory: A Re-Examination", Econometrica, Vol.45, No.1（Jan., 1977）, pp.56-58.

没有任何机制去促使多数把事情做得更好。在这种系统下，大量群体被迫采取激烈方式站到制度的对立面，导致了19世纪风起云涌的一场又一场暴力革命和社会抗议。最终，单纯的多数主义政治系统还放纵了纳粹的诞生，导致巨大的人道灾难。在20世纪，关于“多数人暴政”的批评与争议更是风起云涌。各国的政治和行政体制不得不在原先单调苍白的多数主义方案中插入了许多制衡多数权威、充分保护个体权利的机制，辅以强化的社会福利体系，力图缓和社会矛盾。

但是，少数在民主的政治话语系统里，毕竟占有天然的劣势，从理论上看，单纯基于意志聚合的正当化体系无法给予少数人制约多数的能力，这种制约必须和意志以外的因素结合起来，才能和多数在部分事务上相抗衡，进而促使多数将事情处理得更公平、更妥善。表述这种因素的概念，最初就是中世纪公法中的“实质理由”（ratione materiae），这种理由为了保护内容确定的对象和利益，可以抗衡简单多数的权威，[1]这也是德国《魏玛宪法》第76条（修宪权发动的三分之二多数要求）的理论基础，而在后来的联邦德国《基本法》中，一些基本权利、价值和制度被直接确认为不可修改的，在价值方面，最典型的就是第1条“人的尊严不可侵犯，尊重及保护此项尊严为所有国家机关之义务”。当然，这些权利、价值和制度及其理论基础并没有使用“实质理由”有关的名义，但它们本身采取了这种思路，并作为超越意志因素的一种理由类型而存在。

“二战”以后，对纳粹的全面反思催生了“社会国”思潮，[2]政治权力的运作明显柔和化，公共领域在迅速转型。公共性观念在社会福利国家中被制度化，而它只有通过作为社会和政治运作的合理化进程才能实现。只有随着这种合理化的进展，才会再次出现“一种社会，超越了定期或偶然的国家机构的选举和投票，并且处于一贯和长久的整合过程中”[3]。出于这

[1] 参见［德］施米特：《正当性与合法性》，李秋零译，载刘宗坤等编译：《政治的概念》，上海人民出版社2004年版，第231页。

[2] 参见龙晟：《社会国的宪法意义》，载《环球法律评论》2010年第3期。

[3] ［德］哈贝马斯：《公共领域的结构转型》，曹卫东等译，学林出版社2002年版，第244页。

个需求，立法、行政、司法对理由的重视都大为增强，所有权力分支的活动中都已经离不开理由的身影。自然正义原则、正当程序原则和正当期待理念更是进一步促使说明理由制度逐渐得到重视，如1932年英国多诺莫尔（Donoughmore）委员会报告认为，说明理由是法治的要求，“为我们国家对正义的认知所需”，获得决定理由是“自然正义的第三个原则。”在1971年的一份报告中也认为：“说明理由义务应被公然认为是自然公正概念的一个内在要素。”在英国1971年Breen v. Amalgamated Engineering Union案中，丹宁勋爵论及自然正义是否要求说明理由的问题，认为如果当事人所主张的是他不存在请求权的特权，那么行政机关可以拒绝请求，且无须说明理由；如果行政决定构成对已有财产权的影响，或影响到当事人基本生存，或涉及对任何权利、利益或正当期待的剥夺，则当事人应享有被告知理由和获得听证机会的权利。[1]在这种思潮的推动下，不仅是行政决定，在广泛立法、行政和司法活动中，说明理由已经进入了较为全面的制度实践之中。

三、立法和司法说理的展开

在立法方面，立法理由的说明在今天已经发展成为一种内容丰富、意义深远的长篇论述。在西方法治国家中，即使对立法理由并未作出法律上的硬性规定，立法机关一般也自觉说明理由，而司法审查更是对此提出了严格的要求。例如，在美国，虽然对立法说明理由尽管没有明确的制度要求，但司法通过发展出立法记录（legislative record）概念，促使立法留下一定的支持证据与材料来说明立法选择。如果立法的相关书面材料不足，可

[1] 以上内容分别来源于Justice—All Souls Review Committee, *Administrative Justice: Some Necessary Reforms*, Oxford University Press, pp.26-28,（1988）; J.W.Bridge, The Duty to Give Reasons for Decisions as an Aspect of Natural Justice, in D.Lasok et al（eds.）, Fundamental Duties, Pergamon Press, p.81（1980）; 1971 1 All ER 11481，均转引自宋华琳：《英国行政决定说明理由研究》，载《行政法学研究》2010年第2期。

能会导致法院认为立法违宪，自从里程碑式的“阿拉巴马大学诉伽雷特”(Board of Trustees of the University of Alabama v. Garrett)[1]一案后，这方面的司法审查之路已经彻底打通，“立法记录审查”（legislative record review）成为一类颇有特色的审查。[2]法院当然不会用自己的观点取代国会的判断，但法院在信任国会、尊重立法判断的同时，会从国会留下来的大量书面记录中检视国会的判断是否合理。[3]这类审查早已趋于严格，如在更早一些的“金美尔诉佛罗里达大学案”（Kimel v. Florida Board of Regent）中，联邦最高法院深入检视了国会立法所依托的信息，认为这些信息过于散逸（anecdotal）或在地理意义上过于狭窄，并且几乎完全是从议会辩论和立法报告中断章取义得来，进而否定了立法理由的充分性并认为立法违宪。[4]而在阿拉巴马大学诉伽雷特案中，法院更是直接要求国会立法必须有理性基础（rational basis），法院可以通过审查立法依据是否合理而确定立法的合宪性。[5]在其他国家，立法理由的展示也通过其他形式得以展开。例如，早在2000年，据学者对亚洲和欧洲61个制定有成文宪法的国家的统计，

---

[1] 在该案中，两位原告都是患有疾病的高级护理人员，一位患乳腺癌经放疗和化疗治愈试图回归原管理岗位，另一位患有慢性哮喘和睡眠呼吸暂停症试图调整工作时间，两人的请求都被拒绝。两人诉诸法院。在联邦地区法院的判决中，尽管《美国残疾人法》禁止各州政府及其他雇主因其残疾而歧视有资格的此类人士，但基于宪法第十一修正案（联邦法院不能审理一州公民或一外国公民对另一州政府的诉讼）而认为国会无权令联邦法院审理此类诉讼；第十一巡回区上诉法院推翻了联邦地区法院的判决，认为第十四修正案克服了第十一修正案的障碍；联邦最高法院又推翻了上诉法院的判决，认为第十四修正案对第十一修正案的克服是有限的，而本案中《美国残疾人法》的相关条款未满足这一条件，其立法资料未能为雇佣中的残疾歧视与种族歧视有关提供充分的理性基础。See 531 U.S.356 (2001) .

[2] See W. Buzbee and R. Schapiro, “ Legislative Record Review ”, *Stanford Law Review*, Vol.54, No.1 (Oct., 2001) , p.89.

[3] Id, p.103.

[4] 这个案件针对的是1967年的《雇佣中的年龄歧视法》(The Age Discrimination in Employment Act)，这组诉讼是两位副教授和两群大学员工针对公立大学以年龄歧视为名提起的诉讼，同样涉及第十四修正案对第十一修正案的克服范围问题。联邦最高法院认为，国会并未能提供充分的基础使其立法有理由突破第十一修正案给予各州的豁免。See 528 U.S.62 (2000) .

[5] See Buzbee W. and Schapiro R., “ Legislative Record Review ”, *Stanford Law Review*, Vol.54, No.1 (Oct., 2001) , p.118.

有 34 个国家的宪法和法律规定了立法机关实行公开制度；另据世界议会联盟对 81 个国家议会的统计，有 70 个国家使用电台对议会审议法案进行实况转播，有 58 个国家使用电视转播议会辩论的情况。[1] 立法意见的碰撞与立法理由的成型过程，在这种公开制度之下直接展现在公众面前。

司法中的判决理由更是历史悠久，但最近半个世纪，判决说理正得到如火如荼的发展。普通法系国家从中古以来一直保持着司法判决说理的传统，至今仍十分发达；而大陆法系国家也渐渐开始要求说明理由。判决要说明理由的做法，在意大利从 16 世纪起、在德国于 18 世纪逐步确立起来；在这点上，法国只是在 1790 年、德国只是在 1879 年才作为一项普遍义务强使法官接受。但到今天，判决必须说明理由这一原则今天已经极为牢固地被树立起来了：在意大利，宪法本身就此作了规定。[2] 在德国，宪法法院第一审判庭于 1973 年发布的一项决议（法律续造的决议）中规定：所有法官的司法裁判必须"建立在理性论证的基础上"。[3] 目前大陆法系主要国家司法判决的说理已经和普通法系国家各有千秋，相得益彰。我国也开始逐渐加强司法裁判文书的说理工作："近年来，在最高法院的大力推动、全国法院的高度重视、专家学者的建言献策和社会各界的关心支持下，法院裁判文书的规范化建设和说理工作取得了长足进步，全国法院各类文书样式得到统一规范，裁判文书说理问题受到普遍重视，裁判文书制作的整体水平显著提高，涌现出了很多优秀的裁判文书和典型案例。随着裁判文书上网公布的力度不断加大，数量不断增多，裁判文书说理的社会效应也在不断扩大。"[4]

与此同时，民众与政府之间围绕理由而展开的对话和互动日益活跃起来，甚至成为爆发公共舆论风潮、点燃重大事件的重要引子。在国内，2004

[1] 参见李林：《立法权与立法的民主化》，载《清华法治论衡》2000 年第 1 辑。

[2] 参见［法］勒内・达维德：《当代主要法律体系》，漆竹生译，商务印书馆 1984 年版，第 132 页。

[3] 参见［德］阿列克西：《法律论证理论——作为法律证立理论的理性论辩理论》，舒国滢译，中国法制出版社 2002 年版，德文版序第 1 页。

[4] 胡云腾：《论裁判文书说理与裁判活动说理》，载《人民法院报》2011 年 8 月 10 日，第 5 版。

年万州事件[1]、2005年池州事件[2]、2008年瓮安“6·28”事件[3](以下简称瓮安事件）等对整个中国社会产生深远影响的重大突发事件，都与政府在说明理由方面的某种作为和不作为关系密切。例如，在2008年的瓮安事件中，有报道和评论指出，贵州省瓮安县的相关行政人员至少存在三处说明理由上的不作为或作为不当，首先是“由于当地警方没有耐心细致地做好解释说服工作，死者叔叔与一个警察因沟通态度不好引发新的冲突，使死者亲属对公安局失去信任，成为矛盾激化的‘分水岭’”；其次是“在没有辟谣和做通死

[1] 2004年10月18日下午，重庆市万州区高笋塘太白路中段，一个“棒棒”（街头挑夫）肩上的扁担不小心碰到后行妇女曾某，曾某当即对其破口大骂，后又掌掴对方。“棒棒”要曾某给他一个说法，曾某通知其夫胡某赶到。胡某冒充公务员（有说自称“局长”）将对方的腿打伤，并扬言“不怕告状”，“老子10万元钱就可以把你的命除脱”。不久，当地警方接报到场，警员问了“局长”夫妇几句话后，就强行驱散周围的民众，并将两人送上警车。警方的做法令围观民众十分愤怒，大批民众聚集在太白路，堵塞交通，要求政府对此“官官相护”事件作出回应。与此同时，各种传闻迅速扩散，一些闲杂人员乘机传讹。目击者称，到傍晚时分，聚集的民众近10万人，在城区聚集打砸，烧毁警用车辆多台。由于胡某自称是公务员，人群一度冲击、打砸了位于高笋塘的区政府大楼，酿成万州自新中国成立以来规模最大的群众骚乱。参见陈绪兆、王习胜：《群体非预谋性突发事件的应对方略——以“万州事件”和“池州事件”为例》，载《理论界》2008年第5期。对于本事件，下文将有进一步分析。

[2] 2005年6月26日，安徽池州城区翠柏路菜市场门口，一辆挂着苏A牌照的丰田轿车将行人刘某剐伤，双方发生争执，车上司乘人员将刘某殴打致伤，引起部分市民不满并向池州“110”报警。九华路派出所立即派人赶赴现场，将刘某送往池州市第一人民医院急诊室就诊，拟将肇事者连人带车带到派出所接受调查。围观群众认为警察袒护打手，要求警察交人。1小时后，围观群众近万人，混乱开始升级。事后查明，事件参与者与交通肇事双方都没有直接关系。此事件被称为“池州事件”。参见胡渊：《论突发性群体行为的心理原因及其疏导 ——由“池州事件”引发的思考》，载《山西高等学校社会科学学报》2009年第7期。

[3] 2008年6月，瓮安县中学生李某与几位同学深夜一起外出玩耍时，不幸身亡。当地公安局经调查后认为，李某的死亡与其同学无关，是自己投水所致。李某的家属对死因提出质疑，并将其遗体摆放在出事地点。随着围观者渐多，加上各种复杂因素作用，流言四起，群情激愤。上万名群众开始上街游行，或冲进办公楼打砸办公用品，或在县政府和公安局外焚烧警车，共造成100余间办公室被烧毁、砸坏，50余辆警车、摩托车被烧毁，150余人受伤。当地党委、政府、公安机关和相关部门反应迟钝，无人搜集情报信息，无人到现场查看，没有采取任何措施辟谣，没有及时公布调查情况，没有针对性地开展舆论引导，消除社会上的谣言。参见孙子航：《和谐社会建设中的群体性事件和社会稳定——以“瓮安事件”为例》，载《改革与开放》2012年第8期；崔亚东：《从贵州瓮安“6·28”事件看新形势下群体性事件的预防与处置 ——关于贵州瓮安“6·28”事件的反思之一》，载《公安研究》2009年第7期。

者亲属工作的情况下，公安局不顾现场仍有大量群众围观，且群众对死者的同情和对警方的愤怒已达极点的现实，仍然给死者家属下发了《尸体处理催办通知书》，促成了包括学生在内的群众游行”；[1] 最后是始终“等不来一个领导说话”的人群向县政府转移，终于点燃了县委大楼。[2] 当然，沟通、“说话”和“做工作”并不完全是说明理由，但却和说明理由有相当密切的关系。万州事件和池州事件更是直接和说明理由本身有关：万州事件是对行政事实行为说明理由的完全不作为，而池州事件则是由于主客观原因导致说理效果不佳。在万州事件中，警察匆匆将打人者送上警车、采取强制措施驱散围观人群时，没有重视周围群众怨气、耐心进行说理工作，致使围观群众十分不满，后又听信传言，造成突发性事件；而池州事件则是在“领导会袒护招商引资引来的老板”的传言下，也可能包括领导自身工作技巧的原因，导致说理的效果“十分不理想”，最终引发群体事件。在社会隔阂越来越大、社会信任普遍缺失的情况下，说理的工作以及围绕理由的社会互动过程在今天已经显得特别重要。

四、行政过程中理由的崛起

在当代行政过程中，理由更是占据了一个越来越重要的位置。行政说明理由制度在许多国家相继兴起，揭开了理由在行政过程与行政法治实践中崛起的序幕。在20世纪的行政法实践中，说明理由的要求随处可见。美国《联邦行政程序法》第557条规定：“一切决定，包括初步的、建议性的和临时性的决定在内……应当包括下列事项的记载：对案卷中所记载的事实的、法律的或自由裁量权的实质性争议所作的界定、结论及其理由或依据。”《西班牙公共行政机关法律制度及共同行政程序法》第54条第1款规定：“应通过简单阐明事实及权利依据来说明理由的情形如下：1. 限制主体权利或合

[1] 参见潘强、朱瑞博：《群体性事件的演进机制与处置对策 ——以瓮安事件和德江事件为例》，载《中国浦东干部学院学报》2009年第3期。

[2] 参见王丽：《瓮安事件成群体性“标本性事件”》，载《中国改革报》2008年9月12日，第4版。

法利益的行为；2. 裁决依据职权对规定或行政行为进行复议的程序、行政申诉、司法途径前的申诉及仲裁程序的行为；3. 与上述活动所遵循的标准或咨询部门意见相脱离的行为；4. 不论因何种原因而达成的取消行为的协议，以及采取本法第 72 条和第 136 条所规定的临时措施；5. 进行紧急审理或延长期限的协议；6. 在行使自由裁量权时所作出的行为，或依据明确法律或条例规定应该如此的行为。”[1]《日本行政程序法》第 8 条（在驳回申请请求的行政许可、认可时说明理由)、第 14 条（作出不利益处分说明理由）也规定了说明理由的前提和形式。法国更有特殊性，其通过专门立法（1979 年《说明行政行为理由及改善行政机关与公众关系法》）规定“自然人与法人有权及时知悉与其有关且对其不利的个别行政决定的理由”，又规定行政机关作出六类行政决定时应当说明理由，说明理由应当以书面形式进行，且应指出构成决定根据的法律理由和事实理由。[2] 英国也通过法律原则和相关判例建立了行政说明理由的制度性要求。[3] 而在德国，不仅联邦《行政程序法》第 39 条详细规定了行政机关的说明理由义务，这一义务在法律实践中更是获得了十分详尽的解释。[4] 此外，许多国家和地区的行政特别法中，关于说明理由的要求更是数不胜数。中国不仅在《中华人民共和国行政处罚法》（以下简称《行政处罚法》)、《中华人民共和国行政许可法》（以下简称《行政许可法》)、《中华人民共和国行政强制法》（以下简称《行政强制法》）等重要单项立法中强调了行政机关的说明理由义务，在我国行政程序法典化的重要突破——2008 年《湖南省行政程序规定》中更有着大量对说明理由的要求，有关说

[1] 此处直接援用国内学者的翻译结果，见梁成武：《国外说明理由制度立法模式比较研究》，载《社科纵横》2007 年 7 月；许可祝、陈平：《西班牙公共行政机关及共同的行政程序法（续)》，载《行政法学研究》1996 年第 2 期；等等。

[2] 参见应松年：《外国行政程序法汇编》，中国法制出版社 1999 年版，第 568—570 页；王蔚臆：《试论行政行为说明理由制度》，载《中共山西省委党校学报》2007 年 4 月。

[3] 参见宋华琳：《英国行政决定说明理由研究》，载《行政法学研究》2010 年第 2 期。

[4] Vgl Tiedemann, *Beck'scher Online-Kommentar VwVfG*, § 39 Rn 1-99.（这是一份综合学者著作及司法案例而为行政程序法撰写的逐条规范详解，在德国具有相当程度的学术权威性，感谢德国慕尼黑大学傅博博士提供的相关资料。）

明理由的条款达 20 条之多，涉及重大决策、一般行政执法、行政指导、行政应急等众多事项及行政执法相对人权益保障、专家咨询、公众参与、机关（部门）间互动等多个面向。总之，一个非常突出的事实就是，“理由”在当代行政法律规范及行政活动中已经成为一个随处可见、遍布行政过程的重要概念，使得对公共行政的要求日益丰富起来。

说明理由制度只是“理由”在行政法中兴起的一个方面，真正让人不得不重视的，是围绕理由进行的互动和审查方式在日益悄然取代过去单纯围绕形式合法性的互动与审查。这是一场真正的公法革命。几个著名的事件与案例可以明显地体现出这一点。在美国，从国会立法到行政机关的决定，在司法审查中都难免要遭遇合理性评价，而有关公共机构所提供的理由的可接受与否，就是这种评价的关键一环。例如，在 1997 年判决的一个经典案例中，联邦最高法院用了整整一个分节讨论联邦通讯委员会（FCC）关于《有线电视消费者保护和竞争法》中“必须负载条款”（The “must-carry” provisions）的合理性，决定接受国会的理由，进而最终对该条款是否违背第一修正案作出判断；又如，在 1974 年判决的另一个经典案例中，联邦能源委员会（FPC）发布的行政命令因未能充分说明如何确保小生产者的天然气定价是合理的，而被联邦最高法院推翻；尽管该机构声称考虑了所有与公共便利和需求有关的因素，并且认为定价的合理性可以由市场过程证明，但其说服力未得到法院的接受。在美国公法实践中，甚至出现过不少通盘讨论合理性（整个合法性判断镶嵌其中）的案例，这种现象是因为细致立法越来越困难，议会经常只能在立法中规定行政机关要采取“公平的”或“合理的”措施，但又语焉不详，使得合法性审查在很大程度上变成围绕行政机关所述理由进行的合理性审查。在我国，围绕理由进行审查的行政案件也已经开始出现，不仅对行政机关是否尽到形式上说明理由义务的司法审查案例为数众多，对理由进行检视的实质性步伐也开始迈出。[1] 而在德国，对裁量理由的审查也早已广泛展开，德国《行政法

[1] 详见本书第六章。

院法》第114条规定：“对行政机关有权依其裁量作出的行为，行政法院也有权对行政行为、拒绝作出行政行为或对行政行为的不作为是否违法进行审查，审查行政机关是否逾越法定裁量界限、是否以不符合裁量授权目的方式使用裁量。”[1] 在德国，行政法院关注的行政裁量瑕疵主要有：裁量逾越，即行政机关没有选择裁量范围内的法律后果；裁量怠慢，即行政机关不履行法定裁量权；裁量滥用，即行政机关没有遵守裁量规范的目的；违反基本权利和一般行政法原则，主要是比例原则。在某些案件中还可能出现裁量收缩，尽管法律规定行政机关有权在不同法律后果中选择，但在某些具体案件中，只有一种决定没有瑕疵，则行政机关有义务选择这个唯一决定，否则法院可以宣告其有裁量瑕疵。[2] 这在我国也已经广为人知。可以说，行政过程中所说明和运用的理由在司法审查中的地位已经日益占据要害位置，特别是在行政法治成熟的国家，行政行为的形式合法性很少存在明显瑕疵，围政理由进行的审查就成为一个非常重要的领域。

不仅如此，民众对说明理由和围绕理由进行互动的需求也在不断增强。尤其是在当代中国，越来越多的行政活动正在面对民众强烈的说明理由的要求。民众要求的，很多时候不仅仅是一个单纯的结果，还需要“给个说法”，给出作出决定的依据和道理。这几年日益清晰的一个趋势是，如果行政机关在关键事务上出现说理不足、神神秘秘或闪烁其词的情况，在网络上和现实生活中都会招致公众铺天盖地的质疑。说明理由已经成为行政机关不得不掌握的一项重要工作技巧。在一个公共交流和公共产品竞争日益发达的年代，公共关系研究者早已指出，政府“光说不做不行，光做不说也不行”。[3] 在现代社会，公共领域的力量有渐趋均衡化的趋势，民智亦日益不复如封建社会一般壅塞，建立在相互理解和商谈基础上的公共理性更是对公共行政活动中无须解释的一言堂式行为有着根本的抵触，因此，现在行政机关面临说明理

---

[1] 译法来源：周云帆：《对行政裁量权的司法审查》，载《暨南学报》（哲学社会科学版）2002年第4期。

[2] 同上注。

[3] 参见郑永兰：《全球化背景下的政府形象塑造》，南京师范大学硕士学位论文（2004），第39页；蒋林峰：《政府公共关系构建的伦理维度》，中南大学硕士学位论文（2006），第9页。

由的任务日益增多、日渐重要，也就完全可以理解了。

总体上看，理由已经在当代公共行政和行政法中占据了一个很重要的位置。美国学者贝勒斯将说明理由称为“第三条自然法原则”，[1] 中国学者也早已认识为行政活动提供理由的重要意义。[2] 它在维护程序公正，促使相关各方接受与信服方面起到了不可替代的作用。但要更深刻地认识理由在行政法中的根本功能与深远意义，我们还需要做一番深入的理论探索。

第二节 行政法中理由的复兴：来自合法性的要求

一、关于行政合法性的当代讨论

理由在当代行政法中的复兴，其直接契机就是行政过程的“合法性危机”(the crisis of legitimacy)。[3] 这一危机首先由美国学者作出了全面的阐述与分析，进而引发了全球范围内对于类似问题的反思。说明理由要求的强化、针对理由之司法审查的深化，在一定程度上都是与此危机的克服相伴随的。

美国著名学者弗里德曼于 1975 年发表的广为引用的名篇《行政过程的危机与合法性》开启了西方学界对行政合法性问题的全面反思。弗里德曼指出，美国的行政机关面临一种根深蒂固的危机，它们的合法性已经存在疑问，行政机关已经很难取得公众接受度（public acceptance）。[4] 造成这一危机的原因是，行政机关从罗斯福新政时期开始权力不断膨胀，游离于美国传统三权架构之外的规制机构成了“无头的第四部门”（constitute a headless “fourth branch”），和自由市场的根本价值相冲突；随着立法权的广泛授予，行政机关而非国会需要面对大量复杂的事务，处理社会选择

---

[1] 参见［美］贝勒斯：《程序正义》，邓海平译，高等教育出版社 2005 年版，第 73 页。

[2] 参见龚祥瑞：《行政合理性原则》，载《法学杂志》1987 年第 2 期。

[3] 有关当代行政合法性危机的完整描述，see J.Freedman, “Crisis and Legitimacy: The Administrative process and American Government”, *Stanford Law Review*, No.27（1974-1975）, pp.1041-1045.

[4] Id, p.1045.

问题，它在面对私人利益时又如此脆弱和容易被俘获，导致其合法性认同日益受到挑战。[1] 弗里德曼更多的是指出了问题，美国的斯图尔特和英国的琼斯分别对这个问题作出了他们富有代表性的思考。斯图尔特对传送带（transmission bell）合法化模式的反思已经为国内学界所广为熟知。在分析利益代表模式时，他归结出了该模式一个有一些“片面的深刻”意味的观点：利益代表模式假定，“可确定的、先验超然的‘公共利益’是不存在的，社会中只存在不同个人和团体的独特利益。根据这一假设，立法过程体现出来的仅仅是彼此冲突之利益团体相互撞击而形成的妥协”，“充分考虑所有受影响的利益之后所作出的行政决定，就在微观意义上基于和立法一样的原则而获得了合法性”。[2] 因此，基于利益代表制及其协商过程可以给非民选的机构作出的政策带来合法性，斯图尔特认为这一方向值得人们思考与审视。[3] 琼斯则从另一个角度切入。流行观点认为规制机构行使制定法授权的效率决定了其合法性基础，琼斯则认为合法性必须超越于效率概念，其所需要的也不仅仅是形式上的法律正当化（formal legal justification），而需要一种塞尔兹尼克式的“深度合法性”（legitimacy in depth）；也就是说，不仅规制者的决定需要依据有效的规则作出，也不仅是作出决定者应当被合法地任命，更需要这个规则本身就能够在实质意义上获得正当化证明。[4] 作者接下来对合法性概念本身展开了分析，认为合法性不仅是一个从法律上进行刻画的概念，更是一个从规范上进行评价的概念，它不仅仅简单地反映个人的主观接受，更有着实质的价值评价内涵，可以为合法性的衡量提供一个基点，诸如无效率、不必要、非民选、成本高等都可以作为合法性不足的理据。[5] 作者借用了哈贝马斯的“重构式的

---

[1] J.Freedman, “Crisis and Legitimacy: The Administrative process and American Government”, *Stanford Law Review*, No.27（1974-1975）, pp.1042-1055.

[2] ［美］斯图尔特：《美国行政法的重构》，沈岿译，商务印书馆 2003 年版，第 63—64 页。

[3] 同上注，第 169—170 页。

[4] Timothy H.Jones, “Administrative Law, Regulation, and Legitimacy”, *Journal of Law and Society*, Vol.16, No.4（Winter, 1989）, p.410.

[5] Id, pp.401-411.

合法性”（reconstrutive legitimacy）理论，强调合法性概念的价值内涵和良好论辩（good argument）的基础；在合法性评价的立法模型、责任与控制模型、正当程序模型、效能与专家模型后，认为应当分别对这几种合法性建立评价标准，而不是试图把它们简单地融为一体。但对于如何为这几种合法性评价寻求一个平衡点，作者也没有提出更深入的见解。[1]

为克服这一危机，美国学者和司法实务界探寻了许多可能的道路，最有代表性的就是利益代表模式下多元化公众参与的兴盛。它旨在修复行政过程中的合法性缺陷，将行政过程视为一个实际上存在各种利益冲突、协调与博弈的政治过程，并试图通过不同利益的组织、代表参与、协商及其他互动填补公共行政的合法性基础。但是，所谓的“利益代表模式”也存在各种各样的缺陷，如利益组织程度差异较大、代表性不均衡、参与能力差异、参与成本限制等，单靠利益代表模式去满足行政过程的合法性需求，即使在美国亦是力有不逮。必须有一种新的合法性供给机制为公共行政的可接受性提供更加充分的支持。

在中国当代的特殊制度环境下，中国学者对行政合法性的思考也推进到了一个非常有理论意义的深度。例如，20世纪末，胡建淼教授指出：“人们愈来愈注重从实质而不是从形式的角度来考察行政与法的关系，认为行政法治的关键不是政府的行为是否符合形式上的法律，而是政府的行为是否符合法律的‘正义性’，从而使‘依法行政’上升为‘合法行政’。从这种历史意义上说，由‘依法行政’过渡到‘合法行政’，乃是行政法治史上的一个飞跃，是人们对政府法治的要求从形式走向实质的标志。此外从内容范围而言，行政合法性原则亦不能等同于依法行政原则，前者应该包括后者，其内容远远大于后者。”[2]“行政主体的行政行为必须合法，它既应符合行政法律条文，更应符合法的精神。”[3]这一思考已经开始窥见行政合法性的深层内容。

[1] Timothy H.Jones, “Administrative Law, Regulation, and Legitimacy”, *Journal of Law and Society*, Vol.16, No.4 (Winter, 1989), pp.411-422.

[2] 胡建淼：《关于中国行政法上的合法性原则的探讨》，载《中国法学》1998年第1期。

[3] 同上注。

沈岿教授对合法性的思考，将这个主题的研究往深处推进了一大步。沈教授敏锐地捕捉到了“近些年几乎铺天盖地的追问政府行为合法性的浪潮”[1]，而且注意到合法性追问并不在法律原则和规则的层面上就停止了，因为“合乎一定的价值并不能为合乎规则或原则所吸纳，在现实经验生活中，它可能会成为相对独立的另一种合法性追求”[2]。并且,“如果坚持在任何情况下都以实在法为皈依，那么，公法的使命本身就会在实践中打上折扣，而无法覆盖对所有政府行为的合法性考察。在现实生活中，实在法（包括最高的宪法规则）并不像社会契约论所假设的那样，是由全体民众完全根据自己意愿的有关权利义务的契约文书。多数决定制、间接代表制、行政立法制以及法官立法制的实际存在，使得实在法尽是政府行为的结果。设若以实在法为唯一标准，进而将宪法作为终极的标准，那么，公法势必会放弃对某些政府行为的可接受性盘问”；另外，“实在法王国‘祛魅’的形式美，完全是一种幻象。不管在规则的产生过程还是在规则的实施过程中，都充斥着政府行为者的价值权衡和抉择”。[3] 在扩展合法性视野之后，他进一步注意到，“如果可以用一个概念来道出多样性背后的共通性的话，那么，可接受性是各种合法性观念的共有之义”，而可接受性面临“诸神之争”，“对于政府行为是否可接受的问题，在不少的场合，没有绝对的、唯一的正确答案”。[4] 对此，沈教授主张“开放反思的合法性”，主张给实在法一个可适用性的假定而不是当作最终的绝对标准，以开放的实在法建制来支撑这个假定，在多种不同意见的辩论中使得考虑更加周全，以多种不同价值的平衡来协调各种诉求，进而暂时满足合法性的要求；这种满足还要接受反思过程的检验，结合反思的法律过程和社会过程来完成一个完整的对“可接受性”的建构。[5]

---

[1] 沈岿：《因开放、反思而合法——探索中国公法变迁的规范性基础》，载《中国社会科学》2004 年第 4 期。

[2] 同上注。

[3] 同上注。

[4] 同上注。

[5] 同上注。

王锡锌教授继承和发展了斯图尔特教授的思路，深入分析了形式合法性的困境，提出了一种富有影响力的精彩思路。[1]他认为“当代行政过程中无处不在的利益冲突、竞争和妥协，表明行政过程本质上已经成为一种政治过程”，“以司法审查为核心的传统行政法模式，已经无力完成对行政权及其行使的合法化使命”。因此，他主张“公众参与模式”，即“通过建立一种公平代表、有效参与的‘制度过程’，搭建各种利益表达、交流、协商、妥协的平台，并在此过程中使行政政策和决定合法化”。[2]这种公众参与模式所依托的合法化理论，本质上是一种多元主义合法化理论，其目标是“实质合法性”。[3]这种在学理和实践上均意义重大的“自我合法化”机制，既是一种合法化解释框架，同时又是一个合法化建构框架。[4]在这种自我合法化机制中，说明理由作为公众参与模式的一个构成机理被镶嵌其中，作为达成“理性而平等的协商”的一部分而得到考虑。[5]这也是行政说明理由制度和行政合法性危机解决之道探索的一次明确联结。

与此相比，何海波教授则提出了另外一种思路，他所针对的（司法判决的）合法性问题，更多的是“lawfulness”而非“legitimacy”意义上的合法性；但在分析中也存在一定的叠合之处。因为单纯的形式法治视角面临巨大局限，导致合法性概念的复杂扩张，何海波教授在检视了“行政法学理论在行政行为合法性概念上的严重混乱”[6]后，借鉴英国法上的合法性概念，主张在实质合法的意义上使用“合法（违法）”，“把它作为一个评价行政行为合法性的统括概念”[7]。在论著和其后的讲座中，何海波教授从法律共同体视角切

[1] 参见王锡锌：《公众参与和行政过程——一个理念和制度分析的框架》，中国民主法制出版社2007年版，第17—18页、第177—178页。

[2] 同上注，第40页。

[3] 同上注，第46页。

[4] 同上注，第45页。

[5] 参见王锡锌：《行政正当性需求的回归——中国新行政法概念的提出、逻辑与制度框架》，载《清华法学》2009年第2期。

[6] 何海波：《实质法治——寻求行政判决的合法性》，法律出版社2009年版，第179页。

[7] 同上注，第181页。

入合法性问题，引入法律共识理论，认为在当前环境下，一味地强调司法的“精英主义”结果可能反而损害司法的合法性基础，提出“法律的阳光广场”概念，主张“把法律共同体的共识作为司法判决的合法性基础”，“法律共同体要有意义地参与司法过程，并赋予司法判决以合法性”。[1]这种思路进一步从主体结构方向打开了合法性的空间。

到此为止，这些关于合法性问题的经典讨论看上去主要着力点似乎更注重于主体结构与互动过程，而对于实质内容方面的关注虽然也在一定程度上存在，但相比之下没有获得与前两个方面相匹配的分量。因为合法性的类型和价值基础实在太繁复了，而且存在所谓的“诸神之争”，深入内容面的努力似乎变得很困难。但是，只有主体和过程面，对这一问题的讨论始终是一种缺憾。只有深入合法性问题的内容面或实质层面，我们才能完整地把握它的命脉所在。对此，我们首先有必要回到合法性概念本身，在对其进行剖析时，我们会发现它和“理由”之间的联系竟是超乎寻常的密切，而一个能够有效承担沟通促进与共识形成过程的理由层，将是行政合法性的重要支柱。

二、合法性概念的深层展开

合法性观念无处不在，但“合法性”这一概念本身是一个舶来品，而其源流本身是非常复杂的。当代的合法性概念呈现一种深刻的分裂状态，最重要的一个含义分裂是分为侧重政治意义上的“合法性”（[英] legitimacy，[德] Legitimität）与规范意义上的“合法律性”（[英] legality，德 [Legalität]）[2]，在国内也有分别译为“正当性”与“合法性”的，译法的

[1] 何海波：《实质法治——寻求行政判决的合法性》，法律出版社 2009 年版，第 405 页。

[2] 据 Merriam- Webster Dictionary 及 Douglas Harper 主编的 Online Etymology Dictionary 显示，legality 这一概念所基于的 legal 一词，来源于拉丁语 legalis，同时可能与 legere（聚集、收集）有关，成型于 1447 年；legitimacy 也出现在这一世纪内，这一概念所基于的单词是 legitimare，来源于拉丁语 legitimus，其形容词形式 legitimate 出现要早一些（1536 年），legatimacy 概念则正式成型于 1591 年。但是它们在当时都表示 lawful 的意思。

不一致导致了概念使用上的混乱局面，阻碍了对这一概念的深入思考。此外，还有所谓“形式合法性”（formelle Rechtsmäßigkeit）与“实质合法性”（materielle Rechtsmäßigkeit）、“形式合法律性”（formelle Gesetzmäßigkeit）与“实质合法律性”（materielle Gesetzmäßigkeit）的区分，此种区分来自以德国为代表的大陆法系国家，和“合法律性”与“合法性”的区分并非一回事。合法性概念从它的起点至今走过了太远的距离，为准确地说明这个概念，暂时回溯到它的起源而后再顺流而下是很有必要的。

合法性的概念原先并没有呈现分裂状态，它是一个由 lex 发展出来的统一体，legitimacy 和 legality 还曾一度可以互换使用。[1] 只有对“法”（lex）本身的理解出现歧义时，刻画合法性的概念才有可能产生分裂。这一歧义的起源就是中世纪晚期至近代议会代表制国家勃兴期间实在法的兴起，使得 lex 可以同时指实在法和整体上的“法”观念。从欧洲民族国家兴起之初开始，legality 就开始专指与实在法的符合性，而 legitimacy 则开始专指政治上的正当性、正统性（包括血统上的正统性[2]），但这一“正当”仍是在法的话语中完成的，直至现代才逐渐淡化“法”（包括罗马和中世纪公法理论[3]）

---

[1] 据笔者考察了解，legality 和 legitimacy 都来源于 lege（即法律 lex 的复数形式），需要注意的是 legitimacy 并非来自 legit（legō 的第三人称单数现在时，表示收集、选择、任命等，这里涉及复杂的词尾变化，出于论文主题原因，此处不再赘述），所不同的是一个加上 -alis 的后缀（意为与其有关的、属于该对象的，等于英语的 -al 后缀），以一种常见的方式将它变为形容词 legalis，再自然发展出名词形式 legality；而 legitimacy 来源于 legitimus（其阴性主格形式就是 legitima），它直接就是由 lex 的阳性和中性的同形态宾格形式发展出来的形容词，到中世纪经院哲学大量使用表示性质的后缀讨论事物属性时转变为名词。另外，也有学者指出，legality 与 legitimacy 的意义与用法，在中世纪并没有作什么区分，他们直至近代才出现明显的意思区别。See Jost Delbrück, “Exercising Public Authority Beyond the State: Transnational Democracy and/or Alternative Legitimation Strategies?”, *Indiana Journal of Global Legal Studies*, Winter 2003, Vol.10, p.32.

[2] Legitimacy 在继承法上也有运用，指的是血统上的纯正无误。

[3] 罗马和中世纪公法的议题与内容和当今公法存在很大差异，它包含了大量今天被认为属于政治哲学的内容。迄今为止，就笔者所接触的中外资料，未有一份文献全面而深刻地勾勒出近代以前的公法形态及核心结构。从最粗疏的意义上看，如果将当时法学家沿袭罗马法或习惯法架构围绕公域中的 ius 所作的一系列讨论都归于公法范围的话，这种公法至少涉及今天的公法学、法理学及政治学内容，但其讨论核心仍然是围绕“法”或正义——ius 进行的。

的背景，更多地成为一种论述政治正当的概念。

在民选议会掌握政治权力以前，legitimacy 占据优势地位；随着现代民族国家的兴起，议会民主制成为主流制度，大量制定法日益占据法律生活的主要方面，实定法的地位也挟议会的民主正当性而随之急剧抬升，legality 一度占据绝对优势地位。在法律实证主义及法律形式理论（Rechtsformenlehre）盛行的年代，legality 一度被作为合法性分析的唯一工具，并衍生了相应的学说体系，典型例子如美国的“古典合同法”[1]、德国形式主义犯罪构成阶层理论与凯尔森的“纯粹法学”理论[2]等。但纯由 legality 主导的合法性分析模式，在“二战”以前就已经开始遭遇变革，[3]战后更是彻底无力承担整个合法性分析的重担。在“二战”以后，合法性分析日益扩展到实定法规范以外的、广义上的“法”领域，相应例子包括宪法上的“客观价值秩序”（objektive Wertordnung）[4]、合同法的一系列弹性原则[5]、行政法上的“合法期待”（或译“正当预期”，legitimate expectations）[6]、刑法上的客观归责理论（objektive Zurechnungslehre）[7]等，这些概念与原则已经成为司法实践中合法性分析与论证的一部分，但其所

[1] 参见刘承韪：《论美国契约法理论“演化三部曲”》，载《比较法研究》2010 年第 1 期。

[2] 参见［奥］凯尔森：《纯粹法理论》，张书友译，中国法制出版社 2008 年版。

[3] 在“二战”以前，即使在德国这样被认为是典型大陆法系代表的国家，也经历了由概念法学经利益法学转向评价法学的转变，关于这一转变历史，参见［德］拉伦茨：《法学方法论》，陈爱娥译，商务印书馆 2004 年版，第 1—6 页。

[4] 借助宪法中包含的客观价值秩序来扩展对合宪性的分析，是当代德国宪法学及司法实践的重要方面。参见冯健鹏：《论德国宪法学中的“客观价值秩序”》，载《西安电子科技大学学报》（社会科学版）2008 年第 6 期。

[5] 参见刘承韪：《论美国契约法理论“演化三部曲”》，载《比较法研究》2010 年第 1 期。

[6] 这一术语在英国行政法中较为重要，由丹宁勋爵在上议院的司法实践中首次使用，并在著名的 GCHQ 案中因 Roskill 勋爵的努力而确立。它是当代行政法中重要的合法性判断标准之一。参见［英］彼得·莱兰、［英］戈登·安东尼：《英国行政法教科书》（第五版），杨伟东译，北京大学出版社 2007 年版，第 401 页。

[7] 参见［德］克劳斯·罗克辛：《德国刑法总论》（第 1 卷），王世洲译，法律出版社 2005 年版，第三章第 11 节。该理论通过将风险制造、风险升高与规范容许的标准内置于犯罪的判断中，大大丰富了犯罪论的内涵，深化了对刑法上犯罪的解释。

包含的内容又远远超出了实定法规范与单纯 legality 的范围。对于许多现实制度而言，如相对集中行政处罚权制度、省直管县财政改革试点、农村税费改革试点、量刑规范化试点等，其形式合法性基础至少都是可以斟酌的。[1] 众多改革进程中出现的一系列机构（典型如“城管”）也存在复杂的合法性争议。[2] 这也表明了合法性分析不可能仅在形式合法性层面上进行。

Legality 在分析法现象时遇到的困难，主要源于它本身所立足的“法律”并不等于合法性分析中的“法”。单凭规范性语句的确定性语义链条很难构造出一个完整的法律规范。这并不仅仅是说，法律文字存在特别“模糊”、“不明确”或“相互矛盾”的情形，需要根据一定的高级原则进行解释；而是说整个法规范语句需要在一定的“前理解”或“前实证领域”（埃塞尔语）的要求下获得连贯而合乎整个法价值的理解。[3] 这些法律运用问题全部指向一点：如何获得一个“正当的”（legitimate）裁判。[4] 质言之，整个现代法学方法论所包含的合法性分析技艺，或许只有很小部分的技术（语义解释与函摄过程）属于寻求纯粹意义上的 legality 的内容，余下的均属于寻求 legitimacy 的过程；但是整个分析又必须内含于 legality 的名义之下，不能离开法律规范的疆界而凭空施行操作。这里就要求我们重新以一种整全的合法性视角去把握“合法性”概念及其内涵，重新融合“合法性”

[1] 相对集中行政处罚权制度的合法性争议，主要在于集中处罚与《城乡规划法》等规定处罚机构的冲突，也包括“授权”及处罚机构的法律地位问题；省直管县财政改革试点的主要问题，在于不可避免地和《预算法》中规定的层层监督和指挥机制产生冲突，当然，这一形式合法性上可能产生的问题能否成为一种明显的法律冲突，尚待讨论；农村税费改革试点的一些措施，如免除农业税，在 2005 年夏即已在试点地区实施，而 1958 年《中华人民共和国农业税条例》（属法律）直至 2005 年 12 月 29 日才正式废止；当然，本次试点的实质合法性几乎全无争议，获得广泛拥护。

[2] 关于城市管理方面相对集中行政处罚机构行使处罚权力的合法性，许多学者和实务工作者提出了质疑，这些质疑既包括形式合法性一面，亦包含实质合法性一面，如章志远：《相对集中行政处罚权改革之评述》，载《中共长春市委党校学报》2006 年第 1 期；雷新明：《相对集中行政处罚权的理性评价》，载《南都学坛》（人文社会科学学报）2003 年第 6 期；侯宇：《相对集中行政处罚权制度之评析》，载《行政与法》2006 年第 9 期；等等。质疑的声音似非学界主流，但不能说毫无道理，它是一个仅凭形式合法性分析很难真正解答的典型问题。

[3] 参见［德］拉伦茨：《法律方法论》，陈爱娥译，商务印书馆 2004 年版，第 85—87 页、第 19—21 页。

[4] 同上注，第 50 页。

概念被现代性所撕裂的、存在内在关联的各种含义，但要深入这一概念的深处，就不可避免地需要检视它的内层结构。

在合法性概念被分割开来的两种基本含义中，legality 的含义是比较明显的，即和法律规范字面含义的符合性；legitimacy 所蕴含的内容则要丰富得多，它远远超越了简单的政治接受。Legitimacy 是有丰富价值内涵的，而且这种价值内涵构成它的深层本质。首先，它所合的“法”，按词源的理解应当追溯到“lex”之上，这一概念在后世的对应语词是带有“法本身”色彩的“法”（law），而不仅仅是实定法，这种“法”有着一种不完全依赖于实定条文的规范性，而是及于法的精神和一定程度上的普遍正义原则（同样地，“lawfulness”概念也包括了法的这些意义在内）。在讨论政府的合法性时，西方学界一种富有代表性的观点认为：当且仅当一个政府的产出（output）与社会的价值典范（value patterns of the society）相容时，这个政府才是合法的；人民的选择并不意味着完整的 legitimacy，如希特勒的统治就绝不是 legitimate 的。[1] 更普遍地看，legitimacy 意味着针对一种政治主张的良好论辩，这种论辩被受众认为是正确和正义的；拥有它意味着一种政治秩序是值得认同的。[2] 当代政治哲学理论热衷于在 legitimacy 概念中加入基本的价值内容，首先，因为纯粹现实主义或民粹主义的合法性理论存在重大风险；因为历史教训和现实危险的缘故，在今天很难得到有识之士的认同。其次，“政治支持”概念就已经足以消化纯粹的无价值要求的合法性理论，体现不出合法性理论存在的价值。最后，合法性理论历史悠久，内涵丰富，如果以贫瘠而苍白的纯事实性政治支持或接受来承载，它的许多积极功能都将崩溃。

但是 legitimacy 又不能被简单等同于一套客观的价值界定，至少从浅层意义上说，它毕竟是一个源生于并直接包含政治接受与认同的概念，这个概念的含义不能从其一贯用法中抽离出来，它必然是一个将价值要求以各

---

[1] Peter G.Stillman, “The Concept of Legitimacy”, *polity*,Vol.7, No.1（Autumn, 1974）, pp.39-51.

[2] Jürgen Habermas, *Communication and the Evolution of Society*, translated by Thomas McCarthy, Polity Press, 1995, Cambridge: p.178.

种方式镶嵌进事实认同之中的理论体系。进一步往深层含义上看，我们还将发现 legitimacy 很少为我们所深入认识的若干个关键特性，这些特性决定着这一概念的定位与意义：

（1）legitimacy 处于从“前规范领域”踏入规范领域的转换点上。一个规范命题的前提通常可以追溯到更一般的规范命题，如“应由人民经过一定程序选举的机构掌握国家权力”，可以追溯到“应由民主力量掌握国家权力”，继续追问“什么应该由民主力量掌握国家权力”时，回答有很多，但归根到底就是一个意思：因为民主是正当的，而我们应当由正当的力量来掌握国家权力。在这里，“正当”（legitimate）与“配得”（deserve）[1]、“公正”（just）等概念一样，作为其他具体规范性命题的前提性概念，处于规范性的源点位置；但如果再进一步追问“为何正当”“为何应得”，就进入了一种“前规范领域”；这些问题的答案非常丰富：民主、神谕、君王正统甚至年事最高等，这些前规范性领域的对象都可以经由人心的接受与认同转换为答案之一。Legitimacy 等概念，正处于从“前规范领域”踏入规范领域的关键转换点上；前规范领域的解释根据（也就是“理由”），经由 legitimacy 这一转换点延伸到规范领域，对有规范命题的产生和扩展有着根本性的决定作用。例如，假设我们在前规范领域说“年事最高者具有权威性”——这是一个裸的价值判断，其自身尚未发生规范效力；一旦这一判断联结于源点上的规范命题“权威者应统治”，就发生了规范效力，它在规范领域的推演结论就自然是“年岁最高者应统治”。在这里，legitimacy 正是一个“转换器”，将前规范领域的某种特征（如年岁最高、效率最佳、血统纯正、民意决定等）转换为一个规范性类型。它赋予某种非规范状态以规范性；这种规范性因非规范状态的具体状态类型不同，一开始就有一定的类型基础。

（2）legitimacy 在“前规范领域”中拥有多种来源，对规范性论证产生了巨大影响。这些来源在政治社会中是并存的，许多类型的合法性来源都

[1] “配得”作为规范性的源点，参见［古希腊］亚里士多德：《尼各马可伦理学》，1123b—1124a10，1131a28（以廖申白译注、商务印书馆 2008 年版为准）。

获得了人类社会的肯定。这些不同类型的来源，实际上是对“为何合法/正当”的根本追问的不同解答、不同理由。在政治思想史上，不同类型的理由一直在为某种权力构成、统治行为或政府活动的合法性提供论证。在今天，尽管一部分合法性来源如“上帝”或“天命”早已衰微，一部分合法论证如各种中世纪的理由类型似乎不再盛行，但合法性自身的复杂内层构造却一直存在。合法性之争日益演化为一种价值之争，[1] 这是今天合法性概念的一个重要特点。它并没有真正跳出“理由”的框架，当某种合法性意味着某种辩护体系时，“合法性—辩护—理由”的思维方式就始终是合法性的根本逻辑，在不同辩护路径上加入的不同理由，就成为合法性之树上的繁复分支。这一点有两个根本原因可以提供解释：第一，从前规范领域到规范领域，需要一个道义加成（deontic inflation）[2]，而理由是有效道义加成的唯一精神形式；[3] 简言之，一个经得起推敲、受得住检验的合法化过程，是围绕种种理由进行的，民意、绩效、传统、紧急情势、各种价值，都可以不同程度地作为一种“理由”而存在；“理由”正是包含各种合法化实质依据的共同精神形式。合法化论证无法离开理由而存在；而在合法性论证中，什么样的东西被接纳为“理由”取决于某一特定处境所要求的正当化标准。[4] 第二，合法化之所以能够成为社会现象，而不仅仅是个人认知，必须存在一种将个别合法化判断聚合的有效机制，而这种机制是通过

---

[1] 有两篇文章的部分内容可以间接帮助理解这一观点：Tom R.Tyler, “Enhancing Police Legitimacy”, *Annals of the American Academy of Political and Social Science*, Vol.593, To Better Serve and Protect: Improving Police Practices（May, 2004）, pp.84-99; Edward O.Correia, “A Legislative Conception of Legislative Supremacy”, *Case Western Reserve Law Review*.No.42（1992）, p.1129.

[2] 在规范逻辑中，道义加成与道义塌缩（deontic collapse）相对，前者指的是由实然到应然的一个跳跃过程，即经由某些过程由 x 发展到 Ox（O 是道义逻辑算子“应当”）；后者指的是由应然到实然的一个实现过程，即由 Ox 发展到 x。有关这一对术语的详细展开，see Jaap C.Hage, *Reasoning With Rules: An Essay on Legal Reasoning and Its Underlying Logic*, Springer, 1997, pp.118, 126-128, 205-206.

[3] Id, pp.127-128.

[4] See Jürgen Habermas, *Communication and the Evolution of Society*, translated by Thomas McCarthy, Polity Press, 1995, Cambridge: p.183.

理由来形成的。“理由”的网络构成了公共生活的交往界面，人们关于合法性的种种讨论，从交流形式上来看就是不断形成、表述、权衡和拒斥理由的过程。这使得理由能够充当合法性概念的深层结构介质。

（3）legitimacy 的多种来源，归根到底是对促进人民或政治共同体成员的接受或认同产生了不同作用，这其实就是不同的理由基础。政治社会学的学者们在这方面有比较深入的研究。最著名的研究来自马克斯·韦伯，他认为支配心理根据即合法性依据有三点：首先，基于“永恒的昨日”的权威，也就是权威因“古已如此”的威信和去遵袭的习惯，而变成神圣的习俗；其次，权威可以来自个人身上超凡的恩典之赐，即所谓的卡里斯玛（Charisma），这种权威来自受支配者对某一个个人身上显示出来的启示、英雄性的气质或事迹或其他的领袖特质，所发生的人格上的皈依或信赖；最后，还有一型支配，靠的是人对法规成文条款之妥当性的信任、对于按照合理性方式制定的规则所界定的事务性的“职权”的妥当性有其信任。[1]“无论如何，如果去诘问这些服从的‘正当性’根据，则答案不出于这三种‘纯粹’类型。”[2]又如，Turner 与 Tuden 指出，合法性是一种支持（support），这种支持“不是从强力或威胁，而是从众多个体通过政治目的而形成、施加影响并受其影响的一系列价值中产生的”[3]。这些价值，本质上都可以成为一种关于合法性的论辩“理由”，对有权主体的支持与接受产生了复杂的影响，其中有一些理由会即时、迅速地对公权力机构及其活动的可接受性产生巨大影响，如紧急情势中维持基本秩序的迫切必要性、生存困境下优先经济事务和生存权价值的战略取向，也有一些理由更有利于长远地保持可接受性，如公平、诚信、人格尊严等。只有长期的、普遍的和短期的、具体的合法性认同能够平衡统一起来，如以当下的现实合法性

[1] 参见［德］马克斯·韦伯：《政治作为一种志业》，钱永祥译，载［德］马克斯·韦伯《韦伯作品集Ⅰ：学术与政治》，钱永祥等译，广西师范大学出版社 2008 年版，第 198—199 页。

[2] 同上注，第 199 页。

[3] *State Formation and Political Legitimacy: Political Anthropology*, edited by Ronald Cohen and Judith D.Toland, 1998, New Brunswick and Oxford，p.23.

认同为主、但要求短期的合法性认同不至于损害长期合法性认同的基础，才是一个健康的、整全的"合法性"概念，能够真正承担起合法性这个概念的正面社会功能。正是基于健康的、整全的合法性需求，每一个合法的政府及其政治与行政活动，均需要依托于一定的理由结构（包含着作用于不同时期的价值满足分配策略），通过源源不断地对一系列公共价值的满足来换取合法性，否则不断进行的合法化进程将失去源头活水，同时亦丧失提供规范性论证和规范话语权等一系列功能。这种理由结构，在不同政治体之间也是有重要差别的，理解这种理由结构，是准确使用合法性分析工具的关键前提。

至于合法律性（legality），它原先本应是合法性的一种类型，即与制定法文本（高权意志的确定形式）相符合，但并不是合法性的全部。现代性曾经在很大程度上扭曲了这种关系。合法律性思维曾经拥有绝对的统治力，以至于在法律实证主义思潮极端高涨的年代，合法性与合法律性这两个分裂的概念曾经一度在合法律性那里重合，使得当今"最为普遍的合法性形式即是对合法律性的信仰"。[1] 在"二战"以后，法律实证主义思潮有所回落，"法"与"法律"、"合法性"与"合法律性"重新拉开了距离。人们终于重新确认，合法律性只在部分条件下是合法性的一个重要理由，但不是全部的甚至不是充分的理由。[2]

Legitimacy 和 legality 的整合，是现代政治和公共行政过程需要面对的挑战，也是当代公法实践所面临的、包括行政合法性危机在内的一系列深刻主题的本质问题。二者的分支发展至今，已经不能简单地直接相互转换，而必须经过一个中介结构来实现深度整合，从而发展出一种综合的、完整的合法性尺度，让我们有一个整全而可操作的合法性评价。这个中介结构

[1] *Max Weber*, Wirtschaft und Gesellschaft —Grundriß der verstehenden Soziologie, Digitale Bibliothek Band 58: Max Weber, S.136（S.1464）.

[2] See David Dyzenhaus, "The Legitimacy of Legality", *The University of Toronto Law Journal*, Vol.46, No.1（Winter, 1996）, pp.137-139; Jirí Pribán, "Beyond Procedural Legitimation: Legality and Its 'Infictions'", *Journal of Law and Society*, Vol.24, No.3（Sep., 1997）, pp.338-339.

的承担者，就是合法性认知中内含的“理由”空间。

三、理由空间：合法性的中介

合法性的内层空间和中间结构需要得到深入的挖掘，这并不仅仅是基于社会实践重新融整合法性概念的需要，也是使得合法性评判过程更为健康、良性运行的前提。当前合法性的判断基础过于依赖意志甚至是情感，只要得到大众盲目而狂热的欢呼鼓噪就很容易产生高涨的合法性压力，这种情形虽然已经没有纳粹时期极端，但依然有着不小的危险；如果从理论逻辑上推到极端，排除其他一切“杂质”而单由最纯粹的意志因素决定合法性的话，情绪的狂热洪流一旦扣动集体的意志扳机，很容易造成巨大的风险。合法性概念承担的巨大政治能量决定了它不能是一个简单而苍白的装置。在政治和公法思想史上，合法性概念的内部价值结构曾一度非常发达，这个结构正是基于各种“理由”组织起来的，我们应当认真看待这一由于种种原因被遗忘的传统中包含的深邃智慧，有些原理至今仍非常值得借鉴，或加以改进和变通而被利用。

理由体系最初的作用，就是决定事务的管辖权，这一作用延续至今。例如，有学者主张，罪之理由（ratione peccati）是教皇对世俗事务进行插手的管辖权基础，[1] 反过来，世俗权力对教会事务的插手自然无效，因为常制理由（ratione constituentis）和同意理由（ratione constituti）决定了它的当然无效性。[2] 在这里，部分理由已经流变为今天的管辖权类型，如前文所说的属人管辖、属地管辖等，实际上，当时为争夺管辖权而冒出来的理

[1] Watt, J.A. “THE THEORY OF PAPAL MONARCHY IN THE THIRTEENTH CENTURY: The Contribution of the Canonists”, *Traditio*,Vol.20（1964）, p.295.

[2] Id, p.198. 在这里，将 ratione constituentis 翻译为常制理由也考虑到了这个概念的翻译困难。因为 constituentis 是 cōnstituens 的属格，而后者意义丰富，包括建立、构造、决断、习惯、根本制度（发展成后来的宪法）等含义，这里斟酌翻译成“常制理由”，未必一定完全准确；而 ratione constituti 中的 constituti 则是“同意、协定”之解，后者是比较常见的理由类型。

由群远不止今天所见到的这些，实质理由和必要理由也是确立事务管辖权的重要依据。[1] 由争夺事务管辖权到论证管理权力的合法性，其间的距离已经相当接近。从 12 世纪开始，法学家已经不断利用理由去直接为权力的合法性作论证，如著名法学家胡古齐奥（Huguccio）曾称“没有‘常制理由’就没有‘常制权力’（potestatem constituendi）”[2]，这一论述就直接使得理由能够作为权力有效性的基础。

在此后，理由发展为前面所述的一个体系，并且对合法性概念产生了重大影响；最为关注合法性问题的一度是教会法学家，因为他们从宗教上看有天然的合法性，但教会公法已经无可避免地沉没在当代世界的主流视野之外。[3] 对于现代人来说，可能最熟悉的文本应当是卡尔·施米特在《合法性与正当性》[4] 中以“实质理由”、“最高理由”和“必要理由”支撑合法性突破纯粹合法律性秩序的论证：无论是宪法中对某些基本价值的“价值强调”，还是“直接在场的主权者”的意愿，又或者是“非常处境”所导致的特别立法，都能够产生超越于议会简单多数的合法性内

[1] 例如，欧洲法院决定仅仅欧洲公民的身份就可以触发欧洲法的适用，而依据则是人之理由（ratione personae）和事之理由（ratione materiae，实质理由）。See Kochenov, D. “A Real European Citizenship: A New Jurisdiction Test: A Novel Chapter in the Development of the Union in Europe”, *Columbia Journal of European Law*, vol.18（Fall, 2011）, pp.59-60. 在相关论述中，可以看到把这两个概念简单地翻译成“属人管辖”和“属事管辖”的不足，因为它们本身并不带“管辖”的含义，而且在历史上，它们都经常在其他不涉及管辖权的场合起作用，也可在一定前提下独立使用，可以说它们只是作为一种常用的理由类型进入管辖权学说和事件中，只是因为我国学者接触现代法制、接触管辖权领域较多才如此翻译。

[2] Watt, J.A. “THE THEORY OF PAPAL MONARCHY IN THE THIRTEENTH CENTURY: The Contribution of the Canonists”, *Traditio*, Vol.20（1964）, p.198, fn.22.

[3] 例如，费尔南德兹在《教会公法》中论述现代国家基于历史理由（ratio historia）、政治理由和国际理由（ratio internationalis）对罗马教权秩序的抵制，Manuel de la Peña y Fernández, Jus Publicum Ecclesiasticum: Methodice Expositum et Notionibus Juris Publici Internationalis Locupletatum in Usum Seminariorum, Izquierdo et Soc., 1900, pp.237-243. 这种合法性论述在我们日常接触到的文本中已经很少能见到了。

[4] 当时译者将 Legitimität 译为“正当性”，而将 Legalität 译为“合法性”，这种译法也很常见，对此前文的注释中已有论述。

涵。[1] 这些不同于议会多数的合法性基础都被装载在“理由”这个中介形式之内，甚至连同议会多数决——连同议会制定法本身，都可能是一种合法的“理由”。在合法律性仅仅作为一种而不是全部合法性基础的判断得到广泛认同的情况下，当代法律实证主义者及部分法律伦理学研究者将法律本身当作正当化行动理由中的一种理由看待，[2] 并非没有思想史和理论传统的基础。[3]

总的来看，理由作为一种具备广泛承载能力的精神形式，构成了诸多合法性来源的共同精神中介。但这个中介结构不是均质化的，不同群体的合法性评价所依托的中介结构有很大区别，成为现代行政合法性危机的根源。例如，在普通民众那里，合法性评价的理由支撑结构可能是单层而极具自由度的，所有理由都可能简单地并列在一起，以不同的作用力度对合法性判断施加肯定或否定的作用；但对于职业法律人及大部分公共机构而言，合法性评价的理由支撑结构可能有着立体的分层，实在法规范（以及由此而来的合法律性评价）作为第一层次的合法化理由，对合法性评价有

[1] 参见［德］施米特：《正当性与合法性》，李秋零译，载刘宗坤等编译：《政治的概念》，上海人民出版社 2004 年版，第 216—248 页。

[2] For example, see Damiano Canale, *The Planning Theory of Law: A Critical Reading*, Springer, New York, 2013, p.50; Noam Gur, Legal Directives in the Realm of Practical Reason: A Challenge to the Preemption Thesis”, *The American Journal of Jurisprudence*,Vol.52（2007）, p.165.

[3] 在当代实证主义者中，将法律看作行动之理由的最重要法学家当属拉兹。拉兹将行动看作各种理由权衡后由未被打败的理由（undefeated reasons）主导的结果，将法律规则看作行动理由的一部分。See J.Raz, “Reasons for Action, Decisions and Norms”, *Mind*, New Series,Vol.84, No.336（Oct., 1975）, pp.481-499; 这已经广为人知。另外，拉兹也是使用理由来完成对政治权威的正当化论证的重要学者，通过区分影响他人行动动机的依赖理由（dependent reasons）和压倒他人行动动机的优占理由（preemptive reasons），拉兹将对权威的正当化论证建立在前者之上。See Joseph Raz, “Authority and Justification”, *Philosophy & Public Affairs*,Vol.14, No.1（Winter, 1985）, pp.3-29. 这些学说对当代法理学产生了重要的影响。这种学说并不是凭空生发的，拉兹的理论部分延续了哈特的认知，而哈特的学说有着更早的思想来源，如边沁，不过在拉兹用理由来处理的部分（如行动的理由冲突与理由权衡），边沁是用动机来处理的。参见［英］边沁：《道德与立法原理导论》，时殷弘译，商务印书馆 2000 年版，第 176—177 页。值得注意的是，在边沁的理论中，法律约束所带来的后果在行为动机中排序相当靠后，他所持的法律观具有强烈的现代性。实际上，将法律和其他因素并置为行动的理由，这种做法也只是在现代学说里才比较常见。

着至为关键的直接作用，而其他理由则作为第二层次，通过实定法中的种种入口（如公序良俗等“概括条款”[1]）发挥作用，调节第一层次的合法性评判，并且在迫不得已或极为必要的情况下突破第一层次的评判结果。[2]它是众多现代合法性结构冲突中的一种，这种冲突直接导致当代行政法面临种种来自民众的质疑乃至抨击。上述分析只是大致揭示了这场合法性内在结构冲突的概貌，这场冲突的全貌几乎是无法详细揭示的，因为不同主体对合法性判断持有不同的理由结构，在他们的种种结构之间，不仅有着理由之间对合法性评价的作用力比例的差异，更有着优先判断层次的区别，正如司法机构会将合法律性判断作为优先层次、将其他理由作为补充和解释层次一样，其他主体也可能设置类似的“优先—解释 / 补充”结构，从而使得理由体系之间的冲突呈现出非常复杂的图景。合法性判断不仅会在公共机构和公众之间发生分歧，在不同的公众群体和个体之间也存在歧义，在现代社会，要使得一种公共权威或公共活动赢得整个社会的全部合法性认同，几乎是一种不可能的任务。

在这种情况下，我们就要寻求通过理由空间的最佳整合，为行政活动寻求最理想的合法性评价结果，这种理想性既体现在主体方面的全面性，尽可能兼顾各种正常人群的认知与评断，又体现在时间方面的持续性，即有自己客观而冷静的思考，为国家和社会长期利益和人类的基本伦理设想，避免一味跟随某些躁动不安、起落无常的舆论潮流。在政治社会异质性日益增长、意见分歧不断滋生的当代，重塑一个良性的理由结构，已经是弥合各种歧义、凝聚良性共识的必需。从另一个层面上看，当代合法性建设的着力点，必须着眼于充分的理由而非充分的合法律性上，因为合法律性

[1] 公序良俗等“概括条款”作为宪法对私法发挥“间接第三人效力”作用的入口，已经为公法学界所熟知；关于公序良俗等“概括条款”作为伦理入口的功能，也值得我们重视。参见易军：《论私法上公序良俗条款的基本功能》，载《比较法研究》2006 年第 5 期。

[2] 这方面典型的例子包括新中国改革开放之初的一系列突破及试点措施、制定《突发事件应对法》以前在一定程度上突破法律规定的应急管理、“二战”后德国对部分完全依照当时法律而行动的纳粹战犯的审判等，这样的“法外”情况当然越少越好，但它永远不能也不可能从人类社会中、从合法性评价体系里被彻底消除。当然，其他的合法性评价通过合法律性评价发挥作用是更好的方式。

本身并不对应任何终极意义，只是一种形式性的多向度意义中介；但理由体系与合法性价值却既是形式中介又是意义载体本身。只有从这个角度上进行合法性评价体系和公共活动基本向度的重塑，我们才可能从根本意义上应对现代行政法的危机。

但是，什么样的一种理由结构可以被认为是良性的呢？这个体系下的充分理由标准又如何得以构建？对这两个问题的追问应当成为当代公法思考的根本关怀之一。在法治国家中，法律规范仍然需要处于理由群的核心，合法律性仍然必须作为一种最重要的合法化理由而存在。但除此以外，我们还需要其他理由的补充，这中间需要有一种可以在一定程度上通约的尺度，否则任何整合的努力在逻辑上都不可能。如果我们试图去寻求这种通约的尺度，就意味着承认合法律性和其他理由之间的某些共同的规定性。一种可能的考虑是，基于“一切法律都是处境法（Situationsrecht）”，[1] 可以将合法律性当作规范假定的常规处境下的正当化理由，而将其他公共理由 [2] 当作非常规处境下的部分正当化理由，其可接受的比例依据当前处境超出规范内包含的常规处境（包括已经规定了的紧急情势）的幅度而定。这样一种思考也并非全然无理，但它忽视了导致行政合法性危机产生的一类重要现象，就是立法的偏颇性、规制俘获以及大范围的无限制授权。换言之，在法律本身所凝聚的共识和正当化程度（justification）[3] 不足时，合法律性评价本身并不是行政法治的唯一圭臬所在。单纯按照当前法律的字面规定去行事，即使严格遵从法律的规定及精神并做到尽可能的公开透明，

---

[1] 参见［德］施米特：《政治的神学》，刘宗坤译，载刘宗坤等编译：《政治的概念》，上海人民出版社 2004 年版，第 10 页。

[2] 本书中使用的“正当理由”（public reasons）概念，如非特别指明来源，均采用索罗姆（Lawrence B.Solum）的“公共理由”概念，即（1）常识信念，（2）取自公共政治文化的理念，以及（3）取自无争议的科学信念。采用这样一种公共理由观念，是兼顾从广义上讨论各种理由的可能性以及确保理由的公共使用限制。参见［美］索罗姆：《建构一种公共理性的理想》，陈肖生译，载谭奎安编：《公共理性》，浙江大学出版社 2011 年版，第 30—31 页。

[3] 由于在本书中 legitimacy 和 legality 依其词根及词源学特征分别译为“合法性”和“合法律性”，此处的 justification 本书就译为“正当化”。本书后面的“正当性”一词均可认为是由 justification 意义上出发获得的概念。

也未必能使民众信服，尤其是法律规定与民众所认同的社会伦理相冲突的时候，或法律所认同的规范理想和民众的期待产生根本矛盾的情况下，单纯在行政过程中设法构建各种主体互动未必能够完全补救这种缺乏，规制俘获和利益集团控制如何深入上游立法过程，下游的行政过程中的各种努力可能是徒劳的；而如果主体互动和公众参与直接推展到上游立法过程中，几乎等于还原了加强议会控制的传统思路，[1] 并且对于真正的公众来说，十分有限的参与资源（如时间、精力、必要的基本知识与技能等）能否承担如此多的参与负荷也是一个疑问。[2]

因此，常态处境和非常态处境的粗糙对立不仅不是一个完整的解决方案，在主体结构和互动过程上的处境拟制也不是解决问题的完满方案。处

---

[1] 对于复归传统思路的批评，参见［美］斯图尔特：《美国行政法的重构》，沈岿译，商务印书馆2011年版，第37—42页。

[2] 我们甚至不必深究关于公众参与模式的优点与局限的各种论述，只需要注意到一个根本、简洁而有力的制度逻辑就足够了：第一，公民因为自身精力有限、成本太高、能力不足等原因将公共权力委托给代议机构；第二，公共权力所处理的事务关涉到全体利益，否则无法解释为何一群毫不相干的公民A有正当理由决定一群公民B的利害得失；第三，公民又要再参与到这些事务中去，如果不对公共事务之于不同群体的利益相关性及参与程度作区分的话，我们立即就可以看到现在的参与和当初的委托之间的矛盾。当前的各种公众参与模式，从根本上来说，就是从公共事务中切割出和不同群体有着不同利害关系密切程度的部分，然后对于利害关系更密切的群体赋予他们更大的参与空间和决定权限。在群体高度多元化、公共事务复杂化的背景下，紧密牵涉到某一个特定人群或个体之重大利害关系的公共事务只是全部公共事务的很小一部分，这样公众才得以有足够的精力参与到这些事务之中。但是，越往上游的立法过程，利益覆盖面就越大，可能经常出现为满足某一个小集团的利益而将成本转嫁到大面积的公众身上的情况。在这种情况下，加上利益甄别和互动结构维护的成本，公众参与的成本很难说能够比直接民主的成本小多少。因此，这里我们必须扩展视野，之前行政法学界的努力经常是在主体维度上做文章，通过重构一种多主体的带政治性的互动关系来弥补合法性基础，但单纯的主体维度是不够的，如果我们的目光能够更多地转向内容维度，也许对立法和行政过程中的问题会有更大的突破。首先，任何主体维度的建设都离不开内容维度的配合，“巧妇难为无米之炊”，如果立法机关和行政机关所有的牌都不放在台面上，对于相对人和公众而言，这个牌局永远无以为继，任何参与和协商的途径都将失去根本依托。其次，参与者手中缺乏有力的规范性资源，不仅法律的实际解释权力分布失衡，也缺乏任何其他形式的规范性权威力量，只能依托政治性或道德性的压力来强化自己的正当诉求。最后，共识和合法性必须有实质内容，而实际上只要符合了这些实质内容的要求，即使主体互动结构上有所欠缺，也不会引起大的合法性问题。总的来看，合法性问题的内容维度是我们所不可忽视的一个重要方向。

境本身的问题只能在处境内部解决，而处境内部一旦出现了多元性，这就意味着不能把处境理解为一个规范上的单一体，而必须把它理解为一种复多的秩序。关于处境（Situation，一译情境）的理解非常多，[1] 至少就施米特的学说而言，我们看到处境的多种角色：处境不仅是规范性的假定者，[2] 还是公共秩序、危害国家和宪法的意向、和平或非和平的意向、合法或非法的意向等一系列政治和法律概念的实质性决定依据，更是根本政治原则的变化推力。[3] 处境这个词几乎与合法性相伴而生，如果说合法化（legitimation）是从事实领域向规范领域的飞跃行动，处境就是这一飞跃在事实领域一端的着力点，而合法性则是在规范领域一段的落足点。和纯粹客观的事实性环境不同，处境是经过主观处理过的兼有描述和评价意义的概念，有着问题和需求的潜在面向。简单地说，处境就是某一主体正面临何种态势，拥有什么资源去应对这个态势，进而潜在地得出他需要什么、需要如何行动。法律普遍地规定某些处境中部分主体的许可、禁止和应为内容，但却远没有也远不可能垄断所有的处境和需求。在法律乃至整个“合法律性”的秩序不能公正地提供满足需求的机会（不是需求本身）和保障时，对合法性的疑问和追求就会启动。法律在现代社会中绝非唯一的合法性基础，它有着各种各样的永久或暂时的竞争对手，这些对手都聚焦于法律秩序所不能满足的各种正当需求，而其依托的各种论据（如事态的紧

---

[1] 处境（情境）原先是一个神学概念，在神学化的伦理体系中，处境论是与律法论（legalism）、救恩论（Antinomianism）相并立的一条进路，主张人在作每一个决定时需要从他所在的共同体道德信念和传统中找到充分的依据，以理性作为每个伦理判断的准则，所有判断最终服从上帝大爱的需要，并不一概承认伦理原则的普遍有效性，而都附上有效性的背景条件，see Fletcher & Joseph F, *Situation Ethics:the New Morality*, Westminster John Knox Press, 1996, p.26. 在现在，对处境的研究主要镶嵌在日益去神学化的情境伦理（situation ethics）、情境逻辑（situation ethics）和情境美学（situation aesthetics）等研究中，相关的说法非常多样，对情境概念的理解也有很多分歧。

[2] 参见［德］施米特：《正当性与合法性》，李秋零译，载刘宗坤等编译：《政治的概念》，上海人民出版社 2004 年版，第 237 页。

[3] 参见［德］施米特：《罗马天主教与政治形式》，刘锋译，载刘宗坤等编译：《政治的概念》，上海人民出版社 2004 年版，第 49 页。

急性或基本的人性考虑[1]）均可视为某种类型的理由。它们在一定条件下和法律竞争着合法性和正当化能力，构成了现代法治社会不可避免的一种根本张力，几乎渗透到社会生活的每个方面。

但是，整合的空间也正在这些需求之中，它们是构成了规范期待的来源，[2]也构成了现代合法性秩序的生长动力。[3]法律赖以应对处境、满足需求的手段，是通过对处境的预设和行为标准设置来完成的。但如果在预期上有重大遗漏，或者行为标准设置上有较大偏差，就应当尽量在规范空间内（如通过法律原则、规范体系或宪法内容）寻求补救，更应当考虑扩展规范空间，给一个子法律部门内各种法律规范中发挥补偏救弊作用的“理由”留足余地。在这里，我们不能把法律和理由看作并立的两个系统，它们的逻辑关系是双重的，这种双重性在于合法律性对于法治社会的特殊重要性，以及它自身的包容能力上。合法律性本身就是一种理由，它作为一种理由，具有非常特殊的理论地位和逻辑层次。它位于法治社会对一切公共权威和活动进行合法化评判的最前沿，既可以兼容和转化其他理由，为其他理由所补充；也可以被其他理由攻击或（基于十分特殊的意外情况在一定程度上）超越。

由此，合法律性秩序内部出现了两个可以承载其他理由并调节其运用程度的尺度，一是法律对处境的预设使正当需要受到充分关注的完备性；二是行为标准设置对于正当需要的合理满足程度的完备性。在这两个条件都得到满足的前提下，单纯依托形式上的合法律性理由本身就已经足以使

[1] 例如，在没有相应补偿措施规定的前提下，一些关于“紧急送医违反交规能否免罚”的报道和讨论中就反映了这个问题，相关内容参见侯莎莎：《紧急送医遇堵违反交规能否免罚？》，载《北京日报》2012年9月13日，第14版；又如，紧急情况下医生献血救产妇、医院遭受行政处罚的案例，引起社会的强烈反响和争议，参见薛德凯、张彦云：《白衣天使救死扶伤，献血无“罪”》，载《云南政协报》2005年9月24日，第5版。

[2] 参见［德］哈贝马斯：《合法性危机》，刘北成、曹卫东译，上海人民出版社2000年版，第15页。

[3] 哈贝马斯一个很有启发性的说法是：“合法化危机必须追溯到对合法化的需求”，但本书倾向于在更广泛的含义上处理需求，并将整个人类正当需求而非仅仅对合法化的需求视作一个必须追溯到的起源。参见上注第67页。

人服从了；但如果这两个条件未得到充分满足，条件的缺省程度和补充实质合法律性理由（其他可以在规范中得到融会和运用的合法性理由）的程度应当成相应的比例。这就构成了合法性体系内理由空间的基本逻辑架构：合法律性理由处于与合法性输出直接而全面联结的一个理论空间中，而其他合法性理由一侧在合法律性层次之中、一侧在合法律性层次之外，与合法性输出保持着少数直接联结点，但大部分的输出点还是落在合法律性空间之内。大批其他理由不断地发生纵向和横向的流动，横向流动到合法律性空间内即对法律的输入、通过法律规范中的抽象概念发挥作用，纵向流动到合法性输出点即直接参与合法性的现实竞争，无论这种竞争是否被法律秩序和法学家所认同。

整个合法性体系和理由空间，如果按照每一种理由类型来展开，将是相当纷繁复杂的。逐一处理各种理由的适合定位，是一个规模浩大的宏伟工程。但至少在总体上而言，我们希望看到一个健康而有序的理由空间，这既要求合法律性评价不能徒劳而单调地主张垄断所有的合法性评价，也要求其他理由不能肆意侵损宝贵的法治原则。基于这一点，这个理由体系就需要保持一定程度的开放性、回应性和主次结构。合法律性始终位于现代合法性体系的核心地带，但对其他理由的挑战和质疑能够有开放和反思的态度，并且积极从中汲取营养，发展规范体系内部的横向一般性原则的作用，共同注目于人类的正当需求。在这个理由空间的基础上，行政说明理由的相关内容和制度得以在现代公法中蓬勃生长，大大扩展了现代行政法理论与实践的视野，并为行政法学未来的重大发展埋下了伏笔。

第三节　行政过程中的理由：行政法视野的根本扩展

当代行政活动中，理由的身影已经越来越活跃，我们可以将行政机关就其某种作为或不作为对外部（其他行政机关、行政相对人或社会公众等）提供的一切依据均纳入我们研究的“行政过程中的理由”范围内。在这里，行政机关所运用和说明的理由不是一种单独的理由类型，而是一个机制性的理由体系，使用范围、指向对象和内容构造均丰富多样，其内部的划分也与古典理由类型体系迥异。相对于众多实质性的古典理由类型及其体系，行政过程中的理由直至比较晚的阶段才得以广泛涌现。欧洲大陆法系国家在近代以前普遍缺乏说明理由的传统，而英国公法中历史悠久的自然公正原则中，在近代以前也未包含说明理由的内容；[1]甚至整个普通法传统中也都无法寻求到公权力机关的这一重要义务。[2]但在自然公正和正当程序的土壤中，早已孕育了说明理由的种子，对决定进行说明理由可以说是英美法系法律文化的一个核心，[3]最早的制度实践已很难考察。在立法中较早出现说明理由要求的，主要是公务员法制。19 世纪关于说明理由就已经有了不少立法和判决，如 1864 年一个关于通货审计办公室的审计官任免方式的法案中，就要求总统对参议会说明任免人员理由，1868 年出现了免职决定因未说明理由、未得参议院同意而被法官否定的案例。[4]但在一个较长时期内，公务员任免是否需要说明理由的法制并未统一，对于公务员任免说明理由是否为一项法定义务，一些法院也出现了摇摆不定的意见，[5]直到 20 世纪 20 年代才形成了较为一致的说明理由要求。而在其他领域，说明理由义务得到确认的时间要更晚一些，在联邦最高法院，虽然此前已经有一些案例强调行政机关提供详细的事实或法律依据的重要性，[6]但直至 1944 年

[1] 参见杨寅：《普通法传统中的自然正义原则》，载《法学论坛》2000 年第 3 期。

[2] 参见宋华琳：《英国行政决定说明理由研究》，载《行政法学研究》2010 年第 2 期。

[3] Schauer, F. “Giving Reasons”, *Stanford Law Review*,Vol.47（Apr.1965）, p.633.

[4] Case of District Attorney of United States, Case No.3,924, 1868 U.S.Dist.LEXIS 208.

[5] 例如，纽约州 1900 年的一个判决就将自身和之前的一系列案例区别开来，认为说明理由并不是法律所硬性要求的。See State v.Shea and Beam, 51 A.D.227, at 231.

[6] 例如，Wichita Railroad & Light Co.v.Public Utilities Commission, 260 U.S.48（1922）. 根据堪萨斯州公用事业法，公共燃气公司对费率的提升必须公开详细的事实依据，经过充分的听证和调查后，证明现有的费率是不合理的，再作提价的决定。堪萨斯州公用事业委员会的一次提价并未公开当前费率不合理的依据，使该州企业主遭受损失而被告上法庭，联邦最高法院最后认可了企业主的诉求，认为未依法公开当前费率不合理的依据使行政机关的行为无效。在这个案件中，最高法院巧妙避开了对行政理由充分性的审查，称法院的判决不是基于行政机关的理由是否充分，而是基于行政机关未公开证明当前费率不合理的依据而作出的。还有后文提到的著名的切内里公司案，也属于这一类别。

才第一次出现了明确要求规制机构陈述理由的判决。在这份判决书中，法院认为：“柏克称不能想象没有法律报告（law report）的英国法。与此在实质上相同的考虑适用于要求诸如州际贸易委员会（Interstate Commerce Commission, ICC）的机构提供理由以便司法审查。”[1] 紧接着，1946 年《联邦行政程序法》（Administrative Procedure Act, APA）的通过使得说明理由正式成为行政机关所负有的一项一般性义务。这给当代行政法中“理由”的位置带来了巨大的提升。

APA 的出台有一个重要的历史和理论背景，就是罗斯福提倡加强政府干预的“新政”所带来的行政权力膨胀，使得原先没有充分接受行政法概念的美国人[2] 开始认真思考是否需要建立自己的行政法体系、如何建立这个体系的问题。这场思考对于理由在当代行政法中的兴起十分重要。当时行政法发达而又不存在敌对关系的国家，只有行政法的母国法国，所以美国学者很自然地将目光投向此前一直和美国相当友好的法国行政法，不少美国学者对法国行政法院相当推崇，不断地按照行政法院的模式给美国行政机关作要求，因此美国行政机关不少程序机制最终借鉴了法国行政审判的模式。[3] 法国的行政法院在裁判里需要和民事裁判一样说明理由，尽管相对比较简短，[4] 这一点为美国的行政法学说所借鉴，加上既有的行政机关说理实践及正当程序理念的影响，最终为 APA 所采用。

APA 中说明理由之相关条款的形成过程本身也反映出说明理由的重要地位。1939 年，罗斯福总统让司法部长墨菲（Murphy）成立一个委员会，

---

[1] Eastern-Central Motor Carriers Association v.United States, 321 U.S.194, at 215.

[2] 经由参议员鲁特（Root）等人的鼓吹，美国在 20 世纪初就已经开始有接受行政法的意向。See Felix Frankfurter, “The Task of Administrative Law”, *University of Pennsylvania Law Review and American Law Register*, Vol.75, No.7（May, 1927）, pp.616-617; 但美国人对行政法的全面接受直到 20 世纪 40 年代中期才完成。

[3] For example, see C.Sumner Lobingier, Administrative Law and Droit Administratif: “A Comparative Study with an Instructive Model”, *University of Pennsylvania Law Review and American Law Register*, Vol.91, No.1（Aug., 1942）, p.52; Marshall E.Dimock, “The Development of American Administrative Law”, *Journal of Comparative Legislation and International Law*, Third Series, Vol.15, No.1（1933）, p.38.

[4] Id, p.49.

就是后来的司法部行政程序委员会。这个委员会经过漫长的调查研究，直到 1941 年才最终完成它的长篇报告，APA 很大程度上就是基于这份报告制定的。在这份报告中，若干行政机关在说明理由方面遭到批评：退伍军人管理局没有对所作决定说明理由；[1]联邦贸易委员会行政决定说理的内容中不包含事实陈述和对相关法律原则的讨论；[2]内政部的地区主管的行政决定在说明理由时的法律依据过于笼统，[3]等等。在附件 L 中，报告用了 30 页的较长篇幅对劳动部等十多个部门的报告和决定内容进行了专门的详细分析，尤其是详细而有力地指出了这些行政机关在说明理由方面存在的缺陷。从这个附件中，我们也可以看到当时说明理由制度的概况，它在一些部门已经得到相当程度的发展。例如，劳动部公共合同处行政官的“列入黑名单”类处罚决定就包含了丰富的内容：整个决定采取叙述式的风格，扼要概括了检查员的报告，引述其事实分析结论及对例外情况的讨论，有时甚至对证据加以扩展讨论。随后，决定书再对是否采纳检查员的结论作判断，其中也可能加上行政官本人的事实分析判断，并简要地写出处理意见，但不对处理措施的选择说明理由。[4]附件 L 对当时各个主要行政部门的行政决定形式与内容的检视是非常全面的，这次检视也很大程度上帮助了 APA 对行政决定从“形式欠缺的”（formless）[5]到原则上统一标准的转变。

在这一报告的指引之下，APA 对说明理由的规定可谓相当全面，尽管部分规定还是比较简洁。从广义上看，它对说明理由的规定可以分为五个部分：第一，对公众申请公开行政记录的请求予以答复并说明理由；[6]第二，在行政机关出于善意动机（good cause）发现通告与公众程序（notice and

---

[1] See Robert H.Jackson, *Attorney General's Report on the Administrative Procedure Act*（1941）, Chapter IX, p.129. 该报告全文可见于 http://www.law.fsu.edu/library/admin/1941report.html（下同），2012 年 10 月 21 日访问。

[2] *Final Report of the Attorney General*, Chapter IX, p.136.

[3] Id, p.161.

[4] Id, appendix L, p.437.

[5] Id, additional view, p.213.

[6] 5 U.S.C. § 552（a）6（A）（i）.

public procedure）不可行、无必要或违背公共利益时，需要在颁布行政法规（rules）[1] 时简要地说明理由；第三，在包含公告的法规制定程序中，行政机关需要在考虑相关因素后在法规颁布时说明它们的根据（basis）和目的（purpose），[2] 实际上，对评论的回应（一般包含在公布的文件中）中也有非常丰富的说明理由内容；第四，所有的行政决定，包括初步的（initial）、推荐性的（recommended）和尝试性的（tentative），都需要说明它们的理由和根据；[3] 第五，对于申请行政机关对有利害关系的第三人发出传票的情况，如行政机关拒绝，除非不言自明或维持一个先前的决定，也须说明理由。[4] 此外，在最终的行政裁决（adjudication，一种常用的行政决定方式）[5] 中，最终意见、赞成意见和反对意见也需要被记录在行政记录中并依申请可以向公众公开。[6] 这也可以被认为是广义上说明理由制度的组成部分。这些规定不一定用“reasons”的名称，但实际上指向的都是公权力活动时所必需的某种思维基础和沟通、交往介质。与历史传统上的各种实质性理由相比，这里的理由已经完全形式化，本身成为一个开放的体系，不作过度的实质性规定，而且将它们的运用牢牢控制在法律秩序之中。当然，这种努力没有也不可能真正驯服庞大的、直接面对合法性本身的理由系统，这个理由系统仍广泛潜藏于政治秩序之中，将它们常规化的努力正在一点一滴地进行，但不可能也无必要将它们完全常规化，那样社会就失去了必要的反思空间和面对特殊情况时的鲜活生命力。在 APA 所规划的说明理由制度中，只有

---

[1] 以下均将 administrative rule 译作“行政法规”，而将 administrative regulation 译作“行政规章”。

[2] 5 U.S.C. § 553（c）.

[3] 5 U.S.C. § 557（c）3（A）.

[4] 5 U.S.C. § 557（e）.

[5] 这里的“行政裁决”与下文谈到的中国的行政裁决不同。这种行政裁决（adjudication）是美国行政机关作出决定的基本形式之一，与制规（rulemaking）并列为美国两种主要的行政行为形态。为取得更充分的正当性，它最初就是参考法院判决的模式来建构行政活动的决定。司法部行政程序委员会报告明确主张仿照法院模式来塑造行政机关的裁决，see *Robert H.Jackson, Attorney General's Report on the Administrative Procedure Act*（1941）, Chapter II, p.29; Chapter VI, pp.55-56.

[6] 5 U.S.C. § 552（a）2（A）.

善意动机行政制规中有“必要理由”的影子，[1] 其他理由或者像公共利益理由一样被定型，或者被分解到不同的具体法律规定中，然后通过一个形式性的、开放的理由空间由行政机关掌控，在一定程度上由其裁量运用。不过，在经历司法部行政程序委员会的全面批评以后，行政机关的说明理由从形式、结构到实质内容方面都开始统一基本格调，运用理由的类型也逐渐开始在实质上得以明晰起来，后面我们还会详细探讨这一问题。

在 APA 之后，说明理由制度又陆陆续续地在美国行政法中得以扩展，一系列重要的规定和案例将在后文得到详细分析。说明理由义务在今天美国行政法中所扮演的已经是非常突出的角色。[2] 受美国的影响，行政程序法制建设在世界上许多国家推广开来，说明理由也日益成为各国大批行政机关所面临的共同法定义务。不仅如此，真正决定“理由”在当代行政法中的重要地位的，还是司法审查从一个简单、苍白的行政决定向广阔的理由空间的扩展。最初，行政机关只要满足说明理由的基本形式性要求就可以了，对于理由的内容，立法和司法审查未作过多要求；但随着行政过程中所运用和说明的理由在社会实践中的地位日益重要，法院逐渐提升了对理由的实质内容和充分程度的要求，并反过来以对理由的内容要求为基础，对行政机关的裁量空间作了一种方向性的原则限制。[3] 随着行政机关的裁量权不断扩大，这幅图景越来越向中世纪似曾相识的一幕接近：光有授权是不够的，必须为这种授权提供特定类型的理由支持。当说明理由超越了纯粹的形式性要求，而必须满足“理性决定”（reasoned decisionmaking）标准

[1] 美国《联邦行政程序法》5 U.S.C. § 553（b）（3）（2000）规定了两种行政立法可以不适用公告评论程序，一种是解释性法规，另一种就是善意动机制规。该条款对后者的界定为“当行政机关出于善意动机发现（并将这种事实发现与对理由的简短说明一并在法规中发布）公告评论程序不可行、不必要或与公共利益相抵触时”。紧急处境就是适用善意动机制规的一个典型情况。See Anne Joseph O’Connell, “Political Cycles of Rulemaking: An Empirical Portrait of the Modern Administrative State”, *Virginia Law Review*, Vol.94 No.4, (Jun.2008), p.903.

[2] K. Watts, “Constraining Certiorari Using Administrative Law Principles”, *University of Pennyslvania Law Review*, No.160（2011）, p.39.

[3] 详见本书第四章的分析。

之时，说明理由制度就实现了它最为重要的实质性转向；[1]而在2009年的福克斯案（下详）之后，说明理由不一定要囿于行政上的理由，可以包括政治考虑，这更进一步地扩展了这一制度的法理疆域，和历史上的这条法理暗线也有着更紧密的扣合度：诉诸授权——无论是民授还是天授并不能解决一切，在掌握高度的裁量权和行动能力的同时，有权者必须提供充分的、体系化的理由才能将自己的行动彻底正当化。虽然两个时代的具体理由类型可能呈现出一幅不同的图景，但实际上理由的基础并未真正改变：法律权威、国家（共同体）利益、公共利益、紧急情势（如善意动机立法）、政治观念和其他重大实质价值的保护等。它们看起来是人类政治社会中经久不衰的几种正当化论证基础，和人类政治共同体的构建机理有紧密的内在关联，因此公法中将永远有它们的一席之地；只是现在它们呈现出更加成熟而理性的层次性，而理由之间的强弱结构也更加符合法治秩序的要求。理由的重新兴起，折射出人类社会一种根本的组织原则，就是具体的权威意志和永恒的形式性价值的结合和相互制衡；它们在承载公共生活重要方面的行政法中都需要得到体现，不仅需要在理念上得到宣扬，也要在结构上得到均衡的发展。事实上，说明理由本身在西方学界也被视为对民主具有关键意义的制度，[2]它不仅重新联结了合法性的逻辑之桥，也更好地促成了政府和公众的直接理性沟通。在今天，行政活动说明理由已经被当作加强行政合法性的重要支点，其合法化能力已经得到高度重视。[3]

理由空间在当代行政法疆域中的这次扩展，由此至少给我们的行政法

---

[1] J.Short，“The Political Turn in American Administrative Law: Power, Rationality, and Reasons”，*Duke Law Journal*, No.61（May 2012），pp.1823-1825.

[2] M.Cohen, “Sincerity and Reason-giving: When May Legal Decision Makers Lie?”，*DePaul Law Review*, No.59（Summer, 2010），p.1095.

[3] Vgl *Mutius*: Grundrechtschutz contra Verwaltungseffizienz im Verwaltungsverfahren? ,NJW 1982, 2151. 对于说明理由机制的合法化能力，当今学界一般从促成对话和广泛的同意角度切入，虽然表面上还是在意志合法性的基础上进行的论证，实际上已经将纯粹的意志因素悄然加以改造了。See J.Short, “The Political Turn in American Administrative Law: Power, Rationality, and Reasons”，Duke Law Journal, No.61（May 2012），p.1823.

和行政法学逐渐开始带来两点重大的体系性变化：第一，行政法的着眼点和对象域不再限于行为本身，真正从法律的意义上超越了行为的单个逻辑基点，而扩展到一个广阔的法理空间，我们需要考虑对这个逻辑基点的一系列支持是否成立、充分，从而以一种倍数效应的形态扩张了行政法的视野。我们此前对从制定法秩序到具体行为效力之间的联结过于单薄而缺乏有效的中介结构，从既有的主要教义学系统上看也没有一个成熟的中间联结层，而不充分展开中间的实质性考量过程，就无法对日益泛化的授权和复杂的行为作更为有效而精致的调节。第二，使得理由空间日益真正成为从原则层面上联结不同行政法领域的一个关键的横向学理结构，从而弥补当代行政法中横向与纵向架构的结构性失衡，以及实质面与形式面的失衡。当今行政法学的体系结构，可以认为是一个纵向（部门行政法，尤其是部门行政法的具体实践）研究相当发达，但横向结构的发展相对滞后的状态。实际上，我们并非缺乏横向的学理关怀，但缺乏一个合适的架构将这种关怀具体化到各种实践机制之中；换言之，行政法的各种横向目标、原则与实践的具体操作有着很大的距离需要跨越，而当前学理体系中的联结方式只能通过具体权限和程序设定将总体原则和目标进行演化，一旦出现问题只能调节制度结构，而很少有实质性的调节空间，尤其面对必须给予的判断、决定和裁量余地[1]时更是面临不小的横向调节准则缺口。理由体系的兴起对此正是一个很好的补充。

总之，理由的形成、说明与审查在当今行政法实践中日益发达，深刻地扩展了行政机关的任务结构，迫使其从完善行政决定一个点扩展到完善整条理由链，大大地增加了行政机关与相对人之间的互动载体和中介面，

[1] 对判断、决定和裁量的区分是德国公法的一个重要理论。行政机关对一定事实是否符合法律中的不确定法律概念的相对自由判断空间，称为判断余地（Beurteilungsspielraum）；行政机关对于一定前提下可相对自由地决定是否采取措施的选择空间，称为决定余地（Entscheidungsspielraum）；对于采取措施的种类和程度在法律允许的范围内相对自由的权衡空间，称为裁量余地（Ermessensspielraum）。这三种余地的总和，构成广义上行政裁量权的运用空间。在德国也曾出现判断与裁量余地合一的理论，但本书为照顾后文案例中可能出现的概念，选择较为精致的理论结构。

也使得司法审查有了更深远的视野和线索。在对外的层面上，它使得相对人对行政活动有了更全面而清晰的认识，寻求救济的实质依托得以扩展，更有利于充分保护自身的合法权益；在对内的层面上，严格的外部审查与监督迫使行政主体为遵从充分理由的要求而按照一定的理性模式来进行立法或决策，进而完善行政活动的思维方式，完成行政过程的理性改造。后一方面的作用有时甚至比前一方面的作用更为深远。由此，说明理由制度在当代行政法中日益显得不可或缺，许多20世纪发展出来的重要机制都与说明理由乃至整个更广阔的理由运用法制有密切关联，热度长盛不衰的公众参与和协商治理也离不开行政机关说明理由的前提。有学者认为，说明理由已经位于美国行政法规则及实践的中心位置。[1]深入探究行政法上的相关法律机制体系，从理由的形成、组织和陈述方面来调节行政权力，特别是行政裁量权的行使，应当说是当代行政法学面临的一个重要主题。

但是，对行政过程中相关理由的深入探究，很容易导致一种误区：我们是否要深入探索行政思维过程？如果要探索行政人员带有浓重专业色彩和隐蔽性的思维过程，这种努力很可能是事倍功半的。事实上，对理由的探究并不一定就需要深入行政思维过程当中，不如更准确地说是要求行政主体必须经过某些不可忽略的基本考量因素，如事实依据的充分性、法律适用的确当性、最基本的裁量合理性、非常特殊情况下的公共利益与情势要求（以及与权利保障可能性的平衡）等。更重要的是，像拿萨森（Nathanson）教授在一篇文章中所言，我们提出行政思维的问题，并不是真的要深入探索它，而是要迫使行政机关将更多的牌放到桌面上来（put more cards on the table），这样才能更有效地监督行政权的行使、保护公民权益。[2]只有这样，我们才能在形象日益模糊、过程日益隐蔽的专业行政

[1] J.Short，“The Political Turn in American Administrative Law: Power, Rationality, and Reasons”，*Duke Law Journal*, No.61（May 2012），p.1813.

[2] N.Nathanson, “Probing the Mind of the Administrator: Hearing Variations and Standards of Judicial Review under the Administrative Procedure Act and Other Federal Statutes”，*Columbia Law Review*, Vol.75, No.4（May, 1975），p.768.

时代中拥有更全面而充分的平衡机制，可以促使行政权力运作得更为合法、合理，达成良好行政（good administration）的目标。为了能够最终达到这一目标，我们必须深入理由的内部构造、说明理由制度的具体运行过程以及对理由的司法审查模式之中。

第二章

理由的内涵与构造

如前所述，“理由”在当代公法中的重要性已经举足轻重，但当代公法中的理由空间不可能再由中世纪的一系列理由来填充，至少在表现形式上已经面目全非。在任何一个国家，行政过程都不会脱离政治体制的边界，而当代政治体制的合法性基石决定了行政过程中所能够运用的理由类型及范围。但是，人类面对合法性问题的基本思维方式也并不尽失传承，许多曾经存在的理由仍然以某种方式出现在当代的行政过程中，在当代合法性秩序之内发挥积极的作用。正是在当代公法中各种理由和程序的共同作用下，现代行政法日益呈现出丰富、多元的内涵，展现出交相辉映的实体法与程序法成就。在此，“理由”已经成为当代行政法中一个重要的层面。在了解说明理由制度及其司法审查如何丰富行政过程内涵、扩展行政法理论与实践空间之前，我们需要先了解这个层面上各种“理由”的含义、内涵与构造，才能透过这些理由叠床架屋般的复杂结构，进一步认识它们如何能够在行政法的世界中分丝析缕、经纬万端。

第一节　行政过程中的说明理由制度：含义与范围

当我们具体接触行政过程中的说明理由制度之时，首先面对的第一个根本问题就是，这里所说的“理由”具体包括什么？它有着什么样的内涵？从整个行政过程中看，理由出现的时空范围相当广泛，从居于行政过程上游的作出严格意义上行政行为之前的信息收集与行政决策，到后面的抽象行政行为和具体行政行为，再到对行政决定的强制执行，理由的说明和运用可谓贯穿整个行政过程的各个主要环节，这些理由在这些环节之中一脉相承、有机联结。这就要求我们在对行政法上的理由进行完整而全面的理解时，不要仅仅集中于一个点，而是像研究行政过程一样，着眼于对“线”和“链”、“面”和“体”的考察。[1] 因此，我们需要将对说明理由制度的观察视野扩展到上至决策、立法，下至司法审查的整个行政过程之中。因此，结合前面对理由的探讨，本书将行政过程中行政主体为充实其行为的合法性及合理性基础而运用和说明的一切依据都归于作为研究对象的理由，为简便起见，下文将这种在行政过程中运用和说明的理由简称为“行政理由”，而本书的论述范围将集中在行政主体公开说明的理由。

前文曾提到，“理由”是我们得以认识事物、评价事物和作出选择的事实与价值基础，如果以这个视角来看，行政过程中所涉及的事实与价值基础当然远远不止行政机关公开说明的内容，关键在于我们为什么需要将目光对准这种基础？需要选取一个什么样的截面作为一个最佳的论述对象？对于第一个问题，回答可能是比较直接的：因为我们期待行政机关事关公共福祉和公民权益的各种行政活动能够更加有根有据，处理得更加慎重、合理、妥善；更希望通过强调公开运用这种根据而使行政机关更多地考虑和促成社会共识，使得在现代陌生人社会中可能隔阂日深的行政机关、专家和公众之间能

[1] 参见湛中乐：《现代行政过程论——法治理念、原则与制度》，北京大学出版社 2006 年版，第 11 页。

够有沟通与互动的更丰富的基点。由这个直追根本目标的答案出发，对于关系到构造这一概念的必要性和有效性的第二个问题，答案也会显得更清晰一些。为了保证研究的集中和有效，我们可以将中间性的、未定型的种种理由先行过滤，而将最重要的目光锁定在最终用以公开支撑对外行政活动（包括行政立法和重大决策、行政行为、行政指导、行政合同、事实行为等一系列有名或无名的活动类型）的理由。因为这些理由是最终经过斟酌和确认的成熟的依据，更是各种群体得以围绕其展开互动的最主要的平台。因此，此处的“行政理由”，就是行政主体在进行对外行政活动时所公开运用的事实性和价值性的各种根据的总和；此处的说明理由制度，就是要求行政主体公开展示这些事实性和价值性根据的各种法律机制的集合体。

当然，将研究重点限于对外行政活动中公开运用的理由，可能会引起一个问题，就是公开表述的理由和实际支撑其作出选择的理由可能并不相同。这个问题并不影响我们将注意力集中在公开运用的理由之上。原因并不仅仅在于探测行政机关实际理由的困难导致这些理由很难被法律所规范，更在于这些实际理由完全缺乏在公共生活中加以展开的基础；公众难以接触和认识到实际上的理由，存在的只是各种捕风捉影的猜测，基于这一点展开互动对各方都是很不利的，不如将注意力放在加强公开运用理由的建设上。国外学者已注意到了判决说明理由的诚实性（sincerity）问题，因为在实践中理由不诚实并不必然影响决定的效力。[1] 国外学者对这个问题分为两派：一派主张努力追求诚实说明理由；另一派则认为有时候给出不诚实的理由比给出诚实的理由要好，后者主要是出于复杂性过度（excessive complexity）的原因，因为说明所有真实的理由不仅涉及政治运作中不可避免的秘密性（尤其是面对必须保密的有关国家整体利益策略考虑，如军事、外交和经济稳定的因素），所产生的过度复杂性也将不容易获得公众的理解。[2]

---

[1] M.Cohen, “Sincerity and Reason-giving: When May Legal Decision Makers Lie?” , *DePaul Law Review*, No.59（Summer, 2010）, pp.1092-1093.

[2] Id, pp.1111-1122.

姑且不论两者的争议对错如何，至少我们深知人心难测，要促使行政机关完全说明真实理由是非常困难的，在制度技术上不仅面临很大障碍，也将花费巨大的监督、查证和调控成本，更何况行政过程中的人本来就不是完美无瑕的圣人，他们各怀其私、趋利避害，不可避免地有许多重重利益交织的“难言之隐”，要求说明理由的完全诚实也面临现实可行性的问题。因此，我们并不一定需要保证说明理由的真实性，但只要我们对说明特定类型的理由提出一定的标准和要求，我们也能达到所想要的制度目标。通过促使行政机关公开运用特定种类的理由、满足这些理由所要求的实质性标准，甚至要求下文所言的行政理由遵循先例机制，我们实际上可以有效压缩行政机关的隐蔽动机空间；甚至我们可以将一些事关公民权益保障的特定理由要求直接做成标准，只要行政决定满足了这些标准，一些实际动机（如为了政绩而非保障权益）就不那么重要了，只要一个决定能同时很好地满足公共利益和公民权益保障的需要、符合法定的权限和程序要求，现实动机如何并不需要多加追究。除了许多特定的理由类型可以构成严格限制以外，公开运用理由本身也构成了一重关键的限制，理由空间嵌入公共互动格局越深，以精心制作的理由结构来掩盖实际动机所面临的技术性困难越大。除此以外，聚焦在公开运用的理由上，还可以通过更潜移默化的方式对行政机关考虑问题的模式产生深远的影响。这一制度可以说是当代公共行政中和公众接触最广泛、最深入的制度之一，它的运作越发达，行政机关就越需要考虑自身内部运作和公开运作的衔接，甚至直接基于公开运作的需要对内部运作进行改进。只要公开部分的理由结构和标准是健康的、良性的，也使此种行政思维得以积基树本，最终也将倒过来对公共行政本身造成一定程度的积极影响。

因此，行政法学研究的对象一般为行政机关在各种行政活动中公开对外说明的、能够为其所作选择提供合法性支持的各种事实性与价值性的根据，这一界定有着理论和现实的考虑。这些理由是当代公共领域中的重要沟通中介和论辩素材，成为合法性论证的载体与桥梁。从这一点出发，本书所研究的行政过程中的说明理由制度，就是在各行政法律关系主体之间通过协商、协议作出决策、收集与发布信息、确认或认定、作出决定、执行决定和寻求救济等一系列相互作用（互动）的环节、阶段、步骤和方式等符合构成的一个动态系统中，[1] 要求行政主体对外公开说明的各种事实性与价值性的根据的法律机制的总和。

在这种概念界定的基础上，要进一步展开对说明理由制度的探讨，还需要更深入地理解最关键的核心术语“理由”的内涵。对“理由”的内部构造逻辑作进一步考虑就是接下来的重要任务，因为这涉及理由类型的划分和组合问题，涉及说明理由制度以及围绕行政理由的互动如何生成和展开。

第二节　说明理由的逻辑构造

从日常经验来看，一个理由的逻辑形态千差万别，它可以是一个单称陈述（singular statement）、一个全称陈述（general statement）或它们的组合，而有时甚至可能是整个理论。[2] 在行政主体说明的理由中，应当首先区分作为一般正当化架构的根本抽象理由和有特定指向对象的具体理由，[3] 它们有着不同的逻辑结构。对于抽象理由而言，理由一般是一个复合命题推理，如“如果一个人违反了法律的某一条款，而违反这一条款的人都应受某一处罚，那么他应受某一处罚”。而对于具体理由而言，基本上可以认为均属于一个一组单称陈述的结合体，这涉及对理由的逻辑层次的限定。例如，张三违反国家规定，侵入了某机关的计算机信息系统，造成计算机存储数据出现混乱，在较轻程度上影响该机关的正常工作，依《中华人民共和国治安管理处罚法》第 29 条第（1）项的规定，应对张三处五日以下

---

[1] 参见湛中乐：《现代行政过程论——法治理念、原则与制度》，北京大学出版社 2006 年版，第 30 页。

[2] Fred I.Dretske, “Reasons and Falsification”, *The Philosophical Quarterly*, Vol.15, No.58（Jan., 1965）, p.21.

[3] 抽象理由（abstract reasons）和具体理由（participant reasons）在论证中有着不同的形式。抽象理由是具体理由提升到一个普遍性水平并逻辑化以后的理由。See Baruch Schwarz, Yair Neuman, Julia Gil and Merav Ilya, “Construction of Collective and Individual Knowledge in Argumentative Activity”, *The Journal of the Learning Sciences*, Vol.12, No.2（2003）, p.233.

拘留。在这一案件中，对张三进行行政处罚的事实方面的理由是“张三违反国家规定侵入了某机关的计算机信息系统，造成危害，情节较轻”还是“张三侵入某机关的计算机信息系统”“这一侵入行为存在违反某国家规定的客观情形”“侵入后该机关的计算机存储数据出现混乱”“侵入行为和这一混乱结果存在因果关系”“计算机存储数据的混乱状况对机关工作带来了危害”“危害较轻”？换言之，这应该被认为是一个理由还是一组理由？从实践的便利性来看，将这一事实认知规定为一个理由会比较合适，描述因果关系或行为情节等方面的各个单称陈述可以看作一个理由的一个构成部分。这样一来，我们对行政理由的逻辑层次就可以有更加清晰的认知，它以抽象理由和具体理由的结合状态出现，对于一个行政活动而言，抽象理由和具体理由可能都不止一个，但最终具体理由的数量和内容构成都取决于抽象理由的推理结构。因此，在谈论说明理由的逻辑构造和类型划分时，必须首先区分抽象理由和具体理由，尽管它们在生活中都被笼统地冠以“理由”之名。

一、抽象理由

对于抽象理由来说，它的基本逻辑构造是一个命题推理的结构。而且就正当化（jusitification）的思维方式来看，它一般是一个经由规范逻辑进行演绎推理的结构。在最纯粹的机械性形式合法化进路中，行政活动的抽象理由呈现出典型的法律三段论结构：相关法律规范作为大前提，事实构成作为小前提，行政机关的具体选择（作为或不作为、如何作为）是结论。这也就是法理上规范理由（normal reason）[1]的基本逻辑模式。问题是，这种理由很难充分解释行政活动的完整基础，对于一些常见的行政活动缺乏精细的解释能力，如对于裁量理由的内层逻辑构造，是很难用纯形式性的

[1] 将法律规范作为人的行动理由是较为晚近的事情，它主要出现于哈特以降的现代法律实证主义学说中。因此，这里借用实证主义学派中的“规范理由”对此种理由进行归类。

法律三段论来解释的。如果熟悉规范逻辑系统，就可以知道，抽象理由所使用的推理方式，不一定是三段论推理，也可能是兼容行动逻辑（下详）和道义逻辑（带有规范算子应当、允许和禁止等的逻辑体系）的规范推理[1]；也可能是基于stit系统的动态道义逻辑的推理[2]。如果需要完整地完成特定处境中一个行为的正当化论证，这种推理系统至少是二元的，亦即包含了条件和实践两个部分的系统，在逻辑上属于二元道义系统，它的结构和三段论是有根本区别的。更何况，如果在行政活动中出现通过类推来证明或加强正当化论证的情况，其逻辑形态就更加复杂了。因此，我们只能从总体上认为，抽象理由呈现一个推理的结构，但推理的具体形式有待确定，它甚至可以带有一定开放性、批判性的形态，正是因为抽象理由推理结构的丰富性，才孕育了今天广为流行的法律论证理论和超越单纯文义解释的众多法律方法形态。

在所有涉及价值的推理中，必须设置大前提或基础命题。根据大前提或基础命题的差异，抽象理由可以区分一定的类型，中世纪理由体系的类型区分和命名很大程度上就与抽象推理的大前提或基础命题有关。依据基础命题中的价值来源不同，抽象理由可以进一步区分为以下类型：1. 规范理由，即以法律规范或代议机构意志为根本规范性源泉的正当化论证形式。2. 最高理由，以主权者的原始意志为根本规范性源泉，当前一些政策制定、行政立法及行政决定中考虑到民意的因素，此种亦有类似于最高理由的思考方式在内（虽然公众无法与人民等同）。3. 处境理由，或必要理由，主要是紧急情势所导致的对某些价值或整体秩序进行保全的强烈策略

[1] 道义逻辑比单纯的古典三段论更为发达，如果采取古典三段论，则整个推理过于笼统，也很难支撑裁量理由；如果采取单纯的道义逻辑，则难以避免一系列的悖论，如乐善好施者悖论。关于乐善好施者悖论，参见万小龙、李福勇、田雪：《一元算符逻辑理论二探——一元算符完全性视野下的道义逻辑研究》，载《安徽大学学报》（哲学社会科学版）2012 年第 3 期。

[2] 动态道义逻辑研究行动语句 XEip，其中 X 表示允许、禁止和有义务做，Eip 是行动模态算子，表示主体 i 确保 p。整个逻辑的基本模式，是对某一主体实现一个选择导致某种结果给予规范上的判定，它也是一种道义和行动结合的逻辑形态。参见刘珂、胡泽洪：《道义逻辑的新发展》，载《学术研究》2012 年第 2 期。

需求。4. 善好理由，也就是将某种“善”或某种法价值作为正当化论证的基础，包括公共利益及各种实质性的美好价值目标，它们经常被用以作为正当化（justiification）乃至合法化（legitimization）的论证依据；如果采取情感主义而非规范主义的伦理学立场，一些基本的道义判断和伦理规范也可以经由善好理由进行论证。这四种理由虽然未必穷尽所有的抽象类型，但在逻辑上却能够形成一个比较完备的框架。在现代社会中，它们发挥作用的条件和范围之变化深刻地依赖于处境本身的有效性：[1]在处境本身完全有效时，按照法治的要求，规范理由应当占据主导地位，其他理由处于辅助地位；在处境本身部分有效[2]时，占据主导地位的是必要理由，其他理由处于辅助地位；在处境本身完全失效时，占据主导地位的是最高理由；[3]而善好理由则与处境本身的状态无关，是一种不假定规范处境的理由类型，对于常态下的法治社会而言，它一般是起补充性、辅助性的作用。

二、具体理由

抽象理由有时在行政主体的论证中可能隐而不显，行政主体可能单独使用一两个具体理由来进行论证，但并不影响其背后潜在的整体理由结构。相比之下，具体理由的逻辑构造也不简单。在法律论证中，具体理由经常是成组出现的，为支撑三段论的小前提或类似的逻辑阶段所使用的理由，基本上都是一些单称陈述（如“张某醉酒驾车”“违反某一行政法规规定应受某一处罚”“征收耕地建设某商城不符合公共利益的要求”），这些陈述之间也可

[1] “所有一般性规范都要求一种正常的日常生活框架，以使自己能够在实际上运用于这种生活框架，并使日常生活服从各种规则。……要使一种法律秩序生效，就必须存在一种正常状态……”这就是著名的规范处境前提。参见［德］施米特:《政治的神学：主权学说四论》，刘宗坤译，载［德］施米特:《政治的概念》，刘宗坤等译，上海人民出版社 2004 年版，第 9 页。

[2] 如果出现法律中规定的紧急情势或紧急状态时，处境本身是有效而非部分有效，因为这能够为规范秩序所预见并假定有能力解决，所以这里并不涉及必要理由的运用。只有当现实处境超出应急法制所能预见或控制的限度时，必要理由才可能真正启动。

[3] 例如，就制定宪法或为成立国家发动公投的情况。

能存在一定的逻辑关系，构成依次承接或并行作用的一种论证结构。我们可以通过一个假设的“道义—行动”逻辑结构[1]为例来瞥见具体理由的使用需求和内容倾向，根据“基础规范命题”“场合”“主体”“行动”四个环节观察社会生活在各个环节中可能出现的抽象理由类型和具体理由类型（以及论证进路）。以规范理由和必要理由为例，在“基础规范命题”这一点上，如果我们在抽象理由层面上选择了规范理由，相应地，可能的具体理由就是某一文件属于特定主权者所制定或认可的具有规范效力的文件；如果我们在抽象理由上选择了必要理由，相应地，可能的具体理由就是受保护的目标价值与将被侵害价值在特定处境中存在冲突时，受保护的目标价值相对于将被侵害价值（通常包含局部的法治秩序价值）具有优先性。在“场合”这一点上，如果我们在抽象理由上选择了规范理由，相应地，可能的具体理由就是行政活动的指向对象（行为或状态）满足对于某一行政法规范的构成要件符合性；[2]如果我们在抽象理由上选择了必要理由，相应地，可能的具体理由就是目标价值存在遭受巨大侵害的合理预期之外的风险，而常规措施无法避免这种风险。在“主体”这一点上，如果我们在抽象理由上选择了规范理由，相应地，可能的具体理由就是采取行动的主体符合规范界定的事务管辖范围；如果我们在抽象理由上选择了必要理由，相应地，可能的具体理由就是特殊情况下某一主体处理这一事务采取超出授权的行动对于保全目标价值有着重大而必需的促进作用。在“行动”这一点上，如果我们在抽象理由上选择了规范理由，相应地，可能的具体理由就是行政活动在文义上符合法律规范授

[1] 行动逻辑（action logic），也就是在一定场合下完整地描述主体行动的逻辑模式。行动逻辑的一种重要变形是：由当事人 a 在场合 o 上实施的 p 是 A。这一语句中的 A，是对主词位置中的行动概念作出的性质刻画，表明某一件被做的事情有某种特征或者某种性质，常常是把个体行动归之于更一般性行动的性质，如某一个行动是谋杀或者是偷窃，它包含基础规范命题、场合、主体和行动四个逻辑要素。参见周祯祥：《道义逻辑、行动逻辑和规范逻辑》，载《广州大学学报》（社会科学版）2002 年第 9 期。

[2] 在法学的知识视野中，德国刑法学将法律上的构成要件（gesetzlicher Tatbestand）提取出来，将构成要件符合性分析发挥到一个十分精致的水平，但本书所谈的构成要件符合性还不是刑法学上的构成要件符合性，因为刑法学上的这一概念含义比较狭窄，对违法性和责任的判断落在犯罪的构成要件符合性判断之外；而本书的构成要件符合性包括对一切法律规范要求与现实情态的对应性判断。

权；如果我们在抽象理由上选择了必要理由，相应地，可能的具体理由就是特殊情况下某一超出授权的行动对于保全社会的根本秩序或其他首要价值有着重大而必需的促进作用。当然，由于抽象理由的多元性，具体理由也呈现出复杂的特质，而具体组织论证方式的多样性更是使得在同一种抽象理由下也能展开许多不同的具体理由，规范理由之下不同法律论证方式导出的不同具体理由组合就是一个例子。

对于可能具有不同逻辑构造的丰富多彩的具体理由而言，要进行类型化是比较困难的。如果确实要寻求一种归类方式，我们或许可以这样处理：在基础规范命题方面，一部分基础规范可以诉诸权威性理由的论证，[1] 它包含了优先性次序的确定，即在两种或多种价值之中选择更具权威意义、更为关键的加以保全，主要论证手段是诉诸某个已经确定了的政治、宗教或社会伦理道德上的权威；部分情况下，基础规范命题可以通过符合性理由进行论证，尤其是在宪法或法律规范已经明确或者能够通过一定的法律方法明确价值立场的情形。在场合方面，主要是（构成要件）符合性和程度描述，后者也可以视为当前状态对于基础规范命题所设置的某种理想状态的符合性。在主体方面，主要是特定主体管辖权限的符合性（现代法治秩序中僭越权限能够获得合法化论证的情形极少）。在行动方面，主要是行动对于法律体系所承载的目标价值的相关性（尤其是正相关性）和对于特定标准（如法律要求）的符合性，这里包含了事实面上的各种陈述和判断。因此，如果从不同的论证形态上加以总结，规范面上的具体理由可以大体总结为权威性理由、符合性理由和相关性理由，后文将对这几种理由的具体应用展开论述。

[1] 权威性理由（authority reasons）是诉诸权威的一种论证方式，如孩子在为自己的行为辩护时称“因为我爸爸让我这么做”，for example, see Mary L.Means and James F.Voss, “Who Reasons Well? Two Studies of Informal Reasoning among Children of Different Grade, Ability, and Knowledge Levels”, *Cognition and Instruction*, Vol.14, No.2（1996）, p.150. 本书中的权威性理由和权威性论证包括未诉诸对某种规范目标或规范内容的符合性而径行依托某一抽象理由而确定某一价值或行动的优先次序的论述。

第三节 行政过程中的理由：基本类型（一）

从抽象理由的层面看，行政过程中所运用和说明的理由存在如下几种主要类型。

一、规范理由

在抽象理由之中，这种理由是在当代行政活动中应用最多的、最重要的理由。在法治已经不可避免地成为一种持久高涨的世界性潮流时，国家行政和公共行政越来越需要掌握在法治秩序中保持良好状态和推进自身发展的能力。在这种抽象理由之下，法律条款越清晰，具体理由的运用就越趋向于构成要件符合性，基本上不触碰规范的语义分析和文义符合度问题；反之则需要对规范目标符合性和文义符合度投入相对更大比例的论证。如果法律条款给予行政机关自行判断和选择的空间，我们就要更多地检验行政机关的裁量行为和规范目标之间的符合性程度。

因为这种理由是行政说明理由中的最主要理由，对于此种理由的详细运用，我们将在后面详加分析。实际上，国内流行的“证据采信理由、依据选择理由和行政裁量理由”三分法，可以说是建基于此种抽象理由的进一步逻辑结构划分。不过，需要注意的一点是，证据采信理由和依据选择理由对于规范理由的运用是必备的逻辑阶段，可以分别构成古典三段论中的大前提和小前提（如果忽略规范理由作为最根本的大前提的话）；而裁量理由则不一定在每个行政活动中出现，除非法律给行政机关留下了裁量余地。

二、最高理由

相比之下，最高理由在行政活动中极少出现。它强烈的政治色彩和超越既定法制的特质，注定了它在法治行政中只能是隐居后台的角色。但它即使隐居后台，也依然发挥着不可替代的影响力，不断地向位居前台的规范理由发动威胁和渗透。在除直接民主制以外的政治体制中，政治系统必须有不断将主权者原始意志转化为代表意志的能力，这并不仅仅是一个选举过程所能做到的。在当代，各种各样的公众、民众、群体等角色或多或少分享和借用着主权者（人民）的权威光环，对行政活动产生了重大压力，这种压力很难一概断言是正面还是负面的。有一点可以肯定的是，此类理由经常以某种政治话语形式出现在中国的行政活动中，并且经常作为行政立法和决策所公开说明的理由中的一部分出现，甚至曾经一度非常活跃。不过，这种理由的正当化能力在体制内外都值得我们思考，至少在目前来看，对于一项具体的行政活动而言，这种理由更多地起到的是一种从根本话语上提供价值支持的作用，融化到具体的正当化论证进程之中，而对核心的具体正当化论证起到一种辅助性的支持作用。

在法治秩序中，最高理由更多地处于幕后、发挥价值根基的作用，应当说是一种常规的情形。这不仅是因为大范围的直接民主在理论和实践中面临巨大难题，[1] 也是因为在谨慎对待直接民主制的前提下，最高理由面临被人为包装和滥用的风险。在这种情况下，最高理由（尤其是异化的最高理由）的论证思路，一般是采取基础性的、辅助性的论证方式，在已经满足规范理由或具体裁量理由的前提下，可以作为补强论证的理由添加到整套理由表述之中。

三、必要理由

必要理由在行政实践中也极少出现，一般都是在重大权益或社会的根本秩序面临紧急情势而规范没有提供预防手段的情况下，行政机关迫不得已做出特殊举措的时候才使用。一个典型例子是 2003 年非典型性肺炎流行

---

[1] 有关直接民主原则在大范围实践中所遭遇的困难，参见［美］萨托利:《民主新论》，冯克利、阎克文译，东方出版社 1998 年版，第 314—319 页。

时期有关部门对患者采取的隔离措施，在未有正式法律授权依据的情况下为严格限制公民人身自由，所主张的理由就属于必要理由。随着行政应急的法制日渐完善，必要理由的运用空间也在不断地被压缩，这一趋势也是必要的，因为它的大量存在毕竟对法治秩序带来不可预知的影响，它的滥用更会为行政权力提供强大的“火力支持”，导致法治的边界很容易被突破。尤其在转型时期，很多制度尚未得到初步完善，更谈不上成熟，经常出现有某种公共需求而又必须突破既有规范才能满足的情况。对于此种情形，我们需要一分为二地看，一方面，在改革初期，现代法制系统尚未建立，而要等待有关法律规范得到制定、获得充分授权，可能需要几年乃至十几年时间，对于保障许多重大权益为时已晚，这时就需要给必要理由多一些空间；但在法制体系已经得到初步建立、对公民权益的保障已经在有计划地全面进行的时候，我们就要对形式法治给予必要的尊重，以免一时的权宜之计经由年深日久的实践形成路径依赖，进而损害长远的法治大局。但必要理由永远不可能彻底退出行政活动的舞台，因为应急法制和应急预案体系不可能穷尽所有的紧急情势及应对方式，甚至应对未来紧急情势的流程和基本操作也很难预先全部预料得到。在这种前提下，我们只能对必要理由施加一些原则性的限制（如比例原则、限时原则[1]等），而不能取消必要理由本身，尽管对必要理由的担心可能也将伴随着它一直存在。

在这种情况下，必要理由的运用需要受到严格的限定。对于行政应急法制，国内学界已经作出了很多研究，《中华人民共和国突发事件应对法》（以下简称《突发事件应对法》）以及一系列有关法规、规章、应急预案的制定，包括应急管理部门的组建，都不断使行政应急常态化，限制了必要理由的例外行使。可以认为，在既定应急法制的空间内，必要理由已经转化为规范理由，如《突发事件应对法》第44条第（5）项的规定就可以视

---

[1] 限时原则对于必要理由的运用和紧急状态法制的运行极为重要。参见刘莘：《行政应急性原则的基础理念》，载《法学杂志》2012年第9期；王娟：《紧急状态下基本权利限制的程序保障》，载《知识经济》2010年第5期。

为一种特殊情况下的说明理由方式，[1]说明的并不是必要理由而是规范理由；而在既有应急法制所不及之处，对于必要措施的正当化论证应当受到应急法制一般原则的限制。

四、善好理由

善好理由在当代公共行政活动中经常出现。特别是在我国的行政活动中，善好理由甚至在许多情况下会成为行政活动（尤其是行政决策）进行正当化论证的首要基础。这样的例子俯拾皆是，如《国务院关于推进兽医管理体制改革的若干意见》（国发〔2005〕15 号）开篇即言："改革和完善兽医管理体制，对于从根本上控制和扑灭重大动物疫病，保障人民群众的身体健康，提高动物产品的质量安全水平和国际竞争力，促进农业和农村经济发展，具有十分重要的意义。"又如，《湖北省公共机构公务用车节油管理制度》（鄂管规〔2011〕1 号）开篇即道："为进一步加强公共机构公务用车节油工作，提高能源利用效率，促进经济社会可持续发展。结合实际，特制定本制度。"类似的例子不胜其举。我们可以发现，在我国已经形成了一个比较成熟而独特的善好理由体系，20 世纪末的"三个有利于"[2]就是这类理由的一种典型表述。在当代，善好理由可以进一步被分为效率、福利、幸福、安全等多种价值，可以说几乎成为一个无所不包的理由类别，即使

---

[1] 该规定为："发布三级、四级警报，宣布进入预警期后，县级以上地方各级人民政府应当根据即将发生的突发事件的特点和可能造成的危害，采取下列措施：……（五）及时按照有关规定向社会发布可能受到突发事件危害的警告，宣传避免、减轻危害的常识，公布咨询电话。"发布警告属于主动说明事实方面的情况，可以作为来不及逐一说明采取各种措施的具体理由时的一个总体基础；而公布咨询电话则可以被视为一种被动说明理由的重要措施。

[2] 1992 年年初，邓小平在视察南方时，针对一段时期以来，党内和国内不少人在改革开放问题上迈不开步子，不敢闯，以及理论界对改革开放性质的争论，指出："要害是姓'资'还是姓'社'的问题。判断的标准，应该主要看是否有利于发展社会主义社会的生产力，是否有利于增强社会主义国家的综合国力，是否有利于提高人民的生活水平。"从此，"三个有利于"成为人们衡量一切工作是非得失的判断标准。来源：人民网—中国共产党新闻，http://cpc.people.com.cn/GB/64162/64170/4467112.html，2013 年 1 月 30 日访问。

在行政法治比较完备的背景下，它在说明理由体系中也起到广泛而灵活的辅助作用，有时也能够很好地支持规范理由中需要满足不确定法律概念时的法律解释。

唯一需要警惕的就是以善好理由的名义任意替代规范理由而无视法治要求的行径，这在法治意识淡薄的地区尤其屡见不鲜。[1] 要达成行政法治的目标，就必须将善好理由的运用严格限制在规范理由之内。和必要理由不同的是，善好理由并没有假定处境的异常性。在一种成熟的法律秩序之中，正常处境的直接合法性基础为合法律性所占据，由此，善好理由的运用一般应当通过法律中的判断余地（Beurteilungsspielraum）、决定余地（Entscheidungsspielraum）和裁量余地（Ermessensspielraum）等可能需要考虑公共利益或伦理要求的法理空间进行。

第四节　行政过程中的理由：基本类型（二）

从具体理由的层面看，具体理由包括以下几种主要类型，每一种理由类型也对应着一种具体的论证类型。

一、权威性理由

权威性理由和权威性论证的发动并不是必然的，如果法治秩序足够深入人心，或者一个价值目标得到社会的普遍接受，它就可能隐而不显。但是，当规范或价值共识出现分歧时，权威性论证（或至少是有效性论证）就是非常需要的。当法律话语并非实践中的第一选择时，权威性理由就可能通过某种具备实际权威的政治话语、宗教话语或道德话语启动合法性论

[1] 直接以公共利益名义而不严格遵循法定程序和实体规定作出行动的例子，可参见高志宏：《公共利益实现困境中的程序纠偏——以土地征收拆迁为例》，载《时代法学》2012 年第 8 期；李爱荣：《权利的法律保护——以扬州土地使用权二次转让为例进行分析》，载《法治论坛》2010 年第 3 期；朱征夫：《以公共利益的名义》，载《同舟共进》2004 年第 3 期；等等。

证。权威性理由的运用可谓直截了当，许多情况下可以直接提供强有力的合法性基础。但是，在法治社会的具体行政活动中，权威性理由的运用并不是全无顾虑的，政治或宗教权威也并不一定愿意为每一个行政活动背书。

使用权威性理由还有一个重要隐忧：在社会利益与观念日益多元化的前提下，权威性理由的使用受到越来越强有力的质疑和挑战。且不说在多元化的前提下是否存在足够充分的价值共识，即使存在，它的运用也受到怀疑，有学者指出，它有可能以整体关怀（the concern for all）为名义通过压制反对意见掩盖非正式的压迫（informal oppression）。[1] 如果行政主体选择性地利用只对自身有利的权威话语，“狐假虎威”地运用权威性理由，就容易遭受外部的质疑和抵触。这种伪装的“权威性”不但没有完成正当化论证的目标，还容易引起对公权力的排斥感、形成对权威本身的损耗。由此，在法治体系比较完备的制度环境中，权威性理由的出场应当尽可能嵌入符合性理由之中，甚至与符合性理由高度融合，或合理地居于在符合性理由和关联性理由之间的某个位置。权威性理由在说明理由的法律实践中不能是各方互动之间首当其冲的目标，但在某些情况下，如行政机关在其裁量权范围内通过一项社会分歧甚大的行政立法或制定一项争议激烈的政策，权威性理由及论证还是不可避免地要成为重点，此种情形虽有一定程度的合理性，但权威性理由仍不宜成为唯一的合法性论证基础。

二、符合性理由

相比之下，符合性论证和符合性理由的发动更为广泛，其本身也更容易形成让人信服和接受的标准。因为符合性理由可以有多种具体类型，如伦理意义和法律意义上的价值目标符合性、法律意义上的构成要件符合性、使用最高理由时的角色符合性等，符合性的论证技术和判断标准也呈现出

[1] Dryzek, J.& Niemeyer, S. “Reconciling Pluralism and Consensus as Political Ideals”, *American Journal of Political Science*,Vol.50, No.3（Jul., 2006）, p.637.

多元化的图景。

最重要的一种符合性，就是纯粹从语义上判断现实情状对于法律规范乃至法律概念含义的符合性，即纯粹的文义符合性。这种文义符合性看似简单，但即使不考虑综合解释（体系解释、目标解释等导出的广义文义符合性）而单独考虑狭义上的字面意义符合性，我们也会发现其中的困难。当代语言学研究已经深刻地反映出这一点。法理学人对此的认识经常停留在哈特对“语义核心”和“语义边缘”的区分，[1]但语言学早已远远突破了这种粗糙的认知图景。在语言学领域，对此较为精细、系统化的一个经典分析进路，来自工程控制论专家扎德（L.A.Zadeh），他曾通过“模糊集合”、“资格等级”与“资格函数”（membership function）开启细致刻画语义模糊性之先河，他把一个词所有可能的语义看作一个模糊集合的成员，而试图通过一些标准来评价某种含义的资格等级。这一理论似乎较之经典语义学研究成果更适宜于应用到法律过程之中，实际上，很少有法律适用过程能够满足精确的概念语义对应性及涵摄要求。扎德启发了语言学意义上的著名学说“原型理论”（prototype theory），这一理论倾向于从对语义“原型”之接近度的意义上（而非在模糊集合理论的现象学呈现之意义上）定义其归属。这一语义原型并非一个现实的存在，而是人为地按照维特根斯坦式“家族相似”（family resemblance）理念假设并定义出来的，即与该集合中其他成员拥有最大程度的相似特征（最多相同的特征要素）并与该集合的相反类型拥有最小的相似性的一个意义体。某个对象与该原型的特征叠合得越多，这个对象就越具有典型性。它所依靠的是一种“要素到要素”（element-to-element）的关系模式，与模糊集合论所依靠的那种“要素到类型”（element- to-category）的关系不同。可以替代早期原型理论的工具，尚有概率与标本观点（probabilistic and exemplar views）、优势理论（vantage theory）、框架语义学与理想化认知模型（ICM）等，但均限于认

[1] 参见［英］哈特：《法律的概念》，张文显等译，中国大百科全书出版社1996年版，第143—144页。

知而非评价层次，和语言学家本身所使用的经典原型理论一样，更适用于“基础层次”（basic level）的概念。这些概念一般为包含客观实在外延的概念，如椅子、红色等，但很难适用于处理基础层次的上位概念（如相对于椅子的家具）；但形式合法性分析的绝大多数对象却正好是大批高于基础层次的概念（可以称为“高级概念”）。法律中经常使用非直接认知对象的抽象概念，给原型分析方法造成很大麻烦。[1]

虽则如此，我们在进行符合性分析的时候，很大程度上采取的方法仍然是一种原型分析，只是我们会同时建构语义原型和价值原型，通过对符合度的双重直观判断来完成法律适用的重要环节。如果价值原型是一个抽象的总体目标，要完成充分的符合性论证可能还需要引入相当复杂的技术性判断。在这方面，美国有一个案例值得参考。《空气清洁法》要求各州在合理通告、听证并经美国环境保护局（the Environmental Protection Agency，EPA）批准后制订空气清洁实施计划，并要求各州不得以任何方式支持不符合已经制订的实施计划的活动；同时，该法又授权 EPA 制定判断这种“符合性”（conformity）的标准和程序，EPA 先后依法制定了《交通运输符合性规则》和《一般符合性规则》，六个环保组织对两个行政规章的合法性发起了挑战，请求司法审查，结果法院认为行政规章的合法性没有问题，驳回诉讼请求。[2] 在这个案例中，法院虽然没有就符合性的内涵作出一般的分析（因为《空气清洁法》已经提出了若干具体标准，故而法院只是就事论事），但对符合性的具体讨论却贯穿始终，特别是对一些模糊概念如“支持”等的细致讨论，充分反映了这一问题的复杂性。在 EPA 制定的《一般符合性规则》中，要满足《空气清洁法》中的符合性判断是相当复杂的，需要基于规则中认可的估算技术提交基于人口、就业、交通出行、堵塞状况等的估算结果，每次更改估算结果都需要都市规划组织（Metropolitan Planning Organization）的批准，并且需要对空气质量的影

---

[1] 以上分析的详细展开及注解，参见苏宇：《深化合法性分析技术：迈向“整体合法性”理念的探索》，载《东方法学》2011 年第 4 期。

[2] Environmental Defense Fund, Inc.v.Environmental Protection Agency, 82 F.3d 451（1996）.

响进行建模分析，对模型的更改还需要得到 EPA 的书面批准，等等。[1] 对于普通的行政活动说理而言，由于行政资源和成本的限制，进行符合性论证很难做到这么全面、深入，因此我们在说明理由时采用的是符合性论证的简化形式，至于简化的程度还需要根据具体的活动类型和说理要求具体决定。

在此，我们可以发现哈特那种简单的二分法具有非常重要的实践意义：将语义范围简化为核心地带和边缘地带，并且只有当论证对象处于语义边缘地带时才详细展开，引入扩张解释、限缩解释、目标解释或体系解释等其他解释方法的支持，可以说是实践操作中的一种常见现象。一般而言，原则上需要价值方面的支持程度与文义方面对核心的偏离程度成正比关系，但抽象或具体的比例标准却从来没有得到确定，实践中这种简单的区分反而更为清楚、易行。对符合性解释的这种模糊处理固然是出于实践情况的繁复多样和实践活动的必要弹性考虑，但也给后面的依据选择理由带来了未决的疑问。

三、相关性理由

相关性（correlativity）论证及相关性理由主要指向行政活动手段与目标之间的关系，主要是针对存在决定或裁量余地的行政活动使用，它与符合性理由不同的是，它的运用要求有一种程度或尺度上的论证，而不是是否函摄的二值逻辑。相关性包括正相关和负相关，比例原则里就包含了手段与目标之间的正相关性的严格要求。如果我们深入看待相关性论证，会发现所有的相关性论证都需要面对的一个核心问题，就是手段所促进或损害的不同价值类型如何在相关性论证中得以通约的问题。例如，征收学区房的时候，如何论证征收所服务的公共利益比孩子受到优质教育的利益更为重要？在治理环境污染的时候，如何权衡环境保护与就业的关系？有的

[1] 58 Fed.Reg.63252（1993）.

问题要强行用成本收益分析等既有的方法去进行论证是非常困难的，但有时行政机关又缺乏其他更加有效的办法去解决现实问题。我们往往无奈地看到的一个现象是，相关性理由的运用经常伴随权威性理由的出场，而后者的每一次强势登场都意味着某种不易解决的困境甚至巨大的社会问题。造成这一点的原因是，行政法规范体系经常在社会价值共识缺失的地方为行政机关留下相当大的决定或裁量余地；从更深一层看，是行政活动不可避免地进入了许多本属于政治过程的空间。[1]

在这种情况下，运用得比较多的简化处理方式，是尽可能使衡量的价值尺度接近社会价值共识，并且就可以转化为成本收益的项目作成本收益分析，而对不能简单转化的项目通过考察市场的主观估价（或理性的相对人的主观估价）作一种补偿，从而纳入价值评判的共通尺度之内。这种处理固然存在不小的缺陷，但要真正掌握价值的共同尺度在技术上非常复杂而困难，[2]很难推广到每一个行政部门。相关性论证在很多场合下甚至不可能实现成本收益分析的精度，因为很多法价值的内涵难以量化，只能给出一种尺度模糊、标准浮动的大致论述。即便如此，它在很多说明理由的实践中仍然是不可缺少的一种具体理由类型，行政活动往往也需要与某种法律、社会或政治目标价值的相关程度作为论证的基础。

第五节 行政过程中的理由：基本类型（三）

如果就理由中包含的具体内容看，它可以划分为事实内容、法律内容、道德内容、经济内容等，对此国内外行政说明理由制度有着不同的分类。如果单论名义上的理由分类，在国外的行政行为中较为少见，而在我国的

---

[1] 参见王锡锌：《英美传统行政法“合法性解释模式”的困境与出路——兼论对中国行政法的启示》，载《法商研究》2008年第3期。

[2] 即使是版本较为简单的共通价值架构，如成本收益分析，从目前的实践看来，也不是中国基层行政机关所能轻易掌握的。必须有相当高素质的经济专业人员才能完成一个严谨的涉及公共利益的成本收益分析，而许多基层市县可能甚至完全缺乏此类人员。

具体行政行为法制中较为发达。例如，《湖南省行政程序规定》和《山东省行政程序规定》将行政执法活动中说明的理由划分为“证据采信理由、依据选择理由和行政裁量理由”（需要注意的是，这种分类是从APA第557条中关于“事实的、法律的和裁量的”三分法中抽取的）；《宁波市人民政府关于推行说理性行政处罚文书的通知》（甬政发〔2011〕56号）将行政处罚中要说明的理由划分为“是否采纳当事人陈述、申辩意见的理由、法律依据适用的理由、行使行政处罚裁量权的理由和依据”；《湖北省工商局关于推行说理式执法文书的通知》（鄂工商法〔2009〕208号）将要说明的理由分为“违法行为的事理、定性用法的法理、程序正当的公理、自由裁量的情理”，等等。这些名义类别在国外法制中虽然并不多见，但国外行政说明理由制度中也大体上列出了类似的内容构造。例如，奥地利《一般行政程序法》第60条规定：“对决定所提供的理由应当概括调查程序的结果、决定证据权威性的考量及对法律问题清晰而具体的判断”。[1] 日本学者从判例中总结出，对行政法中的不利益处分明示理由需要包括：（1）基于怎样的事实关系，适用什么样的法律规范作出该项处分；（2）在构成处分根据的事实方面，必须达到使处分的相对人能够充分理解的程度；（3）有必要明示其与处分基准之间的具体相关性，不适用处分基准时明示为何不适用的理由；（4）对于听证和辩明程序中的重要争点作出回应；（5）在作出与听证主持人意见相反的不利益处分时，尤其要求明示为何没有采纳听证主持人意见的理由。[2] 德国《行政程序法》第39条要求说明“核心的事实构成与法律上的理由”，对于裁量决定（Ermessensentscheidungen）的说理，要说明“借以行使裁量权的考量依据”，等等。[3]

这些分类持规范上完全有效的处境假定，大体上是在规范理由之内的不同问题域（尤其是实践中的重点问题域）进行的划分，但这种划分并不

[1] Allgemeines Verwaltungsverfahrensgesetz（=AVG），§ 60.

[2] ［日］室井力等主编：《日本行政程序法逐条注释》，朱芒译，上海三联书店2009年版，第139—140页。

[3] Verwaltungsverfahrensgesetz（=VwVfG），§ 39（1）.

严格，但这种划分对于实践认识来说却是颇为便利的，至少重点相当清晰，操作比较简便。我们以行政执法程序法制中影响最广的“证据采信理由、依据选择理由和行政裁量理由”三分法为例进行分析。

一、证据采信理由

“证据采信理由”的专门单立，反映了具体论证中构成要件符合性论证的首要难点。表面上，按照三段论推理的逻辑次序，似乎应当是有关法律依据的理由在前、证据采信理由在后；而我们说明理由制度往往将事实面的理由放在首位，不仅突出了一般行政实践中说明理由的重点，更反映出了一种认识论上的实际次序关系——我们必须首先认识客观事实才有可能讨论法律依据的选择适用问题。因此，证据采信理由实际上并不完全从属于规范理由的推理过程，但却又不能不嵌入规范理由的结构中，因为正是这种理由所假定的规范处境对证明水平提出了最根本的要求。换言之，法律上的所谓“事实”并不完全是一种客观事实，而是一种经过认知过程建构的法律事实。因此，尽管证据采信在逻辑上作为整个行政决定及所有理由动用的前提过程，在具体运用上却严格地受制于其所处的法律体系，包括建构事实的一般规范要求和特别规范要求。

因此，证据采信理由的说明应当严格地服从行政法中的证据合法性要求和证明标准。在这方面，司法过程可以为行政过程提供一个良好的参考模板。相对于其他两种理由而言，证据采信理由至少在理论和可选模式上是最为成熟的。在实践中，它也可能被适度简化，只针对关键的证据作判断，这种简化如果更为节省成本，也未尝不是一种选择，但要注意在实践中需要维护良好行政的回应性价值，[1] 对相对人提出质疑的证据，原则上应

[1] 回应性（responsibility; responsive）是善治及良好行政的几种基本价值之一，它与责任性（accountability, accountable）都构成了良好行政的重要方面。See Friedl Weiss, “Transparency as an Element of Good Governance in the Practice of the EU and The WTO: Overview and Comparison”, *Fordham International Law Journal*, Vol.30（May 2007）, p.1548.

当作出回应。

二、依据选择理由

相比之下，依据选择理由看起来比较简单，在实践中也一般比较少受到重视，因为行政执法实践中所遭遇的情况一般比较典型，行政机关一般都会对行政执法实践中所遭遇的典型情况予以梳理，依据选择通常比较简明、直接。但问题在于，遇到法律规范的冲突与竞合情形时，行政机关所面临的难题就相当大，以至于说明依据选择理由并不是那么容易的事情。由于我国的行政程序中缺乏典型的公告评论与回应机制，[1]法院审查也不涉及行政法规和规章本身的合法性问题，规范冲突与竞合的上游解决渠道仅限于行政机关内部程序，而受种种原因限制，内部程序并不能为解决规范的冲突和竞合问题提供强有力的保障。在我国的行政实践中，单个部门遭遇的法律竞合情况并不是很多。这一点并不是因为法律规范之间冲突与竞合的情形少，而是因为每个部门能够认为法律规范之间存在竞合的情形并不多。造成这一现象的原因和“部门立法”与部门利益切割有着相当大的关系。因此，每个行政部门在说明依据选择理由时，只论证对自身有利的法律规范的可适用性就足够了，有可能对法律竞合的情形产生忽视；而对自身有利的法律规范在部门立法的时候往往就已经被设计好，行政机关按部就班地进行执法实践中所遭遇的技术性困难都不是很突出的难题。因此，法律规范冲突或竞合情形下依据选择的说明就成为一个一直未得到充分重视的问题。实践中，笔者所接触的行政机关所遇到的难题经常是在试图达成行政目标而既有法律规范的支持度不够（常见的情形是法律对权力的行使设置了较明确的限制）、试图在法律适用方面做文章时才会真正出

[1] 这种机制来源于美国行政程序法中的法规制定程序，在许多情况下，美国行政机关制定法规需要先将相关内容及规范草案向社会公布，收集公众评论，并将最终形成的法规和对公众评论的回应一同颁布。在我国，这一程序虽然未被广泛推行，但一定程度上已经在我国广泛范围内的行政程序法制中得到体现，如2010年《上海市行政规范性文件制定和备案规定》中就有比较详细的规定。

现，[1] 这已经是说明理由制度要关注的另一方面内容，即如何尽量避免行政机关在说明理由方面进行伪饰而造成危害，下文在介绍理由的形成、说明与审查的相关制度实践时还将就这个问题作进一步的分析。

因此，对法律规范竞合的情形进行选择适用并充分说理，是值得我们认真关注和改进的要点。如果虑及行政机关主动考虑规范竞合的困难，也可以考虑让行政机关应相对人的要求针对性地在说明理由时作出回应。由于前面论及的符合性论证的不完善性，法律规范竞合论证不可能在基础法律技术缺失的情况下得以完善，这一状况给依据选择理由的说明带来了相当大的困难。

三、行政裁量理由

如果说证据采信理由和依据选择理由几乎是必然出现的，行政裁量理由则系于行政活动的裁量性前提，特别是效果裁量；[2] 但裁量性行政活动说明理由的需要比羁束性行政活动更为强烈。[3] 行政裁量的合理性论证并没

---

[1] 例如，《行政强制法》实施后，由于该法第 25 条规定“查封、扣押的期限不得超过三十日；情况复杂的，经行政机关负责人批准，可以延长，但是延长期限不得超过三十日”，有交通管理执法人员向笔者表示 30 日期限不足以走完对被扣押车辆的拍卖程序（《行政强制法》第 46 条第 3 款规定:“没有行政强制执行权的行政机关应当申请人民法院强制执行。但是，当事人在法定期限内不申请行政复议或者提起行政诉讼，经催告仍不履行的，在实施行政管理过程中已经采取查封、扣押措施的行政机关，可以将查封、扣押的财物依法拍卖抵缴罚款。”法定期限已经远超出了 30 日)，而在 30 日后车主上门索要车辆时他们必须归还车辆，这给他们的工作带来了很大困难。因为此前交通行政管理部门对流动性较强的外来违章车辆交通进行处罚，唯一能迫使相对人依法缴纳罚款的有效方法就是扣押车辆，因此，有工作人员试图选择合适的法律依据组合绕过《行政强制法》的规定来变相还原此前实践。这就是一个典型的例子。

[2] 效果裁量与要件裁量的区分是日本行政法学继受大陆法系行政法学后所发展成熟，并进一步为中国理论界所借用的一种理论区分。所谓要件裁量，是指关于满足成为行政行为根据的要件，主张在行政厅具有最终认定权的情形下，该行为就是裁量行为的观点。所谓效果裁量，是指是否作出行政行为，假设作出行政行为，那么应作出怎样的处分，即在 D 阶段上求得裁量所在的观点。参见［日］盐野宏:《行政法总论》，杨建顺译，北京大学出版社 2008 年版，第 82 页。

[3] *Uwe Kischel*: Die Begründung: Zur Erläuterung staatlicher Entscheidungen gegenüber dem Bürger, Mohr Siebeck, 2003, 224.

有十分统一的准则，因为不同法律规范对于裁量所需要考虑的要素和把握的标准提出了不同的要求，法规裁量和便宜裁量、[1] 要件裁量和效果裁量可能都有着不同的思维结构。[2] 对于如何使裁量权的行使合法、合理，学界已经进行了相当广泛而深入的研究，不同的合理化主张又有着不同的论证方式。因此，也许我们很难概括出一种统一的论证模式，但就裁量权行使的一些公认的基本原则而言，对裁量理由的说明还是能够形成一些共通的要求。

最简单直接的情形，就是法律规范已经具体地提出了裁量时所需要考虑的全部因素；行政机关在作决定时所要进行的考量，就是将这些因素结合其在自由裁量范围内具体设定的权重分布，最终决定其选择。在这种情况下，行政机关只需要说明对各种法定考量因素所赋予的权重就已经足够。这种论证甚至可以是比较抽象而模糊的，对于许多案件而言，只需要行政机关突出强调某一方面的权重，一般在实践中就可以认为已经履行到了说明裁量理由的义务。例如，在行政实践中，对社会秩序造成了较大影响、相对人主观态度恶劣、侵害他人权益的类型较重要或程度较深等都构成了对从重施加行政处罚的裁量理由。如果对于规范给定考量因素范围下的价值权重我们能大致达成共识，对于法律规范中未给定部分或全部考量因素时的裁量合理性论证也可以参照此共识进行。

在法律赋予行政机关自行决定选择部分考量因素并自由赋予评价的权重时，行政机关不仅需要说明它所赋的权重，还需要说明它对考量因素的选取结构，这在实践中虽然通常都简单处理，在理论上并不是一个容易完

---

[1] 所谓法规裁量行为，亦称羁束裁量行为，是指法律规范只对某种行为的内容、方式和程序作了一定范围和幅度的规定，允许行政主体在处理具体行政事项时，在法定的范围和幅度内，凭借自身的判断进行裁量的行为。所谓自由裁量行为，亦称便宜裁量行为，是指法律规范只规定了原则，授权行政主体在符合立法目的和法原则的前提下，自主采取相应的措施，作出裁断的行为。换言之，行政裁量行为是行政主体在法律规范所承认的范围内不受法的拘束所作出的判断或者行为。杨建顺：《行政裁量的运作及其监督》，载《法学研究》2004 年第 1 期。

[2] Vgl *Uwe Kischel*: Die Begründung: Zur Erläuterung staatlicher Entscheidungen gegenüber dem Bürger, Mohr Siebeck, 2003, 224.

成的任务。行政机关在规范给定考量因素在决定权重分布时，虽然也受到行政法一般原则的限制，但行政机关仍然保留有相当程度的选择余地，除非法律或社会伦理明确要求满足某种权衡原则，否则行政机关的决定一般不会受到外部审查的干预。对于这种平衡度而言，行政机关只要简单地作出已经作了充分权衡的表示和尽量避免采取极端选择即可，基本上不需要建立衡量的尺度或作出精细的分析。但如果行政机关要自行决定部分或全部考量因素，它要说明的就要包括对考量因素的选择取舍，这里面会涉及复杂的合法性问题。“考虑不相关的因素”固然可能是一种越权，未考虑（通过法律解释获得的）需要考虑的因素也会导致行政活动在审查上受到不利影响，[1] 但对于这种情况下什么属于不相关因素、什么属于需要考虑的因素，既非全由行政机关决定，也没有一个真正通行的操作性标准，就连决定这些考量因素范围和赋值权重分布的价值基础，部分地也是由行政机关自身（通过法律解释）[2] 确立的。

此种情形下，要完成从说明理由到整个合理性论证的过程，行政主体需要进行的工作可能非常烦琐。首先，如果需要自行将裁量的价值前提补充完整，需要运用各种权威性理由和符合性理由来支持价值设定的正当性；其次，在这个价值体系的约束下，寻找价值相关性紧密的必须考量因素和价值相关性一般的可选考量因素，并排除不允许作为决定依据的因素；最后，根据价值体系的约束和对处境需求的判断赋予各种价值不同的实际权重，导出裁量结果。这套操作是如此烦琐和深刻，以至于进行行政裁量时极少有行政机关能够充分完成。实践中的图景，就像是一个岛链，

[1] 参见周佑勇：《裁量基准司法审查研究》，载《中国法学》2012 年第 6 期。

[2] 严格地说，在法治行政中行政机关对价值基础的选择应当从对法律的解释中获得。即使是最缺乏直接限制的裁量——非授意裁量（intendiertes Ermessen）中，应然性限制（Soll-Bestimung）的来源也是由对规范约束的直接解释获得的限制和不立即能从规范字面获得的限制。整个应然性限制最终仍然围绕法律解释进行，只是直接与间接的区别。Vgl *Uwe Kischel*: Die Begründung: Zur Erläuterung staatlicher Entscheidungen gegenüber dem Bürger, Mohr Siebeck, 2003, 227. 但在很多时候，我国行政机关对于价值考量持更多的独立性姿态，如果这些相对独立的价值考虑是在法律允许的范围内，也不能简单截然否定，实际上也是一种可观后效的模式。

行政机关用一堆存在一定社会共识基础的未完全理论化协议（incompletely theorized agreements）[1]淹没了大量需要论证的步骤和空间，其所强调的支撑裁量的若干要点恰似露出逻辑海面的一些小岛，如果这足以提示我们补充完整整个合理性论证的话，这种“岛链式”的说明理由方式也未尝不可。不过，我们必须为这种说明方式建立一个类似于举证责任的基本规则：如果这种简化论证有重要的争议问题没有处理，在受到有法律效力的审查时不得再增补论证以对抗外部质疑，否则行政机关将很容易借此敷衍了事。

四、其他理由

除以上三种理由外，还有一些文件提出了其他的说理要求，如《宁波市卫生局关于在全市卫生系统推行说理式行政处罚文书的通知》《杭州市民政局关于在全市民政系统推行说理性行政处罚决定书的通知》（文号未详）[2]都要求说明“情理”，即“对案件的分析判断要符合主体客观背景以及案件发生的原因和社情民意，从而使处罚决定合乎情理。在对当事人从事违法行为的主观意图、手段、社会后果客观评价的基础上，对从轻或减轻、从重或加重处罚以及不予行政处罚的情节、理由、法律依据作必要的说明，使自由裁量权的行使合法合理”。这里面的“社情民意”并不是作为主权者意志的最高理由，而是一种特殊的抽象理由类型。它也不是纯粹的伦理理由（moral reason），而是一种镶嵌于时空特定性和文化特定性中间的处境性道德要求。在形式法治国理论中的行政活动，几乎完全看不到这种要求的存在空间；但随着我们深入考虑法治国理论中国家与社会的关系，我们能够发现一种更为深刻的行政合法性需求。

---

[1] 在多元化的群体当中，人们并不在基本原则或抽象原理上达成共识，而在相对低层次的阐释（low-level explanation）上能够达成一致，因为低层次的阐释更贴近人们的共同生活方式，包含更多共性。要追求完全的共识和深层理论上的一致是很困难的。Cass R.Sunstein, “Incompletely Theorized Agreements”, *Harvard Law Review*,Vol.108, No.7（May, 1995）, pp.1733-1772.

[2] 文献来源：北大法宝地方法规规章数据库。

在20世纪初期的法治国讨论中，有一种观点可能容易被今天的讨论所遗忘："人们专门把国家界定为法律的制定者。但是，这并不是意味着它制定法律的内容。它只是对发自人们正义感的各种利益的法定价值进行认证。"[1] 在当时，存在这么一种观念，就是这种认证是经由制定法律的过程一次性地完成了，[2] 除此以外，社会的价值观似乎很难再找到进入国家法和公共行政系统的入口。但随着现代社会的不断丰富和发展，认证过程也日益呈现出丰富而微妙的特质。公法为了跟得上社会价值观念变迁的步伐，并没有完全从时间和规范起点上就垄断全部价值的认证与转化，而往往留下继续融合和转化各种价值的规范性通道（如裁量余地较大的行政裁量）。易言之，社会的价值观念和伦理思考并不是随着立法进程的完成就一次性定型了，而是会在此后的执法和司法过程中不断渗透进对法律条款的理解。尤其是在价值观念和社会伦理不断发展变化的当今社会，此种情形更加常见。

因此，在行政活动中对遭遇的"情理"进行不违背强行法规定的思考、融会和交流，也是十分重要的。当然，情理的说明比较灵活，不一定存在某种固定的模式，更需要因时、因地、因事制宜地决定具体内容。说明"情理"的实践功能性亦非常显著，它不是每个案件都一定需要得到充分说明，特别在那些法律规定十分清晰、事实无争议、社会认知分歧很小的案件中没有过多讨论的必要。因此，它的使用最好是功能导向的，即只要能够在一定程度上起到显著的加强论证效果，我们就可以灵活地说明一定分量的情理来帮助行政活动获得正当化论证，同时也使其正当性有更广泛的讨论和审查余地。

总体上看，具体行政行为说明理由的实践划分所突出的这几种类型，是深深镶嵌在一种特定的抽象理由及论证思路中的某些关键部分，其论证质量在相当程度上依赖于具体理由及论证进路在实践中的成熟程度。但是，对于抽象行政行为（以及部分行政决策）而言，还有一些特殊性需要得到进一步的讨论。

---

[1] ［德］施米特：《政治的神学：主权学说四论》，刘宗坤译，载［德］施米特：《政治的概念》，刘宗坤等译，上海人民出版社2004年版，第16页。

[2] 同上注，第16—18页。

第六节　行政立法与决策理由的内部构造

对于行政立法（在中国还包括部分行政决策）[1]的说明理由而言，一般而言从规范中很少直接见到它们的分类，中外一些法律规范也对其需要说明的内容进行了规定，有些甚至直接体现在宪法中，如《德国联邦基本法》第 80 条第 1 款第 1 项规定了联邦政府、部长（内阁成员）或州政府发布的法规命令（Rechtsverordnungen）需要说明具体的法律依据（Rechtsgrundlage）。[2]在行政程序立法中的典型例子，则是前文曾提及的美国的情形：美国 APA 第 553 节（c）款要求行政机关在发布通告、接收评论并考虑相关因素后，在发布法规的同时精炼地给出关于法规目的和基础的一般说明。我国《湖南省行政程序规定》对重大决策说明理由的要求，在对外说理方面，包括对专家和公众意见不予采纳时的说理（第 36 条第 4 款、第 37 条第 2 款）；而对于规范性文件的制定，除规范性文件的制定包含重大行政决策的，没有给出说明理由的要求。

在这里，对行政立法（以及部分行政决策）说明理由的要求一般比较抽象而宽泛，因为行政立法（以及部分行政决策）理由的内部构造具有一定程度上的特殊性。在这里，之所以将立法与决策并列，是因为它们在理由构造方面具备逻辑上的包含性，一项行政立法往往包含几项核心的决策或决定，涉及整体进路选择、制度工具选取和具体标准的设置等。一般来说，行政立法包含的这些决策或决定，很难被完全还原到行政行为理论体系中，也不容易用广义上的裁量类别来处理说明理由的要求。究其根源有两点：首先，行政行为视角主要是合法性的思考角度，而行政决策是在合法性的框架中进行合目的性的思考，行政立法则是在合目的性的要求下延

[1] 行政决策不属于行政立法，也不是标准意义上的行政行为。但在中国，一些比较抽象、不直接涉及相对人权利义务的行政决策有着与行政立法相似的地方，在《湖南省行政程序规定》等重要规章中也被和行政立法并置。因此，这里一并加以说明。

[2] Grundgesetz für die Bundesrepublik Deutschland（GG）,Art 80（1）.

伸合法性的框架，在思维过程的根本性质上有着重要区别。其次，广义裁量类别中虽然包含立法裁量、计划裁量等和行政立法与决策接轨的领域，但就目前来看，裁量理论体系中没有深入考究立法裁量和计划裁量等的基本逻辑过程，从而也无法为说明理由提供一般性的、较为具体的制度要求。

要深入讨论行政立法和决策的理由说明要求，就必须深入这些活动的基本思维逻辑之中。目前行政法中经常套用比例原则来对行政立法和决策的思维内容进行约束。但是，且不论比例原则是否足以胜任对行政立法及行政决策的内容要求，在它的内部，各个层次考量的权重也存在某种不均衡性。考虑到行政机关在确定真实的价值目标时本身就有很大的自由度，具体的目标结构一旦确定，手段的选择空间就相当小甚至随之也实际上直接确定了，可以说后面的思考已经相对不是那么重要，导致这种思路一开始就面临根本上的困难。[1] 在涉及对行政目标本身的决定方面，我们目前的法律形式不是适合的认知中介。[2] 处理涉及目标本身的决定，在一定程度上也是涉及具体规范处境自身的建构，除去主体问题外，适宜的法律形式存在于决断主体和内容的对比之中。[3] 在主体拥有部分地创造处境的能力的时候，理由应当成为这种对比的一部分，亦即和整套规则或计划安排一起构成处境的一部分。立法或决策理由往往补充说明了简单的目标陈列中所没有讲清楚的价值目标强度分布，[4] 比例原则的判断已经处在相对下游的位置，当目标结构和可选手段都得到充分的考虑和说明后，这一原则也更容易获得满足。

在这里，我们要有针对性地进行调节与控制的地方，首先，是防止构设的目标框架偏离既有法制要求和法治价值，如对相对人合法权益的直

---

[1] 有学者已经类似地注意到了前一阶段的高度重要性，参见张淑芳：《论行政立法的价值选择》，载《中国法学》2003 年第 4 期。

[2] Carl Schmitt, *Politische Theologie*, Verlag von Duncker und Humblot, Müchen und Leipzig, 1922: S.33.

[3] a.a.O.

[4] 即使是一些十分细微的事项，如将一种蜥蜴移除出联邦濒危与受威胁物种名单的提议制规（proposed rule），都附上了极为详尽的目标平衡说明。See 78 FR 7908 (2013) .

接保障考量过少，就是现实中可能出现的最重要问题，因此要求说明一定的价值目标结构是有必要的。其次，是防止事实面的判断出现错误，影响到整个或整套决策的目标实现甚至合法性要求，因此说明支撑行政决策或行政立法中的主要决策的事实判断依据也很重要。最后，我们需要保证行政机关追求的目标与运用的手段符合一定的比例性要求，这和前面的相关性论证是一致的，但在行政立法和重大决策中，因为涉及许多不确定性和广泛的价值影响，行政机关需要更为深入地考虑问题和说明情况，至少对手段所可能起到的效果作一个详细预期；如果采纳行政回应性（responsibility）和责任性（accountability）的视角，还应当对利益相关群体提出的其他解决方案与最终采纳方案相比的劣势作一个回应。这三个方面的内容应当成为行政立法（以及部分行政决策）说明理由的基本构造。

按照完整的思维要求，行政立法（以及部分行政决策）的说明理由就应当如前所述进行。但是，在现实中由于受各种因素的影响，行政立法（以及部分行政决策）的说明理由工作往往会对不同的方面呈现出侧重或忽略的情况。例如，在美国，政府部门或规制机构通过公告评论程序制定的法规，在发布时往往对评论的内容有或长或短的回应，这种回应中经常包含了对目标的强调和行政手段的合目的性说明；在中国，由于各种各样的原因，事实面的分析和判断往往在说明理由中被省略。中国没有必要模仿美国式的说明理由制度，但由于行政立法（以及部分行政决策）往往涉及广大群众的深切利益，根据中国本土行政法实践的特点，对行政理由的形成与说明提出一套更完善的要求非常必要。

各种各样的理由在行政法中构建了一套合法性论辩空间和支撑体系，它们的角色绝非无足轻重。一旦法律规定和司法审查确保了说明理由的要求及其内在结构，这些理由就会成为行政法思维的重要节点，能够对行政活动的思维过程起到结构化的作用。附着于说明理由之上的外部约束与审查力度越强，延展机制越深入，这种结构化的作用也就越显著，行政法的思维图式及内容构造也就越丰富和充实。

第三章

理由的形成与说明

在明确行政理由的类型和结构以后，前文也对行政理由的形成与说明作了初步介绍。但要深入理由的形成与说明这一问题内部，我们还必须考察许多实践因素，仔细了解行政法中的这个“理由层”是如何运作的。行政理由的形成与说明，由于行政成本、资源和能力的限制，行政主体在实践中不一定能够按照相应的完整逻辑进路充分展开；而如果展开论证和说明的技能不足，过于长篇大论的表述很可能还会起到反作用，激发争端。因此，行政理由的形成与说明的实践不一定符合理论上最完整的机制，但很可能是最适应当前法治环境与行政实践的形态。我们在实践中不可能苛求行政理由的说明与审查直接达到某种理论上的理想状态，相反，应当看到理由层的运行是如何一点一滴地开始对行政法实践产生积极的影响，如何潜移默化地影响行政合法性秩序的构建与运行。理由的形成与说明，正是理由在行政法中发挥作用的基础环节，也是现代行政程序法中的重要内容。

第一节 理由的形成

行政理由的形成途径，包括在一般性与专门性的形成机制。一般性的形成机制是指行政主体在行政立法、行政执法、行政司法等过程中，通过调查、收集证据及资料，进行分析与研究等常规过程在支撑行政决定的同时形成行政理由；专门性的形成机制，则是行政机关为了对某一问题进行全面而充分的考量，通过接受专门的行政命令编制调查报告等方式集中形成特定主题的行政理由。

形成理由是说明理由的必经前提，也是一个重要的、经常被忽视的环节；这个环节如果缺省，将使得说明理由工作与行政活动本身分离，变成一种纯粹的外宣活动，从而失去说明理由制度的大部分应有意义。行政理由应当是与行政活动在同一个过程中同时走向成型的，用以支撑行政活动的实际根据本身即使不完全是最终说明的理由，也应当成为行政理由的最重要来源。例如，在美国，行政理由只能从行政记录中获得，尤其是在有行政记录的情况下，相关的事实、资料与数据必须记载于作出行政决定时的行政记录中。著名的“第一摩根案”要求行政机关必须依法充分考虑和权衡行政记录的因素而作出决定，[1]这一案在行政法中产生了巨大的影响。日后著名的“切内里公司案”更是直接要求支撑行政活动（合法性）的理由必须是行政活动的实际依托。[2]

---

[1] 1930 年 4 月，联邦农业部长签发了一个命令，规定在堪萨斯市进行牲畜存栏服务的费率上限，当事人不服诉诸司法，案件一直诉至联邦最高法院。尽管农业部长已经进行了听证，但最高法院认为当事人未得到法律所要求的“充分听证”（full hearing）机会，因为未有迹象显示农业部长考虑了当事人提出的证据和主张。这一案件通常被认为是日后的“行政记录审查”（administrative record review）的最初起源。See Morgan.V.United States, 298 U.S.468（1936）.

[2] SEC v.Chenery Corp., 318 U.S.80（1943）; 332 U.S.194（1947）. 在联邦水服务公司（属联邦公立企业）重组计划中，作为信托关系中受托人的切内里公司未能与所有其他拥有联邦水服务公司优先股的股东平等地参与重组，对联邦证券与交易委员会的重组计划不服而诉至法院。诉讼一直推进到联邦最高法院，最高法院通过审理认为联邦证券与交易委员会说明的理由无法支撑其行为（转下页）

支撑行政活动的实际依据是否应当完全是最终说明的理由？在这个问题上，前文已经论述过国外学者关于说理真诚性的争论。由于说明理由最终是一项实践性很强的制度，要求说明理由完全真诚，在实践操作中是很难做到的，我们不妨稍微退却一步，探寻在承认说理可能不真诚的情况下，依然能够达到主要制度目的的道路。如前所述，这条道路应当促使说明理由符合一定的标准，这种标准对行政活动提供了重要的制约，只要行政过程中形成的理由能够满足这些标准并公开表达，行政活动也就能满足正当化和合理化的要求。行政处罚的证据制度就是一个重要参考例证，即使行政机关作出行政处罚另有动机，只要这个处罚事实面能够满足证据制度的要求，法律适用准确，它在行政价值目标方面也不会偏离太远。此外，如果说明理由的结构与标准本身不足以对行政机关的活动构成约束，对理由的公开表述与接受各种审查的可能性又使行政活动多了一重保障。这重保障才是真正使得行政机关在进行行政活动的同时按照说明理由的要求去形成理由，并且反过来受到行政说明理由思路及行政理由体系的制约。

因此，讨论理由的形成，最重要的是讨论促成行政理由按照规范要求的说理思路在行政活动过程中同步形成的制度要素。这种制度要素可以分为实质要素和程式要素，二者之间存在一定的配合关系。

在形成理由的实质要素方面，首先，法律规范中的说明理由要求（法定的理由体系）构成了形成理由的最主要的实质要件。例如，对于证据采信理由，与之相匹配的程式要素主要是行政和司法实践中的行政证据制度。

（接上页）而推翻了这个重组命令。联邦证券与交易委员会发布了新的重组命令，详细说明了考虑的因素，切内里公司依然未得到平等的参与重组机会，再次诉诸司法，案件又推进至联邦最高法院。最高法院通过审理认为，只要行政机关作出行政行为有它的理由，法院就不能以自己的理由代替行政机关的理由，进而判决新的重组命令有效。著名的“切内里规则”（the Chenery Rule）就提取自这个案件（国内学者有时分别对切内里公司的两个案例区分“第一切内里规则”和“第二切内里规则”）。第一个案件中法院阐明了行政机关为其行为清晰地公开足以支撑行为（合法性）基础的义务，并指出“一个行政命令的效力不能被维持，除非行政权力行使的实际基础是使其行为可以被维持的基础”（第一切内里规则）；第二个案件阐明了行政与司法的职能划分、法院不能取代行政机关作出实质性考量与判断的道理（第二切内里规则）。

对于依据选择理由，匹配的程式要素主要是行政复议和诉讼对于法律适用的审查，另外其他行政机关对于法律的适用以及说明理由本身都会构成一项或多或少的制约。对于裁量理由，如果没有额外的实质要件，与之相匹配的程式主要是行政复议和诉讼中的合理性审查，如果有额外的裁量依据要求，如成本收益分析或比例原则，则理由的公开化以及围绕理由公开所进行的社会互动和政治过程（下详）也可能成为一种促使理由依法形成的程式要素，等等。

其次，在法定理由体系之外、由法律文化和法律规范所共同孕育的潜在说理内容，构成了形成理由的补充性实质要件。前文已经论述使用理由的逻辑框架，这个框架往往不是法定理由体系所完全覆盖的。在法定理由体系所不能完全覆盖而又不可尽缺的论证中，就需要一定的辅助论证，这些论证的材料有些也需要在行政活动过程中同步形成。例如，美国公告评论程序制定的规章往往给参与者的评论提供了详尽的回应，这本身就是一种非常重要的说理形式，这种回应的实质主题和内容是依据参与者的具体意见而确定的，但行政法中的一些重要原则往往决定了回应和论证的走向。例如，美国 EPA 在为《空气清洁法》制定的《一般符合性规则》中所进行的回应，很大程度上就围绕国会《空气清洁法》的立法意图和法律的实体要求进行。[1] 有时这类回应可能还需要依托法律和道德原则进行，即使法律中没有明确规定说理的类型，具体的法律环境也造就了促进理由形成的实质要素。与这种实质要素相匹配的程式要素，首推行政过程中的各种参与和互动程序要求，它们对于在重要问题上形成深入、清晰而尽可能真实的理由有着很大的促进作用。特别是在面临较强司法审查密度或政治公信力要求的环境下，在多于一个“行政机关—行政相对人”沟通回合的参与和互动程序中，行政理由的同步形成几乎是无法绕过的重要任务。

使理由的形成与行政活动过程同步推进，并使得前者能够真正作为后者的基础，具有重要的法治和政治价值。在法治方面，行政机关掩盖真实

[1] See 58 Fed.Reg.63221-63225（1993）.

意图、为不正当动机滥用权力的空间得以缩小，而公民的权益保障和正常的行政秩序得到实质性的加强，从形式到实质上都将强化行政机关依法行政的可能性。更深远的影响发生在政治方面。理由的形成一旦与行政活动被从实体意义上绑定，整个行政运作的思维路径和价值考量都将充分展示于公众视野之内，从而使得公众能够有效监督权力、对权力的运作和社会秩序的变化产生更加清晰的预期，进而更为有效地安排自身的工作、发展计划及生活安排，也使得行政思路的形成与公共服务的供给能够更加理解和尊重公民的社会诉求，从根本上提升现代公共行政水平；它还使得整个政治社会的信息交流更为充分，公共领域有更丰富的内容，公民可以更加明智地思考问题并深入理解政府的行动，对公共行政如何作出判断与选择形成更广泛而深入的社会共识。

当然，也可能有人担心这会剥夺政治乃至行政中必要的隐蔽性价值，担心完全暴露在公众视野之下的行政过程会丧失必要的“政治—行政”思维独立性而陷于民粹倾向，甚至担心政府工作过于“被动”。这种担心并非全无道理，但即便抛开司法审查不论，我们的政治和行政制度工具库中也不乏其他的调节机制，可以在尊重民意的同时对民粹倾向加以预防。例如，专家咨询委员会和协商民主机制都是相当好的调节方式，尤其对于我国政府而言，行政机关实际上拥有主导传媒、聘请专家、启动协商、调配资源等一系列主动权，只要行政立法和决策全面地考虑了公共利益、认真平衡了共同体发展和公民权益保障的价值目标，舆情处理应当不存在无法克服的困难，否则将是行政机关自身能力明显不足的表现。在一个高扬人民当家作主、信息沟通和社会交往发达、公共关系占据重要地位的时代，如果不进行充分的理由说明，反而可能导致行政工作陷入更加被动、更受质疑的处境。预先形成充分的理由层，恰恰是更加主动、积极的公共行政所必需的工作。

理由在行政过程中形成后，就进入说明理由的阶段，这也是行政理由在当代行政法中的两个核心阶段之一。由于行政过程不同环节对于说明理由有着不同的要求，我们将对行政立法（以及部分决策）、具体行政行为和其他行政活动中的说明理由机制进行分别介绍。

第二节　行政立法的说明理由机制

作为影响广泛而深远的行政活动，行政立法的说明理由无疑意义重大，行政立法中的说明理由机制亦丰富多样。各国对此采取了不同的模式，这些模式对说明理由的前提、内容、方式及形式要求等作出了不同的规定。我们可以选取一些代表性国家为例，就其一般性说明理由的制度要求而言先作概览：

表 1：行政立法说明理由机制模式示例

国家	直接规范依据	说明理由的前提和内容	说明理由的方式与要求
法国	《说明行政行为理由及改善行政机关与公众关系法》	针对对个人不利的决定及涉及公民个人而违反某项普遍准则的决定说明法律理由和事实理由[1]	书面，默示决定或紧急情况下可依申请事后说明，标准未定
德国	《基本法》第 80 条第（1）款	说明行政立法的法律依据（法律中必须包含对行政立法授权的内容、目的与限度）	未规定，实践中一般是法规前加一个简要的前置说明（Eingangsformel）[2]
荷兰	《行政法通则》第 3 章第 25 条	（公布命令时）说明采纳或不予采纳保留意见的理由[3]	未规定
美国	《行政程序法》第 553 节（c）款；第 553 节（b）款第（3）项（B）目	（公告评论程序下）给出关于法规目的和基础的精炼的一般说明；（善意动机制规程序下）简要地说明理由	专门说明，与法规一并颁布

[1] 参见［法］让·里韦罗、［法］让·瓦尔纳：《法国行政法》，鲁仁译，商务印书馆 2008 年版，第 519—520 页。《说明行政行为理由及改善行政机关与公众关系法》在此对中国法意义上的抽象行政行为与具体行政行为都适用。

[2] 该形式为笔者接触部分德文法规而归纳得出，并不排除有其他可能的做法。

[3] 译法来源于胡建淼主编：《中国行政法规分解与比较（中）》，法律出版社 2004 年版，第 1221 页。

续表

国家	直接规范依据	说明理由的前提和内容	说明理由的方式与要求
日本	《行政程序法》（2005 年修订）	公示所提议命令的基础、宗旨或背景的说明；与所提议命令有关的文件（依据的法律条文以及对制定、修正或废除法规可能带来影响的程度和范围所做的法律分析）[1]	专门说明，与法规一并颁布
葡萄牙	《行政程序法典》第 116 条、第 117 条	（所有规章的草案；涉及附加义务、拘束、负担的规章）均须说明理由[2]	在草案中附带理由阐述或与规章一同颁布

表 1 为我们揭示了部分国家和地区对行政立法说明理由提出的不同要求。从这些要求中我们可以看出，行政立法说明理由的要求在各国中间出现了显著的差异，不仅详略程度不一、说明的形式及时机各异、说明理由的前提存在差别，连依据的法规范层次都可能有着根本上的差别。有的国家是直接在宪法中作出要求；大部分国家在宪法中未进行规定，而将具体要求留给行政程序法或专门立法；有的国家甚至是通过专门的内阁决议之类的行政规定要求说明理由，如日本在 2005 年修订《行政程序法》之前就是通过一个内阁决议对此作出要求。[3] 有的国家可能在这方面已经十分深入，另外一些国家或地区可能仍未起步，规范架构参差不齐。这里的多样性可以头绪复杂，也并不存在通用的、成熟的模式。立法说理机制十分发达的美国可以被认为是一个值得关注的典型，而其他对行政立法提出说明理由要求的国家也有自身的特色。

1. 美国

美国对行政立法说明理由的内容要求十分详尽。除联邦《行政程序法》

---

[1] 参见汪全胜、雷振斌：《日本行政立法过程中的意见公募程序析论》，载《日本研究》2011 年第 1 期。

[2] 译文来源于朱林译：《葡萄牙行政程序法典》，载《行政法学研究》1997 年第 1 期。

[3] 参见朱芒：《行政立法程序基本问题试析》，载《中国法学》2000 年第 1 期。

外，还有好几个相对具体化、专门化的立法和行政命令将行政立法说明理由的制度要求作了极大推进，如《管制灵活性法》(Regulatory Flexibility Act)、12044号总统命令、12291号总统命令、12866号总统命令等文件，对行政机关的行政立法尤其是管制规则（regulatory rule）施加了管制灵活性分析、成本—收益分析、成本—效益测试（cost-effectiveness tests）[1]等要求；至于《空气清洁法》等要求行政机关就特定的行政立法活动说明某种具体考量依据的规定更是多不胜数。这些分析结果都包含详尽的报告且需要对外公布，如在《管制灵活性法》所要求的管制灵活性分析方面，当一个管制机构按照行政程序法或其他法律的要求公布管制规则（或关于国内税收法律的解释性规则草案）时，管制机构应同时提供一个管制灵活性分析报告，并就此征求公众意见。管制灵活性分析报告用来阐述拟议中规则草案对小实体可能造成的影响，报告草案或其摘要应当与规则草案同时公布在联邦登记簿上。除此以外，管制机构还应专门将报告复件送交小企业管理署支持办公室的首席顾问。管制灵活性分析草案内容包括：(1) 说明管制机构做出管制活动的理由；(2) 简明陈述该项管制规则的目标和法律依据；(3) 如果可行，描述该管制规则的适用将影响到的小实体数量和种类；(4) 对管制规则草案基本内容作出描述，对遵守管制规则所需的专业技能进行说明；(5) 如果可行，应找出所有相关的联邦规章中可能与该管制规则重复的、重叠的或相冲突的规章。除上述五项内容外，更重要的是，该分析报告草案还应做出一个对规制草案“有意义的替代性方案”的介绍，该方案应在可实现管制目标的基础上，尽可能地减小对小实体的经济影响。[2]

---

[1] 成本—效益测试是相对于成本—收益分析较弱的一种要求，在这种要求下，行政机关需要说明如何用最低的成本达到行政目的，并且说明其行政目的是有意义的，即行政措施所带来的收益超过成本。See W.Kip Viscusi, “THE APA AT FIFTY: Regulating the Regulators”, *University of Chicago Law Review*, No.63 (Fall, 1996), pp.1439-1440.

[2] 参见王锡锌：《行政管制的精细化和人性化——美国〈管制灵活性法〉简述》，载《行政法学研究》2008年第4期。

这些要求对行政立法的理由基础提出了相当高的标准，加上对公告程序中对公众评论的反馈，美国的行政规章往往需要附上卷帙浩繁的详尽说明。这种规定给行政机关带来了沉重的工作负担，但对相对人及受影响的公众而言却是权益保障的重要一环，正是这种高精度的说明理由要求加上严格的司法审查（下详）使得行政权力不能轻易被滥用，但同时行政效率也随之降低，为满足如此繁复而严谨的说理需求，美国联邦政府被迫维持数量庞大的高素质公务员队伍，财政负担也因此而难以削减，因此这种模式——如果它可以被称作美国模式的话——其优劣很难截然断定。相比之下，基于许多现实原因，可能较为简单的德国模式更容易获得发展中国家的青睐。

但我们需要更深一步看待行政立法说明理由的规范要求。为行政立法说明理由建立一套完整的机制，意义远不仅仅是促进行政公开、约束行政权力、保护公民权益，更是行政科学化、理性化的必由之路。当行政立法理由的常规分析项目（如规制成本中的大部分经常性开支、降低常见有害化学物质含量带来的健康效益等）逐渐成形，行政立法分析的框架不断扩展、积淀和固定，行政立法就将从经验加灵感的原始方式走向成熟而科学的系统，这种系统的考虑周全而深入，从根本上提升了行政的效能、降低了行政立法出现实质错误的风险。因此，将行政立法说明理由与行政立法的合理化、科学化改造相紧密结合，实际上是美国行政立法说明理由机制的一项重要创造。这种说明理由的方式完全摆脱了“为说理而说理”，能够有效致力于更长远的行政法治建设，同时促进行政管理框架与方法的深入改进、公众权益保障及引导社会理性化思考、促成公共理性等多种目标。日本自建立行政立法过程中的意见公募程序及于 2005 年修订行政程序法以后，行政立法说明理由的模式也在向美国接近。

2. 其他对行政立法说明理由提出立法要求的国家或地区

对于其他国家而言，说明理由更多的是一种专门性的程序义务，体现正当程序的法治价值或法治国原则。例如，德国《基本法》第 80 条第（1）款的行政立法说明理由义务，仅要求指明法律（授权）依据，就是一种法治国原则的制度表达。虽然在实践中只提及法律依据是不足的，行政立法必须非常详细地表明它的授权基础，[1] 但这项规定也仅仅是致力于将行政立法与法秩序联结起来。当然，这一联结包含众多间接目的，而行政立法所受到的控制重点亦不在此，而是规范审查之诉。不过，这也反映出德国行政立法说明的内容与目的的狭窄性。

与此相比，稍微丰满一点的实践是法国的实践，《说明行政行为理由及改善行政机关与公众关系法》中"针对对个人不利的决定及涉及公民个人而违反某项普遍准则的决定说明法律理由和事实理由"的规定，以及相关的说理形式与排除范围要求，同时适用于个别决定和行政法规，但也没有形成比较确定而详细的模式。我们从法国学者的论述中可以进一步看到其行政立法说明理由制度目标之所在：

"说明理由就是在决定中解释清楚作此决定的动机。人们从来就看不到政府部门拒绝这样做的理由，它被看作真诚善良的：它一向认为出于某些事实原因和法律原因，自己以合法性原则为基础，能够而且应该作出达成一致的决定。它没有什么东西需要遮遮掩掩；在对所作决定说明理由时，阐释自己眼中的美好前景，这应该是自然而然的活动。况且，如果拒绝这样做，岂不是授人以柄，让人相信作决定的动机'不可告人'吗？"[2]

这段论述一定程度上反映出法国行政说明理由制度目标的集中性，不过同时它也折射出一个重要的观念：行政立法说明理由应当是"自然而然"的。这里不仅行政机关的人格化形象跃然纸上，行政理由亦被赋予了鲜活的性格。在美国模式中十分科学、理性、冷静，甚至近乎"斤斤计较"的行政立法理由，在法国行政法中似乎被赋予了另外一种形象。从另一方面看，或许是因为"自然"，法国行政法中对行政立法说明理由也没有附加太多理性的、精细的标准。在实践中，法国和德国公布行政法规或规章时所附加的理由说明也远不如美国充分。

[1] Vgl *Uhle*, Beck'scher Online-Kommentar GG, Art.80, Rn 32（Stand: 01.10.2012）.

[2] ［法］让·里韦罗、［法］让·瓦尔纳：《法国行政法》，鲁仁译，商务印书馆 2008 年版，第 518 页。

从德国与法国对行政立法理由的规定与理解可以看出不同法律文化与法理基础对行政立法理由定位影响甚深。这方面的规定看似多元而随意，实际上和一个国家内部的整个法律架构深刻相关，对理由的定位直接或间接地折射出一个国家的经济思维、法律秩序及人文价值。对具体行政决定的说明理由可以更为充分地阐释这一点。

第三节 具体行政行为（行政决定）的说明理由机制

一、行政决定说明理由机制的立法框架

行政决定说明理由机制的立法框架，在最完整的意义上由宪法、行政程序法、专门的说明理由立法、专门性立法中的说明理由义务条款及要求行政活动满足必备考量因素的条款组成。

宪法虽然一般不直接规定行政决定理由义务，但其设立的宪法原则及基本权利保障要求对于行政说明理由制度起到了很大的支撑作用。德国学者论述说明理由义务时就经常援引德国《基本法》第 19 条所确立的法治国原则，而美国宪法中的正当程序条款也被用以证明说明理由要求的正当性。

受美国《联邦行政程序法》影响，大部分国家采取的是在行政程序法典中要求说明理由的做法。历史传统深厚且未为世界大战所改变的英国及法国选择自成一体。英国除判例外，最主要规定说明理由义务的立法就是《裁判所和调查法》，1958 年、1971 年及 1992 年三个版本的《裁判所和调查法》（Tribunals and Inquiries Act）都包含了说明理由义务。[1] 其中，最近版本的《裁判所和调查法》第 10 节第（1）条要求裁判所和部长在作决定时提供书面或口头的理由表述，但这一要求既未被细化，又附加了许多排除性条款（下详）。较具革命性的立法，出现在法国 1979 年的《说明行政

[1] 参见宋华琳：《英国行政决定说明理由研究》，载《行政法学研究》2010 年第 2 期。

行为理由及改善行政机关与公众关系法》之中。作为行政法的母国，法国为世界提供了许多极具启发性的行政法律制度，本法也让人耳目一新：除了它是首部专门的说明理由立法之外，还有一些极具突破性的规定。例如，该法第 2 条规定："个别行政决定违反法律或条例所确定的一般规则的，同样应说明理由。"[1] 按照法国的行政法体制，个别行政决定有着相当大的灵活性，这一规则实际上直接打通了理由与合法律性之间的联系，正式承认了理由的合法性能力。此外，这部法律对行政说明理由在内容上也作出了一定程度的要求，特别是对说明理由的条件作了细化规定。

专门性立法中的说明理由义务条款较为零散而多样，但它们对于说明理由义务的整体框架而言也是不可或缺的一部分。例如，德国《土地征用法》(Landesenteignungsgesetz) 第 28 条第（4）款规定土地征用机关须就其作出的决定说明理由，[2] 即属此类。随着社会生活的不断发展，专门性立法中的说明义务条款将日益多见，它们也对行政说明理由提出越来越丰富的要求。

此外一些没有直接规定"说明理由"的法律规范对说明理由制度也起到举足轻重的支撑作用。例如，《联邦德国行政程序法》第 69 条第 1 款规定："行政机关作出的决定，必须综合全面反映行政程序所有的结果。"它虽然不是直接的说明理由要求，但在行政法治原则及司法审查的压力下也使得行政说明理由的内容得到了全面的填充。

总体上看，行政决定说明理由的立法框架是多层次的，行政说明理由的相关立法无处不在，这充分显示出理由在行政法中的位置也应当有着相匹配的地位。同时，这种层次丰富的规定也给行政说明理由机制内容方面的研究带来了挑战，因为要全面阐释说明理由机制的内容，就必须综合考虑各个层次的因素。

---

[1] 译法源自应松年主编：《外国行政程序法汇编》，中国法制出版社 1999 年版，第 568 页。

[2] LEntG § 28（4）.

二、说明理由机制的基本内容

行政行为说明理由的要求相对于行政立法而言有着很大的不同，而它们的多样性比行政立法说明理由要丰富得多。西方法治发达国家对具体行政决定的说明理由普遍地在立法中作了某种程度的要求，如果以非听证情形下的一般性行政决定说明理由要求为研究对象，下面的列表就是一些典型的例子。

表 2：非听证程序下的具体行政行为（行政决定）说明理由模式

国家 / 地区	一般法律依据[1]	说明理由的一般前提和内容	说明方式与标准
奥地利	《一般行政程序法》(AVG) 第 58 条 第 2 款、第 60 条	相对人不同意决定时说明理由；作出行政决定时说明调查程序的结果、对证据的考量、对法律问题的判断	明确而清楚（klar und übersichtlich）
德国	《行政程序法》(VwvfG) 第 39 条、第 69 条	作出书面或电子决定时说明核心的事实构成与法律上的理由；作出裁量决定时再加上借以行使裁量权的考量依据	书面，标准未定
日本	《行政程序法》第 8 条、第 14 条	驳回申请时明示理由；作出不利益处分时明示理由，存在不明示理由的紧急必要性时例外	同行政行为形式，或依裁量基准指明[2]

[1] 特别法中关于说明理由的规定因为太繁杂，在此处未列入，但这类规定非常多。例如，在英国，在城乡规划法、住房法、社会保障法、移民法等领域的制定法中，关于说明理由的规定日渐增多。参见宋华琳：《英国行政决定说明理由研究》，载《行政法学研究》2010 年第 2 期。

[2] “行政厅作出驳回申请请求的许可认可等处分时，必须同时向申请人明示该处分的理由。但是，当法令所要求的许可认可等处分的要件或被公布的审查基准已经由数量性指标以及其他客观性指标明确规定的情况下，申请书的记载内容或附件文件已明显反映出该申请不符合这些指标的，在申请人提出请求时，对此作出指明即可。”译文来自［日］室井力等主编：《日本行政程序法逐条注释》，朱芒译，上海三联书店 2009 年版，第 96 页。

续表

国家/地区	一般法律依据	说明理由的一般前提和内容	说明方式与标准
英国	《裁判所和调查法》、判例[1]	裁判所和部长依申请说明理由；另除制定法有特别规定外，判例确立了三种说明理由的基本情形：当行政决定涉及公民基本权利时、当行政决定涉及当事人救济权利时、当行政决定涉及公正时；说理内容依具体案件而定[2]	组成决定的一部分并整合进行政记录；[3]须使行政机关所依据的事实从法律上为行政决定提供足够支持；在涉及基本权利时应当予以充分的说明[4]
美国	《联邦行政程序法》(APA)第557节第(c)款第(3)项第(A)目	理由和根据（包括事实的、法律的、裁量的发现和结论）	标准未定
法国	《说明行政行为理由及改善行政机关与公众关系法》	与自然人或法人有关且对其不利的个别行政决定需说明理由，含至少七种具体情形[5]；个别行政决定违反法律或条例所确定的一般规则的，也须说明理由。说明理由包括法律理由和事实理由	书面，默示决定或紧急情况下可依申请事后说明，标准未定

[1] 其他一些国家也包括判例，如美国，但在英国，由于制定法的规定不足，判例中对说明理由的要求就显得特别重要。

[2] 参见宋华琳：《英国行政决定说明理由研究》，载《行政法学研究》2010年第2期。

[3] Tribunals and Inquiries Act (1992), 10 (6).

[4] 参见宋华琳：《英国行政决定说明理由研究》，载《行政法学研究》2010年第2期。

[5] 1979年《说明行政行为理由及改善行政机关与公众关系法》第1条第2款规定："具有下列内容的决定应当说明理由：

——限制公众自由的行使，或者其他警察措施；

——实施处罚；

——对给予许可附加限制性条件或强制性命令；（转下页）

续表

国家 / 地区	一般法律依据	说明理由的一般前提和内容	说明方式与标准
韩国	《行政程序法》第 23 条	除紧急处理等少数情形外的行政处分均须说明理由	书面说明（部分情况下言词）；除相对人自认以外的排除情形可以事后依申请说明，标准未定
葡萄牙	《行政程序法》第 124 条至第 126 条	三个基本环节[1]及法律特别要求的情形下说明有关决定的事实依据及法律依据	书面说明；采纳含糊、矛盾或不充分的依据等同于未说明理由

从表 2 中我们可以瞥见行政决定说明理由之立法规定的复杂性。如果考虑专门性法律规定中的说明理由要求，复杂性还会大大增加。有时对行政决定说明理由的要求不一定直接以明文表述，但是通过对行政决定必备考量因素的要求加上司法审查的作用，就可以起到相当于行政决定说明理由要求的效果。例如，在美国电信规制方面的法律制度中，法律规定，联邦通讯委员会在决定民用移动通信频段时必须考虑四个方面的因素：(1) 对生命和财产安全的促进；(2) 基于确定的工程学原则、用户操作需求及市场空间需要，改善频段使用效能并降低频段使用者的负担；(3) 鼓励竞争并为最大可能限度数目的使用者提供服务；(4) 增加私人移动通信

(接上页) ——撤销或废止创设权利的决定；

——规定时效、权利丧失或失效；

——拒绝给予一项优惠，而该给予对于符合法定条件获取该优惠之人构成一项权利；

——拒绝给予许可，但通知理由违反保密原则或损害 1978 年 7 月 17 日第 78-753 号法律第 6 条第 2 至 5 项规定所保护优惠的，不在此限。”

另外，根据本法第 6 条、第 7 条的规定，还存在一些其他情形。

译文源自应松年主编：《外国行政程序法汇编》，中国法制出版社 1999 年版，第 568 页。

[1] 三个基本环节分别是第一次决定、是否免除听证、不接受利害关系人的意见而作出的第二次决定。参见朱林：《葡萄牙〈行政程序法典〉评价》，载《行政法学研究》1996 年第 3 期。

服务与其他服务之间实现服务共享的机会。[1] 这些考量因素在对行政理由持严格立场的司法审查机制下（下详）就全都成了说明理由的法律义务。因此，行政决定说明理由方面的法律规定实有浩瀚无垠之感。

对于听证程序下的行政决定说明理由而言，行政说明理由要求可能具备程序上的多重性。法律制度有时会附加额外的要求。例如，一些听证制度存在双重的说明理由，包括初裁与终裁均须对相对人说明理由；另一些制度的层次性相对单薄，只存在一重说明理由要求。双重说明理由要求的例子如美国，不仅初裁需要给出理由或基础，[2] 最终作出行政决定时还需要说明理由。单重说明理由的规定又有两种可能性：由出席听证程序的行政人员（小组）在听证结束后说明理由（并直接作出决定），或听证完毕后由另外的最终决定者说明理由。前者如奥地利《一般行政程序法》的规定[3]；后者如韩国《行政程序法》第 23 条的规定[4]。这些设计虽然形式各异，但都至少保证有一重程序充分地说明理由。

行政决定说明理由的立法规定虽然复杂，但在这些规定之中，我们可以清晰地辨识出行政决定说明理由法律要求所包含的各种要素。第一是目标，要求行政决定说明行政活动目标乃至显示其如何满足特定目标的立法性规定不在少数，前述美国电信规制立法就是一个例子，而行政目标亦包含了行政过程中社会公众最为关切的价值基础。第二是法律依据或者法律理由，如法国《说明行政行为理由及改善行政机关与公众关系法》中对个别行政决定提出的要求。第三是事实理由，如美国法要求联邦行政机关在作出环境立法或重大环境决定时需要向公众公开负责官员提供的详细报告及其他相关机构的评论，包括将作决定对环境的影响、不可避免的负面作用、替代性的可选措施等。[5] 第四是裁量依据，包括提前公布的标准及个

[1] 47 USCS § 332（a）.

[2] 5 USCS § 557（c）（3）（A）.

[3] AVG § 67g.（1）.

[4]《韩国行政程序法》(1996 年)，车美玉译，载《行政法学研究》1997 年第 3 期。

[5] 42 USCS § 4332（C）.

案中的考虑，如美国《联邦行政程序法》中的有关规定。所有的行政决定说明理由规定都是这几方面要素的不同组合。其中，事实理由方面被依据不同专业领域分解出十分详尽的要素，而其他理由方面一般保持概括性的规定状态，由行政机关根据具体情况进行详细说明。

二、行政决定说明理由的排除范围

行政决定说明理由并非绝对普遍的义务，也在一定程度上存在例外情形，而且例外情形可能也相当丰富。例如，德国《行政程序法》第 39 条第 2 款作了较为详细的规定。除第一款未加规定的口头决定外，根据本条款，有五种情况是不需要说明理由的：(1) 行政机关满足一请求或符合一声明的，且行政行为未损害他人权利；(2) 行政行为的相对人或涉及的人，已知道行政机关在法律或事实方面的观点，或不需书面说明理由也可以直接了解这种观点；(3) 行政机关大量作出的同类行政行为。或借助自动设备作出的行政行为，根据具体情况，不需要说明理由；(4) 法规规定（应为“法律规定”——笔者按）不需要说明理由；(5) 公布的一般处分。[1] 这里首先需要注意的就是第（5）项对于“公布的一般处分”，这是否意味着在德国对于抽象行政行为一概排除说明理由呢？不是的，该项的准确译法是“若已经给出公开可见的一般性官方（理由）”。这也就相当于说明理由义务仍然存在，只不过是说明的形式集中于一般性说明文件中了。

其次我们需要注意另外四种不需要说明理由的情形，实际上都暗含了重要的根据。第（1）项实际上宣告了未损害第三人权利的完全授益性行政行为无须说明理由原则，这项原则在世界范围内广泛通用，它折射出说明理由的主要目标就是保护相对人或受影响者的合法权益，否则无必要徒然耗费行政成本、损害效率。第（2）项更深刻地表明了这一点，即行政理由

[1] 译法来源于马怀德主编：《行政程序立法研究——〈行政程序法〉草案建议稿及理由说明书》，法律出版社 2005 年版，第 229 页。

使相对人知情知理的功能一旦实际上获得满足，行政程序法就不在作一般性的要求。在此理由没有更多的程序和实体功能可以发挥。第（3）项与第（5）项实有异曲同工之处，它反映出实际上的说明理由制度运行成本可以大幅集约化，行政行为模式越成熟，说明理由的收益与成本之比就越高。第（4）项为有需要为原因保密或不太适合说明理由的行政决定留下了充分的空间，涉及国家安全等重要事项的行政决定可以通过这一条留下的变通余地进行调整。

类似地，英国 1992 年《裁判所与调查法》也有比较细致的排除范围设定，但英国法中的规定要更加详细。在第 10 节第（1）条规定了说明理由的义务后，第 10 节第（2）条规定基于国家安全的原因可以拒绝说明理由；第（3）条规定可以拒绝对非主要牵涉人员在可能损害他人利益的情况下说明理由；第（4）条规定排除了大法官与大检察官依据命令举行的调查或听证，除非命令中要求适用本节规定；第（5）条中的（a）项排除了其他制定法专门要求说明理由的情形；更重要的是第（5）条中的（b）项排除了部长对行政规章、法规、章程、命令或其他立法性而非执行性文件作出的准备、制作、认可、确认或同意行为，以及养老金偿付委员会依本法所附第一规程第 35 条（h）项所作的决定。这些都不适用第 10 节第（1）条的说明理由要求。此处所体现出的对行政立法说明理由的明确排除，在法治发达国家中实属罕见。

这两份对比鲜明的排除范围引人深思。在德国，排除范围的设定意图非常明确，我们很容易归结出三点根本考虑：第一，完全不需要说明理由；第二，以其他方式能够达成说明理由的目标；第三，所有其他不宜说理的特殊情况，通过专门法律进行规定。这个框架在法理上非常清晰，其他国家或地区移植起来也不存在多大程度的实质性困难。但在英国，排除范围的设定相对较为凌乱，不仅规定过于零碎，还由概念上的缺乏区分度而牵扯进大法官（Lord Chancellor）与大检察官（Lord Advocate）的职能与行为，且许多排除说明理由义务规定本身就看不到其理由所在。德国和英国的排除范围规定可以看作两个不同的路向：前者保证实用的同时注重法理和逻辑，后者只着眼于实际需要和可行性。其他不同国家的排除范围都在这两端之间有所取舍，但实质性的排除范围（即无法从任何替代途径获取理由说明的情形）日益狭窄是一个总体趋势。

三、违反行政决定说明理由义务的法律后果

违反行政决定说明理由义务的法律后果，依各国的行政法律制度不同而有所区别。对说明理由义务的违反，又分为整体或局部未履行及事后履行两大方面，对于它们，各个国家或地区有着不同的规定。

1. 未履行

说明理由是行政决定程序合法性的基本要求。整体上未履行说明理由义务的行政决定，其合法性较容易被彻底否定。美国和德国都对这一点予以贯彻。例如，在德国，在《行政程序法》尚远未得到制定的 1957 年，联邦宪法法院就在一个案件的裁定中表明，行政机关在没有作出理由说明义务的这一点上并不是值得肯定的。即使行政机关作出的行政行为有充足的法律支持，也不可以省去理由说明的过程。这将使得当事人在维权的过程中无法进行有理有据的申辩。[1]

比较复杂的问题在于部分未履行或未充分履行说明理由义务的情形。对于这种情形，实践中出现了较为复杂的分歧处理方式，一般至少需要判断未

[1] 诉愿人 Elfes 曾在“德国人联盟”（Bund der Deutschen）中担任领导职务，该联盟多年来作为联邦政府的批评者，反对其作出的众多政策方针。诉愿人本人也曾在国内外的不同场合，在联邦政府对国家防御政策和两德统一的问题上表示强烈不满。1953 年，签发护照的行政机关援引原《护照法》第 7 条，拒绝了诉愿人延长护照的请求，并且拒绝告知当事人理由。该条规定：行政机关可以拒绝护照的延长，如果有充分的理由表明，护照持有人的出行将对联邦德国的内部、外部安全或其他重要的公共利益构成威胁。诉愿人不服对此诉诸司法，联邦宪法法院以其他原因驳回了当事人的申请，但同时指出护照的发证机关拒绝说明理由是不值得肯定的。参见秦静：《中德行政行为理由说明义务之立法与现状比较研究》，载《研究生法学》2011 年第 1 期。裁定书原文见 BverfGE 6, 32，可在下列网站或 Beck-Online 数据库查询获得：http://www.oefre.unibe.ch/content/ueber uns/ordinariate/abteilung axel tschentscher/index ger.html，2018 年 11 月 26 日访问。本书后面引用的德文案例，全部来源于 Beck-Online 数据库。

说明的内容是否足以阻碍相关当事人知晓行政机关作出此种决定的核心原因，在司法实践中，说明理由义务履行的充分性及理由本身的充分性有时很难区分，也没有如同纯粹的理论逻辑爱好者一样进行彻底区分的必要。对于未履行说明义务的司法审查问题，后面的司法审查章节还将展开论述。

2. 事后履行

对于事后补充履行说明义务的行为，各国法制出现了不同的处理方式。例如，日本行政法认为这种事后说明理由属于行政行为的形式瑕疵，是引起行政行为无效的原因之一；偏向于行政效率的德国《行政程序法》则认为行政处分欠缺理由说明时，仍为有效，只是得撤销，因此如若及时更正这种瑕疵，行政处分的有效性不受影响。[1] 在德国，说明理由的欠缺许多时候被认为是一种程序瑕疵，[2] 根据德国的行政诉讼法制，在行政法院程序结束以前，行政机关都可以对此进行补作。[3] 大部分国家或地区采取的是不可补正的立场，即需要在行政行为作出的同时说明理由，否则将导致行政行为的无效。特别是在要求行政机关所说明的理由即行政决定或行政立法实际依据的国家，更加对行政说明理由义务的履行时点有严格的要求，事后专门编造的理由确实意义不大。

从诉讼法的角度看，允许在行政诉讼阶段进行补正意味着行政主体可以掌握释放理由时机的主动权，而在诉讼阶段对相对人进行措手不及的打击，这会影响到诉讼上的公平性；更深刻的是，从法理的角度看，这就等于完全将说明理由看作一个纯粹的程序性义务，完全忽视了理由在实体法方面所可能起到的作用及影响。随着行政权的日益扩张、行政活动对整个社会的影响不断加深，而司法程序正变得日益漫长，从行政立法生效或行

[1] 参见城仲模主编：《行政法之一般法律原则》（二），三民书局 1994 年版，第 571—575 页。但是，日本行政法对行政自力救济行为效力问题的看法近年来有所转变。日本最高法院对此问题即采取“惟应附记理由而未附记理由之处分，应予撤销”之不同于传统观点的立场。转引自郑春燕：《论行政行为补充说明理由》，载《行政法学研究》2004 年第 2 期。

[2] VwVfG, § 45（1）2.

[3] 参见［德］弗里德赫尔穆·胡芬：《行政诉讼法》（第 5 版），莫光华译，法律出版社 2003 年版，第 412 页。

政决定作出之日起到行政诉讼第一审程序言词审理结束时止，行政机关留下的不确定性空间已足以对社会公众产生实质性的负面影响。因此，德国目前这种规定方式受到其国内学者的不断抨击就完全可以理解了，[1] 在这方面，大多数国家的规定是合理的。

第四节　其他行政活动的说明理由机制

在以上两种典型的行政活动以外，还存在其他一些国际上分类不统一的重要行政活动，如行政复议决定、行政申诉决定等，它们的说明理由机制往往又存在一些特殊性，因此需要加以特别说明。

行政复议制度在大陆法系发展得比较成熟，因此我们将集中于大陆法系国家或地区说明这一问题。在德国，行政复议说明理由载于其《行政法院法》（Verwaltungsgerightsordnung, VwGO），行政复议决定需要和对此提起诉讼的权利一道明确告知当事人。[2] 这一规定排斥了其《行政程序法》第39条的全部限制，所有复议决定均须说明理由。在内容上，理由说明必须表明：复议机关是从哪些事实及法律上的前提和考虑出发，作出有关决定的，不得仅给出程式化的一般解释。行政机关尤其必须阐明在复议理由说明中所包含的论据。而且，如果起始程序有瑕疵，还必须表明，它在决定形成过程中，已经考虑了最初所忽略的哪些方面，或者已经采用了最初没有进行的听证之结果。如果是裁量决定，则必须陈述实施裁量的主要理由。复议机关也可以引用原行政行为的决定理由，但是不允许笼统地照搬或者形式化地重复原有文本。[3] 在日本，《行政复议法》第41条第1款规定了对审查请求的行政复议决定中附记理由的义务，虽然和德国一样没有进一

[1] 参见［德］弗里德赫尔穆·胡芬：《行政诉讼法》（第5版），莫光华译，法律出版社2003年版，第412页。

[2] VwGO § 73 (3) .

[3] 参见［德］弗里德赫尔穆·胡芬：《行政诉讼法》（第5版），莫光华译，法律出版社2003年版，第118—119页。

步的详细规定，但也没有设置任何限制。葡萄牙《行政程序法典》中诉愿审理决定的说明理由与行政行为的说明理由要求等同。[1]

可以看到，在行政复议制度中，说明理由的程度至少不低于普通行政决定说明理由的标准，甚至要比一般行政决定更为严格。行政复议决定说明理由是否需要比普通行政决定说明理由更为严格，取决于作为行政司法行为的行政复议，其现实制度定位更接近于行政行为还是司法行为。在德国，对行政复议的规定载于《行政法院法》，而在日本和葡萄牙，对行政复议的规定载于《行政程序法》，这本身就表明了一种定位上的差异。也可以说，行政复议的理由说明，基本上是以它所参照定位的对象的理由说明为蓝本的。

对于行政申诉而言，它的适用范围比较广阔，有关行政申诉说明理由的规定也经常可见。例如，香港特别行政区《申诉专员条例》第 397 章第 16（1）条规定："专员如就任何申诉而调查任何行动后，认为该调查显露以下一项或多于一项情况……（g）采取有关行动的理由本应说明；……则专员如认为适宜，可就其意见及理由作出报告，连同以下文件（如有的话）……交予所涉机构的首长，如专员认为在某个案的特别情况下，不适宜向该机构的首长作出报告，则可向行政长官作出该报告。"这里还出现了说明理由要求的嵌套式规定，即申诉专员有权对行政机关采取行动不说明理由的作出报告并说明理由。由于申诉专员并非只针对行政活动的合法性进行审视，而是就整个行政活动的合法性和合理性一并进行监督，因此这里的说明理由要求可以认为是一种补充性的一般规定，即法律并不要求必须说明理由的，申诉专员在法理上也可以因具体情势需要而要求行政机关说明理由。又如，香港特别行政区《市政服务上诉委员会条例》第 220 章第 15（1）条规定："委员会须以书面方式说明作出决定的理由；该等理由须包括对重要的事实问题调查所得的结果，并提述该等结果所根据的证据或其他资料。"英国申诉专员制度方面也有类似规定，如英国金融申诉专员

[1] 参见朱林译：《葡萄牙行政程序法典》，载《行政法学研究》1997 年第 1 期。

的决定将列出所有和案件相关的重要事实、投诉被支持还是被拒绝，并阐明作出决定的根据。[1]

总而言之，行政主体就其行政活动说明理由已经日益成为行政法上广泛存在甚至普遍存在的一项义务。各国法律对行政说明理由的规定模式与要求的深度，取决于该国对行政理由的法理定位。当前大部分国家或地区的立法将说明理由定位为一种单纯的程序性义务，甚至仅仅看到理由的程序性功能，这对于理由发挥更深远的作用构成了巨大的限制；尽管如此，行政说明理由的要求也已经在约束行政权力肆意妄为方面发挥了重要作用。不过，如果我们仅仅将目光聚焦于立法规定方面，也许将丧失对于说明理由制度的大部分视野，行政说明理由制度乃至整个行政理由法制，在司法审查中得到了更为精彩的展开。

[1] 参见阮友利:《英国金融申诉专员制度借鉴简析》，载《上海保险》2010 年第 10 期。

第四章

针对说明理由的司法审查

如果不考察当代法律实践中对行政理由的司法审查，不观察如此发达的理由审查路线图之上发展出来的一个极为丰富的行政法空间，理由的形成和说明很容易被当作无足轻重的一种形式性的义务，被当作行政程序中无关紧要的一种点缀。然而，事实上并非如此。在当今主要西方国家的行政法实践中，对行政理由的司法审查已经成为处于要害位置的一个主题，正是由于强有力的司法审查所发展出来的一系列规则，使得说明理由制度发挥出了显著的“倒逼”作用，迫使行政权力在司法审查所认可的理由层之中以符合公共理性的方式运行，深刻地变革了行政活动的法理内核和公共属性。

正因如此，针对说明理由的司法审查应当被认为是说明理由制度所不可或缺的重要组成部分。我们以美国和德国为例说明对行政说明理由的司法审查的大致状况，并由此展示行政理由在当前行政法律实践中日益重要、不可或缺的关键地位。其中，美国对行政活动说明理由的司法审查尤为发达，值得我们额外重视。

第一节　美国对说明理由的司法审查

一、司法审查的轮廓

在美国，对行政机关运用理由过程的审查更是司法审查的一个最重要的方面，认为行政推理过程不充分的情形在法院对行政活动的推翻（remand）判决中数量最多。[1] 美国对行政理由的司法审查，最初的起源已不可考，但就新近影响比较大的案件看，1971 年公民保护委员会诉沃尔普案及 1983 年美国农场案（下详）等对于当前行政理由的审查框架有着奠基性的意义。经过多年的发展，美国对行政说明理由的司法审查已经从一种非常温和的程序性审查发展到非常苛刻的、实质性审查。[2] 对于行政说明理由，美国判例法已经形成了一套完整的论述和要求：

1. 行政机关需要为决定提供支持。美国联邦法院认为："一个不能提供理由或证据支持的'裸'的决定，对进行审查的法院而言是毫无用处的。"所以行政机关必须说明理由，而且在说理中反映出它对各种依据的衡量状况，这样法院才能进行有效的审查。[3] 这方面不仅是美国《联邦行政程序法》的直接规定，也是司法审查早早确立的共识，因此不再铺陈。

2. 尽管法院可以从行政机关的相关活动和资料中抽取理由，行政机关还是必须完成说明理由的工作。以 1999 年联邦哥伦比亚特区巡回上诉法院

---

[1] See Richard J.Pierce, JR, Sidney A.Shapiro & Paul R.Verkuil, *Administrative Law and Process*, 4th, Foundation Press, New York, 2004, p.391.

[2] Martin Shapiro, "The Giving Reasons Requirement", *University of Chicago Legal Forum*（1992）, p.186.

[3] Maxey, v.Califano, 598 F.2d 874, at 876（1979）. 在本案中，原告 Maxey 是一名煤矿雇员，向卫生、教育与福利部申请矽肺津贴，这种津贴的一个参考条件是从事 10 年煤矿工作，原告声称他已经从事了至少 10 年的煤矿工作，但社会保障记录显示只有两年，卫生、教育与福利部据此驳回了他的申请，未考量医疗记录等其他因素。法院认为在这种决定中所有相关的要素都需要得到考量，并在决定中清晰地反映出如何考量、赋予多大权重，据此，法院推翻了行政机关的决定。

判决的威尔斯顿盆地管道公司（以下简称管道公司）诉联邦能源规制委员会一案为例，管道公司根据《天然气法》（Natural Gas Act）主张提升费率，联邦能源规制委员会则认为管道公司的主张不能被正当化。法院在审查中发现联邦能源规制委员会的计算方法存在错误，而且和之前的处理程序和结论存在偏离，且该委员会未提供理由解释为何出现这种偏离，因而推翻了该委员会的决定。[1] 在该案中，法院对联邦能源规制委员会朝令夕改、对同一公司的项目在短期内作出大相径庭的判断而又不说明理由的行为表示不满，认为尽管法院可以自行探寻并归结出该委员会这样做的理由，但委员会自身没有说明理由的做法仍然是不对的，这使得法院无法判断其行政活动的标准是否具有一贯性。[2] 自本案以后，行政机关必须亲自承担说明理由责任就成为法定要求。

3. 说明的理由必须是明白易懂（intelligible）、通情达理（comprehensible）的，这是对说明理由标准的一种基本的实质性要求。在美国联邦第一巡回区上诉法院 1965 年对劳伦斯市诉民用航空局的判决中，法院明确认定民用航空局未为取消一条劳伦斯市航线的决定提供明白易懂的理由违反了《联邦行政程序法》的要求。在判决中，法院指出，未提供明白易懂的理由是一个清楚的可推翻的错误（a clear reversible error）。[3] 而在联邦第七巡回区就 1995 年萨拉梅达夫妇诉移民与归化局一案所作的判决中，法院要求行政决定的理由通情达理。在本案中，菲律宾留学生萨拉梅达及其妻子有一位 2 岁的非美籍孩子，他们的签证期满后本来不具备在美国继续居留的资格，萨拉梅达申请延长签证期限但被驳回，但由于移民与归化局当时行政程序过分拖沓（法官在判决意见中忍不住说“移民与归化局的程序拖沓已是臭名昭著”），移民与归化局对萨拉梅达作出最终的驱离决定时，原先 2 岁的非美籍孩子已经 15 岁，而萨拉梅达夫妇在美国还生育了一位孩子，这位其时已经 7 岁的小孩拥有美国公民身份。法律要求移民与归化局在作出决

---

[1] Willston Basin Pipeline Company v.Federal Energy Regulatory Commission, 165 F.3d 54.

[2] Id, at 68-69.

[3] City of Lawrence v.Civil Aeronautic Board, 343 F.2d 583, at 588.

定时必须考虑移民离开美国后是否会陷入极端困境（extreme hardship），而移民与归化局在作出决定时没有考虑到应当考虑的社区支持（community assistance）因素，更没有考虑那位已经15岁的非美籍孩子在离开美国后将面临什么样的难题。法院认为移民与归化局的理由是不通情达理的，并更加犀利地指出："我们今天作决定的主题不是一个法律解释问题，而是移民与归化局的审查者是否对外国人提出的问题用一种理性的方式进行考量。"[1] 正是因为行政机关的理由如此不通情达理，导致法院最终推翻了它的决定。说明理由的基本标准也由此被进一步提升。

4. 说明理由要满足一定程度的充分性标准。这一点非常重要，需要我们认真看待。有关充分理由（adequate reasons，和哲学上的充足理由即sufficient reason有时混用[2]）的实践，早在20世纪上半叶即已开展。1935年，美国联邦最高法院在美国诉芝加哥—密尔沃基—圣保罗—太平洋铁路公司一案中宣告州际贸易委员会未能为质疑铁路公司设定费率的合理性提供充分理由，因而维持了铁路公司的费率设定。[3] 在本案中，法院宣称："在我们承担宣布一个决定是对是错的职责之前，我们必须先知道它是什么意思。"[4] 由此，美国行政法上的充分理由具备了最基本的内涵。

随着立法中的合理性要求日益增强，说明理由的实质充分性要求也在不断提升。例如，在美国，联邦最高法院于1974年对联邦能源委员会诉德士古公司一案作出判决。在该案中，美国联邦能源委员会因发布了对中小天然气企业免除规制措施的命令，被德士古（Texaco）这样的大企业发起法律挑战。在判决中，法院根据《天然气法》的要求，认为联邦能源委员会未能说明其规制措施是公平而合理（just and reasonable）的，进而判决其

---

[1] Daniel B.Salameda and Angelita C.Salamada v.Immigration and Naturalization Service, 70 F.3d 447, at 451.

[2] 参见美国联邦第九巡回区上诉法院2004年对施瑙茨诉班哈特案的判决，Schnautz v.Barnhart, 94 Fed.Appx.525.

[3] United States v.Chicago, Milwaukee, St.Paul & Pacific R.Co., 294 U.S.499.

[4] Id, at 511.

命令无效。[1] 在判决中，法院指出，联邦能源委员会的决定并不明确，它必须清楚说明作出决定的基础，并且就它已经行使国会授予的自由裁量权给出清晰的指示（give clear indication）。[2]

甚至在立法中未明显要求给出充分理由的情况下，法院也自行发展出一套标准，要求行政机关说明充分理由。这类型的案例在新近的社会保障法领域尤其多见。在发放残疾补助方面，首先申请人须从医生处获得一份医学判断，然后行政法官（administrative law judge, ALJ）可以根据一系列的事实根据和申请人陈述作出是否支持医学判断的决定。从 1991 年开始，联邦法院系统就要求行政法院制作明晰而充分的理由（articulate explicit and adequate reasons），[3] 后来联邦法院系统又基于实质性证据标准（substantial evidence）发展出较为完整的“充分理由”要求。[4] 法院认为实质性证据标准高于“微量”（scintilla）而逊于“优势”（preponderance）标准，行政机关在事实方面只要满足实质性证据标准，即使按优势标准而言它的结论无法获得证明，法院也无权审查，法院按这个思路对行政法院的理由充分程度进行了分析。[5] 因此，我们也可以认为新近实践中美国法院在社会保障领域执行的“充分理由”标准也处于“微量”和“优势”之间的水平。在残疾补助系列判决中，行政法院的结论满足充分理由要求而被维持的情况及未满足充分理由要求而被推翻的情况都为数不少。

需要注意的是，行政机关的说明理由必须覆盖所有的实质性依据与问题点。在大波士顿电视公司诉联邦通讯委员会一案中，法院对此作出了经典的表述。原告大波士顿电视公司申请更新运营电视台的许可，遭到被告联邦通讯委员会的拒绝，后者还向另一电视台颁发了执照。原告遂诉至法院，认为被告没有遵从新的许可标准，另外有偏向于获得执照者的官员作

[1] Federal Power Commission v.Texaco Inc., Texaco Inc., 417 U.S.380.

[2] Id, at 396.

[3] Holt v.Sullivan, 921 F.2d 1221, at 1223.

[4] Dyer v.Barnhart, 395 F.3d 1206, at 1210; Parks v.Comm'r of Soc.Sec., 353 Fed.Appx.194, at 196.

[5] Dyer v.Barnhart, 395 F.3d 1206, at 1210; and see Hughes v.Comm'r of Soc.Sec., 403 Fed.Appx.218, at 221.

为听证的审查人。法院最终认可了被告的决定。在判决中，法院宣称：

“在假定与法律及立法授权相一致的前提下，行政机关不仅需要发现事实及作出判断，还要选择与公共利益相符的政策。法院的职责就是保证行政机关对所有实质性事实及问题点（all the material facts and issues）作出理性的考量。这要求行政机关坚持为其决定制作具备合理清晰度（reasonable clarity）的理由，并指出关键事实的重要性，这种重要性认定可假定为行政机关普遍有效的政策标准，运用起来不会发生不合理的歧视。对于具体主题而言，在可比较的听证中，事实判断必须覆盖申请者和最终结果之间所有实质性的不同点，最终结论必须基于对每个申请者事实状况的综合考量而作出。”[1]

这一经典论述不仅扼要地说明了一种分权制衡制度中说明理由的必要性，更对说明理由提出了全面而精当的要求。不过，这一原则在司法审查中的贯彻有时候也不是十分彻底，主要是在行政机关提出整体理由后，针对每一个点的分析不必逐点充分完成。例如，在克林顿纪念医院诉沙拉拉一案中，法院温和地表示了在某些要点上行政机关直接说理不足时的处理法则。原告克林顿纪念医院是一所乡村公立医院，被告卫生与人类服务部长沙拉拉发布了有关医院事务的新行政规章，根据新的行政规章中所确立的标准，原告不具有独占性的社区医院资格，成本补偿也将受到新规定额度的限制，原告对此不服提起诉讼。法院认为部长对偏离旧理由、采用新理由都提供了充分的理由，虽然对采用新标准的说明理由太过疏浅（skimpy），但随后立即指出，只要法院能从行政机关所发布内容的上下文语境中发现部长的思路（path）就已足够。[2] 与此类似的是，在雷伊公司诉美国与州际贸易委员会一案中，法院认为如果在行政机关的整个决定的根据足够清晰及完整，也不需要给出依据中单个理论节点（theoretical point）

---

[1] Greater Boston Television Corporation, v.Federal Communications Commission, 444 f.2d 841（1970）, at 851.

[2] Clinton Memorial Hospital v.Shalala, 10 F.3d 854（1993）, at 859.

的论证。[1]

无论如何，在行政机关拥有裁量权的情况下，行政机关必须能使法院信服最终处理结果是基于理性决定的产物。在 2000 年美国联邦第三巡回区上诉法院对美国电讯联盟诉联邦通讯委员会与美国一案中，法院判决意见指出：“‘行政机关必须清楚地阐释为何如此运用裁量权’，并且这种阐释‘必须使我们能够认定行政机关的行为是理性决定的产物’（的法律原则）已经被牢牢确立。”[2] 这使得说明理由和理性的行政决定过程紧密联系起来，理由在行政活动中的位置已经不仅仅是形式性的了，而是拥有了意义深远的实质性功能定位。对于这一点，我们后面将就“公民保护奥弗顿公园诉沃尔普案”及“汽车安全设施案”以降的一系列判决作一个详细的说明。

5. 在一定情况下行政机关需要额外进行更多程序以为其决定提供足够的理由。2001 年丘维斯特公司诉联邦通讯委员会案的判决在这方面有着让人印象深刻的论述。上诉人是一家电讯公司，对被告联邦所发布的普遍化电讯服务命令表示被上诉人没有给予充分的资金支持，而被告表示没有这项法律义务。法院经由对被上诉人所发布的命令及其理由进行审查，认定被上诉人既未对关键术语进行充分的界定，也未为其费率基准的选择提供一个理性的基础（rational basis），又不对服务普遍化提供足够的支持，亦未解释对服务普遍化的联邦资金支持与其他资金支持项目的相关性等，由此法院作出了推翻被上诉人该项命令的判决，并要求被上诉人进行更多的行政程序。[3] 在判决中，美国联邦第十巡回区上诉法院指出了被上诉人的诸多不足，其中说明理由方面占据了重要篇幅，主要包括两点：第一，被上

---

[1] Raye And Company Transports, Inc., v.United States of America and Interstate Commerce Commission, 314 F.Supp.1036（1970），at 1046.

[2] 在该案中，原告一方为电讯运营商和隐私保护组织，它们对美国联邦通讯委员会根据 1994 年《通讯协助法律执行法》要求电讯运营商为法律执行机关提供无线电通讯天线位置、客户通讯特征、电话机拨出号码等不满，寻求法律救济，法院认为联邦通讯委员会未充分说明理由而推翻了后者的命令。See United States Telecom Association v.Federal Communications Commission and United States of America, 227 F.3d 450, at 460.

[3] Qwest Corporation v. Federal Communications Commission, 258 F.3d, 1191.

诉人没有清楚地定义何为“合理”的费率，也没有界定什么是“足够”的支持，法院要求被上诉人为此提供充分的界定，并估算何种程度的支持是合理的。[1] 第二，被上诉人在确定普遍电讯服务 135% 的服务费率标准时提供的理由不足。被上诉人提出了四组论证，包括落在联合理事组（the Joint Board）推荐范围（115%—150%）内、与既有支持机制（115%—160%）相符、接近当前费率范围的中点及是公众评论的折中等。法院认为一个专业行政机构应当作理性和深知实情的（rational and informed）决定，而不是简单拿几个数据来折中，这是明显的“任意”（arbitrary）；法院要求被上诉人发布相关数据和提供足够的行政记录与推理过程来说明最终费率的选择。[2] 在日后联邦通讯委员会作出的行政决定中，它自觉地引用了这一判决以清晰地界定何为“充分的”（支持）等概念。[3]

6. 在进行规章制定时更是需要提供所有相关的统计数据和技术性数据。在 1972 年克莱斯勒公司诉交通部一案中，克莱斯勒公司被交通部联邦高速公路安全局要求安装被动式安全装置，克莱斯勒公司对此不服提起诉讼。美国联邦第六巡回区上诉法院经审理认为交通部在作决定时所依据的理由仅仅是安全测试模型的数据，这是不充分的，因而推翻了交通部的命令。在判决中，法院指出，即使是在制定规章的情况下也可能对行政机关适用实质性证据标准，据此，法院要求行政机关在刊登于联邦注册簿（Federal Registry）的行政记录中不仅必须公布利害相关人的请求，还需要公布行政机关赖以达成结论的技术数据和统计数据。[4]

由此我们可以看出，当前美国行政法下的说明理由要求，绝非仅仅是形式性的，而越来越包含有实质要求在内。特别是对于裁量性的行政活动，

---

[1] Qwest Corporation v. Federal Communications Commission, 258 F.3d, at 1201-1202.

[2] Id, at 1202-1203.

[3] See In re Connect Am.Fund, 2012 FCC LEXIS 4712.

[4] Chrysler Corporation, v.Department of Transportation, 472 F.2d 659（1972）, at 669; Nathaniel L.Nathanson, “Probing the Mind of the Administrator: Hearing Variations and Standards of Judicial Review under the Administrative Procedure Act and Other Federal Statutes”, *Columbia Law Review*, Vol.75, No.4（May, 1975）, p.749.

近四十年尤其是近十年来，说明理由的要求越来越充实。我们可以通过几个非常经典的案例来深入探索法院对说明理由提出的要求，并由此审视法院对行政理由日益成型的审查方式，以及强有力的司法审查之下说明理由制度对当代行政活动的影响。

二、理性决定过程的建构：裁量性行政活动说明理由的重要判例

1971 年公民保护奥弗顿公园诉沃尔普一案可以说是美国行政法上极具研究价值的一个里程碑。该案在许多方面开启了重大突破，引起对一系列相互交叠的议题的深入讨论，如行政记录审查、说明理由要求、裁量权的行使标准和审查方式、行政思维过程、行政理性化要求等，至今行政法学界还在挖掘它的意义和影响。可以说，在美国，对行政理由的深入探索正是由此开始。1956 年，美国联邦公路局就初步批准用联邦资金建造一条州际公路，该公路将穿过田纳西州的奥弗顿公园；1966 年，这一方案又获得联邦高速公路行政官的批准。在最终批准到来之前，1966 年美国国会通过《交通部法》，1968 年美国国会又通过《联邦资助高速公路法》，两法均规定在存在“可行而明智”的替代路线的情况下，禁止交通部长批准动用公共资金资助穿过公园的道路建设。1969 年，这条道路的建设获得交通部长沃尔普的最终批准，最终的行政告示没有包括有关事实性发现（factual finding）的陈述，也没有指出为什么决定者相信没有“可行而明智”的替代方案，或为什么不能做减少对公园损害的变通设计。当地居民、地方和全国性的各种保护组织联合发动法律诉讼，以阻止该公路的建设。联邦地区法院和上诉法院均维持了交通部长的决定，但联邦最高法院以 8 ∶ 0 的全体一致（道格拉斯大法官未参与）推翻了此前的判决，否定了该决定的合法性。[1]

在判决中，联邦最高法院承认交通部拥有宽广的裁量空间，但同时认

[1] Citizens to Preserve Overton Part v.Volpe, 401 U.S.402.

为这属于有法可依的情况，因此不赞同此前法院判决将这一决定完全归属于行政裁量而加以尊重的做法。[1] 接着，法院对裁量行为的审查提出了两重标准：在所有案件中，如果行政机关的行为属于《联邦行政程序法》中“武断、专横、滥用裁量权，或其他不合法的情形”，或未符合制定法、程序或宪法的规定，它就必须被撤销；在某些狭窄的、特别限定的情况下，如果行政机关的行为不符合实质性证据标准，它也应当被撤销；在后一情况下，如果行政机关的行为不能被基于相关事实得以证成，法院就应当进行重新审理（*de novo* review，一译初审）。[2] 法院随即以相关情形已被《联邦行政程序法》第 706 节限定为由，排除了本案属于需要用到实质性证据标准和重新审查的狭窄情形，但是，法院马上又指出：“即使本案没有重新审理，即使部长对路线的批准最终也不需要符合实质性证据测试的要求，《联邦行政程序法》第 706 节的一般性适用标准 [3] 仍要求法院进行实质性探索（substantial inquiry）。”法院继而宣称被上诉人的行为不能免于一次彻底的、探知的、深度的审查（a thorough, probing, in-depth review）。[4]

这一宣告不啻一声惊雷。纵观美国联邦最高法院对行政裁量的审查史，可以说从未有过如此强烈的决心。在这一认识的前提下，法院对交通部长的决定作了深入的审查。在本案中，行政机关没有说明理由，也没有提供正式的事实根据，法院认为，被上诉人在事实依据方面的缺失并不一

[1] Citizens to Preserve Overton Part v.Volpe, 401 U.S.402, at 413.

[2] Id, at 414.

[3] 和本案有关的条文为：“当问题已经提出后，复审法院在必须裁决的范围内应裁决所有有关的法律问题，解释宪法和法律条文、机关行为术语的含义或其适用的范围。复审法院：……2. 如认定机关行为、裁决、结论具有下列性质，应宣布其为非法，予以撤销；(1) 独断专横、反复无常、滥用自由裁量权或其他不合法的行为；(2) 同宪法规定的权利、权力、特权与豁免权相抵触；(3) 超越法律规定的管辖范围、权力和限度，缺少法律规定的权利；……(5) 在处理本编第 556 条、第 557 条规定的案件或根据法律要求对机关审讯案卷进行复议时，没有可定案证据作依据；(6) 没有事实根据，以致要由复审法院对事实重新审理。法院在作出上述认定时，应复查全部案卷或当事人所引用的那部分案卷，并应充分注意遵守防止偏见错误的规则。”译法来源于徐炳、刘曙光译，潘汉典校：《联邦行政程序法》，载《环球法律评论》1985 年第 3 期。

[4] Citizens to Preserve Overton Part v.Volpe, 401 U.S.402, at 415.

定会导致需要推翻其决定的结果，[1]但在本案中，下级法院的判决只是依据行政机关在诉讼时的供述，这些供述在联邦最高法院看来只不过是“马后炮式的合理化”（*post hoc* rationalization），而且就已有的供述看，还不足以构成《联邦行政程序法》第706节所要求的审查基础。[2]在没有说明理由的前提下，法院依据行政记录作为一种替代性的审查基础来审视行为的合法性，但这份“光秃秃的记录”（bare record）并没有显示行政机关在作出决定时考虑的任何事实要素。因此，联邦最高法院推翻了此前的判决。由于行政记录不充分，最高法院指示地区法院可以要求行政机关补充解释以便审查行政权力是否在授权的范围内或在可适用的法律标准下正当地行使。地区法院不需要探索行政机关的思维过程，但可以要求行政机关补充足够的、能够解释其最终决定的正式事实依据，这种补充的材料在一定程度上也是“马后炮式的合理化”，必须受到批判性的审查。[3]在赞同意见中，布莱克和布伦南大法官甚至进一步表示，他们认同判决意见，但反对判决未将案件直接打回交通部，因为在他们看来，交通部长根本就没有履行职责。[4]本案发回重审后，地区法院进行了为期一个月的重审，发现交通部长未根据《交通部法》的规定对路线作出决定，即使作出决定也是基于错误的法律理解。地区法院将案件发回交通部，过了一年，交通部作出决定，认为根据现有记录以及最高法院所提供的指导，部长不能认定不存在其他可行而明智的替代路线，因而不能批准这一高速公路方案。[5]

这一案件虽然不是直接采用“理由”的表述，但实际上指向的就是行政说明理由不足的问题，日后很多行政说明理由方面的案例和学术研究成

[1] Citizens to Preserve Overton Part v.Volpe, 401 U.S.402, at 417.

[2] Id, at 419.

[3] Id, at 420-421.

[4] Id, at 421-422.

[5] 参见张千帆:《司法审查的标准与方法——以美国行政法为视角》，载《法学家》2006年第6期。

果，都援引了这一著名案件。[1] 它在说明理由法制方面的重要意义是：第一，将行政理由和行政记录紧密联结在一起，[2] 从而为启用《联邦行政程序法》第 706 节的审查标准打开了通道；第二，从根本上推进了对裁量性行政活动中行政理由的审查深度，尽管本案中并不涉及多少实质性的审查，但其坚持深入审查的立场得到了很好的延续，对行政说明理由的充分性也提出了更高的要求；第三，将行政理由的形成与说明同行政合理化过程联系在一起，由此，形成与说明理由的意义已经不仅仅在于提供一套辩护或依据，而是行政合理化过程的建构、完成和展示。对行政理由的审查逐渐进入对合理化过程的结构完备度和完成程度的实质性审查，就根源于本案的推动。

从公民保护奥弗顿公园诉沃尔普一案中我们已经看到，实质性证据标准的适用条件比"武断、专横、滥用裁量权"等《联邦行政程序法》规定标准的适用条件要严格，这实际上意味着，当前美国法院对行政理由的审查标准不仅不是纯粹形式意义上的审查，甚至超越于早先一般情形下的裁量合法性审查。1983 年的汽车安全设施案 [3] 在此基础上又将行政理由审查往前推进了一大步。1966 年，美国制定了《国家交通的机动车安全法》，国家高速公路安全行政局（以下简称路安局）据此制定了第 208 号标准（规章），要求所有汽车都安装安全带。随后，路安局修订了这一标准，要求所有汽车都安装被动保护装置（包括安全带和安全气囊），由于安全带成本较低廉，到 1981 年，99% 的汽车生产商都装备了安全带，而气囊的安全保障效能未得到有效检视。1982 年，路安局又撤销了这一标准，原因是

---

[1] 例如，下文的汽车安全设施案就在关键处多次援引了这一判例。这个案例也被视为下文所述"严格看待"原则的先驱，see Peter L.Strauss, "Law Considering Political Alternatives to 'Hard Look' Review", *Duke Law Journal*, Vol.1989, No.3, Twentieth Annual Administrative Law Issue（Jun., 1989）, p.544.

[2] 关于行政记录与说明理由要求的联系，see Martin Shapiro, "The Giving Reasons Requirement", 1992 U.Chi.Legal F.179, at 182-184.

[3] 该名称为张千帆教授所拟，也有美国学者简称之为国家农场案（the *State Farm*），如下文中的孙斯坦教授就采取后一简称。

路安局宣称从 1977 年开始发现强制安装自动型安全带不再带来明显的安全利益，没有明显的证据证明它会提高安全带的使用率，甚至可能对公众的安全意识有负面影响；而当时的汽车工业要花费 10 亿美元去安装这种安全带。案件的背后实际上有汽车工业和保险业的一场利益对抗，本案的一方当事人就是一家保险公司。在路安局作出撤销行为后，国家农场汽车互动保险公司提起诉讼，要求审查路安局撤销行为的合法性。诉讼一直推进到联邦最高法院，在经过详尽的论证后，最高法院以 5 ：4 的微弱优势否定了路安局撤销标准（规章）行为的合法性。[1]

在判决中，联邦最高法院认为路安局的撤销决定存在三点不足：第一，仅仅以无法预见安全带使用率的提升作为撤销决定的基础是不够的，记录里显示的证据不充分；第二，多数法官认为路安局没有充分考虑要求汽车制造商安装不可解离式自动型安全带而不是可解离式自动型安全带的可能性；第三，多数意见认为行政机关没有对修订后的 208 号标准要求安装安全气囊作出任何考虑构成“武断、专横”。[2] 随后，判决意见展开了最关键的论述：“交通部辩称在‘武断、专横’审查标准下，审查的法院不可以推翻一件理性的、基于对相关因素考虑作出而又落在立法授权范围内的行政规章。我们不同意这一提法。”[3]“行政机关必须检视相关数据并制作一份满足（法律要求）的解释（explanation），阐明其行为包含了一套‘发现事实与作出选择之间的理性联系’。在检视这项解释时，我们必须‘考虑这项决定是否基于相关因素的考量及是否有清晰的误判在内’。”[4] 这两段论述广受关注，但更加意味深长的一段意见却容易被忽略：

“基于行政机关描述的安全气囊技术的效能，在《国家交通的机动车安全法》有关维护交通安全的目标要求之下，对于安装可解离式安全带的错误，合乎逻辑的反应应当是要求安装安全气囊。在最低限度（合理性）的

[1] Motor Vehicle Manufacturers Association Inc. v. State Farm Mutual Automobile Insurance co., 463 U.S.29.

[2] Id, at 40.

[3] Id, at 42-43.

[4] Id, at 43.

意义上，应当以这种替代方式达成法定目标，并对原方案的摒弃给出充分的理由。”[1]

在这里，法院的审查直接推进到了行政理由的逻辑过程中。这一论述实际上揭示了希望将法院对行政理由的审查限于形式审查的立场的一个内在矛盾：要在形式上完成对理由完备性、充分性或相关性的审查，就需要首先建构一个逻辑过程，而法院面对的往往是带有价值性的一个逻辑过程。这种逻辑过程的建构本身就是一种实质性的审查，即不仅仅限于纯粹客观形式要件满足的审查。

联邦最高法院甚至走得更远。在国内外研究“严格检视”原则（the hard-look doctrine）的文献中这个案例经常出现，[2]就是因为法院接下来在这个案件中非常详细地审视了行政机关的推理过程。法院放过了对自动型安全带是否比手动型安全带使用率高两倍的争议性调查结论的审查，认为这属于专业范围；但法院对路安局所提供理由的其他部分进行了深入考察，除前述没有考虑安全气囊的因素外，法院还抓住调查结论中可解离式自动型安全带的使用率比当前的手动型安全带高这一点，认为行政机关在作决定时未考虑这个有利于保留208号标准的因素；[3]法院又针对路安局认为可解离式自动型安全带的成本收益分析显示相对成本太高，指出路安局未考虑不可解离式自动型安全带的成本与收益，包括连续性被动型安全带的设计是否能让使用者同样容易地从座位上脱离安全带。[4]不仅如此，法院基于已经审查的其他案件，对行政机关认定安装安全带对于促进安全没有明

---

[1] Motor Vehicle Manufacturers Association Inc. v .State Farm Mutual Automobile Insurance co., 463 U.S.29, at 48.

[2] 例如，张千帆：《司法审查的标准与方法——以美国行政法为视角》，载《法学家》2006年第6期；甚至在该案判决当年，著名法学家孙斯坦（Cass R.Sunstein）就写了一篇论述“严格看待原则”的经典论文，在文章中就该案有详细的论述。See Cass R.Sunstein, “Deregulation and the Hard-Look Doctrine”, *The Supreme Court Review*,Vol.1983（1983）, pp.177-213.

[3] Motor Vehicle Manufacturers Association Inc. v. State Farm Mutual Automobile Insurance co., 463 U.S.29, at 54.

[4] Id, at 55.

显效果直接进行了反驳，认为系安全带的安全利益（safety benefits）是确定无疑的，在这些安全利益之下，安装安全带所付出的成本是可以被正当化的。[1] 需要注意的是，法院在本案中早先已经引述过著名的切内里公司案（详见本书第四章），称审查法院不能在行政机关已经给出行为基础的时候以自己的一套理性基础加以代替；[2]这里法院审查实际上已经突破了切内里规则的限制，而直接介入行政机关的推理当中。

这种介入有时很难避免，特别是在法院采取前一段时间流行的“严格检视”原则的情况下，法院很可能会在审查理由时卷入行政推理与决定的实质过程之中。“严格检视”原则是20世纪70年代开始在美国行政法实践中发展起来的产物。它是指法院基于《联邦行政程序法》第706节对行政裁量权行使的要求，对行政机关所作决定（尤其是发布规章）的事实和政策事项予以仔细审视的一种审查原则。这项原则对行政机关提出了四项核心要求：第一，行政机关需要为其决定提供详细的解释，这些解释必须显示行政机关已经对所有相关的事实给出足够的考量。在这种要求下，《联邦行政程序法》所规定的“(行政规章的）基础和目标的精炼说明”标准已是不充分的了。第二，行政机关需要为对过去实践的偏离提出正当化证明；此前的实践被假定为合法的，而偏离都需要解释。第三，行政机关在规制过程中必须受影响的广泛利益群体进行允许有效的参与。第四，行政机关必须考虑可能的替代选择。所有这一切要求都可以被理解为促成行政机关作出“理性”裁量决定而非屈服于政治压力的努力。[3] 其中，除第三项为公众参与方面的要求，其余三项都对行政机关说明理由提出了相当高的标准，也为法院介入行政事务铺设了一条争议不断的进路。在这里，法院为行政问题的充分考量与完整处理建构了一套逻辑模式，如果在这个逻辑模式中有一点未能完成，行政机关

[1] Motor Vehicle Manufacturers Association Inc. v. State Farm Mutual Automobile Insurance co., 463 U.S.29, at 52.

[2] Id, at 43.

[3] Cass R.Sunstein, “Deregulation and the Hard-Look Doctrine”, *The Supreme Court Review*, Vol.1983 (1983), pp.181-182.

的说明理由乃至整个裁量性行政活动的效力都可能招致否定。这使得行政机关的行为过程受到理性决定模式的实质性约束。

三、说明理由要求的深化：迈向行政决定思维过程控制？

在汽车安全设施案后，美国学界对“严格检视”原则出现了不同的声音，[1]法院实践也在迅速作出一些相应的调整，但这种调整对于说明理由要求本身没有产生实质性的要求。仅仅时隔一年，最高法院就通过十分著名的雪佛龙案（一译谢弗伦案）[2]给在“严格检视”原则下被紧密束缚的行政权力“松绑”。[3]尽管放宽审查是在法律解释和行政目标方面进行的，对于行政说明理由及其背后的理性化过程本身并未放松，但“雪佛龙两步法”（Chevron two steps）的出现给了行政机关很大的操作空间去解释立法意图，行政机关在说明其所作决定在何种程度上满足立法目标的压力也随之减轻。另外，由于汽车安全设施案的影响，行政机关对形成依据、理性决策并全面说明理由的工作更为注重，这使得联邦最高法院在此后的十余年间没有

---

[1] 早在20世纪80年代，对这一原则的分歧就已经广泛存在于美国学界和实务界，有关学者的立场，see Peter L.Strauss, “LawConsidering Political Alternatives to ‘Hard Look’ Review”, *Duke Law Journal*,Vol.1989, No.3,Twentieth Annual Administrative Law Issue（Jun., 1989）, pp.538-550.

[2] Chevron, U.S.A., Inc.v.Natural Resources Defense Council，467 U.S.837（1984）.1977年《空气清洁法》要求未达标州对主要的“固定性空气污染源”进行规制，依据本法要求，在未达标州新建或改造固定性空气污染源需要符合严格的标准，否则将无法获得许可。联邦环保局对此发布了规章，对“固定性空气污染源”进行了解释，将整个发电厂看作一个整体污染源，如果整体上未加重污染，则改造无须得到许可。这一解释受到了环境保护组织的挑战。联邦最高法院经审理维持了规章的有效性。在审查中，法院提出了著名的“雪佛龙两步法”：第一，如果制定法清晰地表明了国会的立法意图，则行政机关必须严格贯彻；第二，如果制定法没有直接地表述清晰的意图，法院不能简单地像没有行政解释一样直接构建法律概念的含义，而是需要审查行政机关是否给出了一个能被容许（permissible）的解释，这种被容许的解释包括合宪性判断和基本合理性判断两个子层次。

[3] 雪佛龙案受到大量批评，论者认为它给行政机关太多自由空间，导致行政机关漠视或扭曲法律规范中的立法意愿。See William W.Buzbee and Robert A.Schapiro, “Legislative Record Review”, *Stanford Law Review*,Vol.54, No.1（Oct., 2001）, p.123.

再出现说明理由方面的重要判决，但其审查行政理由的立场上仍然得到了坚持。

1998年，最高法院在阿伦城销售与服务公司诉国家劳动关系局（以下简称阿伦城案）一案[1]中继续维持了既有的标准。在本案的判决中，法院认为汽车安全设施案建立了一套“理性决定”样板（a scheme of “reasoned decisionmaking”），从决定过程到结果必须是理性的、合乎逻辑的。[2]法院进一步补充论证：“在理性决定中，（行政机关）所宣告的法则就是实际适用的法则，它产生可靠的结果，而非理性决定的结果则与之相反。一个决定如果实际适用的标准不是宣称的标准，将在两个方向上都引发罪恶：既阻碍了下属机关工作人员对法律的贯彻落实，又阻碍了有效的司法审查。”[3]这一判决至少在理论上对于说明理由制度乃至整个行政法会产生深远的影响。如果坚持这样的方向，法院所认同的理性决定模式将对行政思维过程产生实质性的约束，而理性决定过程将被假定与对理由的说明或解释一致才有效，这样，尽管法院一再声称不探索行政思维过程（下详），但已经通过对行政理由的审查达成了对行政思维过程的实际检视和要求。

2009年福克斯及其他电视台诉联邦通讯委员会（Fox Television and other broadcasters v. the FCC，以下简称福克斯案）一案将说明理由要求推

---

[1] 依美国劳动关系方面的有关法律规定，工会在企业中取得多数地位后可以代表雇员与雇主进行协商，而雇主可以基于“客观的合理怀疑”来否认工会的多数地位并拒绝与之谈判，此时工会可向国家劳动关系局申请救济；国家劳动关系局依据其下属行政法官的审查，如认为雇主不具备客观的合理怀疑，则有权要求雇主承认工会的多数地位并与之谈判。在本案中，阿伦城麦克销售与服务公司（以下简称阿伦城公司）原为麦克货运公司的一个分支，1990年因几名高管从麦克货运公司买下相关资产而成立独立的实体，并雇用了部分老员工。随后，在原工会要求协商合同时，阿伦城公司拒绝承认工会的多数地位。工会向国家劳动关系局申请救济，国家劳动关系局认为阿伦城公司不具备客观的合理怀疑，从而要求阿伦城公司承认工会地位。阿伦城公司对此不服，诉至法院，并将诉讼一直推进到联邦最高法院。联邦最高法院认定国家劳动关系局的事实依据不满足实质性证据标准，进而推翻了后者的决定。Allentown Mack Sales and Service, Inc., v.National Labor Relations Board, 522 U.S.359（1998）.

[2] Id, at 374.

[3] Id, at 375.

向了一个新的深度。[1] 在本案中，斯卡利亚大法官对行政机关在变更政策时说明理由提出了更丰富的要求：第一，行政机关必须说明它意识到政策的改变，而不能悄无声息地偷偷变更，它不需要证明新政策比旧政策更好，只要说明新政策是符合法律要求的、有良好的理由支持，而且行政机关相信它比旧政策更好就足够了，行政机关不需要比新创立的政策提供更详尽的论述；第二，在某些时候（包括新政策所依据的事实基础与旧政策的依据相抵触，或旧政策已经严重影响到某些必须考虑到的相关利益时）行政机关必须提供更多的论证，这些论证并非仅仅是为政策和事实的改变所要求，行政机关需要对无视原政策所依赖或所导致的事实与环境提供理性的解释。[2] 斯蒂文思等四位法官的反对意见甚至提出了更高的标准，他们重申了阿伦城案中的“理性决定样板”原则，认为从（逻辑）理性上看回答“为什么你改变？”的问题比解释一个新政策要提供更为充分的论证。反对意见设计了一个想象性的场景：假定靠左行车和靠右行车具有同样的合理性，在推行靠左行车政策 25 年之后，在没有额外根据的情况下突然要统统转为靠右行车，是完全不合理的。[3] 反对意见认为他们不是进一步抬高说明理由的标准，而是将“改变”这一因素也加入说明理由的范围。[4]

迄今为止，我们可以看到最高法院越来越倾向于为行政机关的决定过

[1] 联邦法律禁止播放“任何粗鄙（indecent）的言语”。联邦通讯委员会近年来多次变更它对这一法律的执行政策，加强了法律的实施力度，最近还在一项决定中禁止了一闪而过的脏字（fleeting expletive），电视台对此不服提起诉讼。联邦上诉法院认为联邦通讯委员会未能满足“理性决定”的要求，以后者的行为不符合宪法与行政程序法的规定为由推翻了这一禁止决定，联邦最高法院以 5 ： 4 的微弱优势推翻了上诉法院的判决，认为联邦通讯委员会对扩张禁止范围政策的解释是完全合理的，并确认它作出的决定合法。在最高法院的判决中，法官们的意见四分五裂，斯卡利亚代表多数意见撰写了判决意见；托马斯发表了赞同意见，肯尼迪发表了部分赞同意见；斯蒂文思、苏特、金斯伯格和布雷耶发表了三份反对意见，其中斯蒂文思和金斯伯格除加入联合反对意见外都独立另撰一份，论争之激烈前所罕见。See Federal Communications Commission v.Fox Television Stations, Inc., 556 U.S.502（2009）.

[2] Id, at 515-516.

[3] Id, at 549.

[4] Id, at 550.

程建立一套基本的、通用的思维模型，并将说明理由乃至行政决定思维的要求与这一“理性决定样板”紧密结合在一起，它将符合性论证和相关性论证推进到了一个非常精致的地步。法院借以施加作用的，一方面是《联邦行政程序法》第 706 节对于裁量活动的审查标准；另一方面是“理性”(rational 和 reasoned) 及逻辑 (logical) 的威严。在理论上，一个论证可能陷于所谓的“明希豪森三重困境”，[1] 导致我们很难真正界定什么是“所有相关的因素”；不过，一旦行政机关拥有了对法律目标的更多解释权（如“雪佛龙两步法”那样)，在能够明确具体论证目标的情况下，行政机关还是不难达到有限的“理性决定”要求，汽车安全设施案以后二十多年来在联邦最高法院和上诉法院审查的案件中，因行政机关说明理由不符合要求而被推翻的情况并不多。但是，这种情况还是会带来一个疑问：法院有资格为行政机关建立一套思维过程样板，检测行政机关决定过程对于样板的缺失，并命令行政机关遵从吗?

对于公法学人而言，第四摩根案中“探索部长的思维过程并非法院职能所在”(it was not the function of the court to probe the mental processes of the Secretary) [2] 一语所树立的“不探索决定者思维过程”原则，曾经被长期看作不可打破的金科玉律。有关思维过程的讨论在司法判决中才重新开始热烈起来。在当代美国司法审查的实践中，“思维过程特权”并非不可克

[1] “假如一个人支持自己结论的理由是另外一个或一套命题，那么这个命题或一套新的命题就相应地接受人们不断地发问。这个过程将会一直进行下去，直到出现以下三种结果：第一，无穷地递归（无限倒退)，以至于无法确立任何论证的根基；第二，在相互支持的论点（论据）之间进行循环论证；第三，在某个主观选择的点上终止论证过程，如通过宗教信条、政治意识形态或其他方式的‘教义’结束论证的链条。这三种结果就被阿尔伯特称为‘明希豪森—三重困境’。”参见舒国滢：《走出“明希豪森困境”代译序)》，载［德］阿列克西：《法律论证理论》，舒国滢译，中国法制出版社 2002 年版，第 1—2 页。

[2] United States et al.v. Morgan, Administratrix, et al., 313 U.S.409 (1941) , at 422.1930 年 4 月，联邦农业部长签发了一个命令，规定在堪萨斯市进行牲畜存栏服务的费率上限，这个命令曾在此前的一系列案件中因为程序缺陷被推翻。农业部部长在又一次举行听证之后，决定发布一个新的费率规定，当事人又寻求司法救济，地区法院判决农业部部长的决定无效，但联邦最高法院认定决定有效，并在本案的判决中点出了“不探索思维过程”的立场。

服，有法院主张以克服“审议过程特权”（deliberative process privilege）的要素来克服思维过程特权，这一主张获得了初步的接受。[1] 自罗斯福新政以后，法律不断深入行政过程之中、深探至行政思维过程之内，这就使得司法审查有时不可避免地会审查行政思维过程。法律甚至有时会直接限制行政规章制定或行政决定所采用的衡量方法，这就使得法院对思维过程的审查成为必然。

运用这种法律技术的一个重要实例是美国总统卡特签发了“12044 号行政命令：管制分析”（Executive Order 12044: Regulatory Analysis），该行政命令规定监管机构用成本与收益分析方法衡量管制的效率。[2] 后来法律对于行政抽象行为提出了类似的技术要求，如美国《管制灵活性法》要求，如果一项管制规则的草案可能会对小实体[3] 造成具有实质意义的重大影响，管制机构必须就此进行“管制灵活性分析”（RFA）并发布相关报告（这也可以被认为是说明理由要求的一部分），以确保管制机构考虑了所有合理替代方案后，尽可能采取能减少“小实体”负担或增加收益的管制措施。[4] 类似的要求对于具体行政行为也已经在不同领域出现，如《渔业保护与管理国家标准》总则中对某些行政决定的考量过程提出了经济分析方法上的要求。[5] 相应地，在一个判决中，法院认为行政机关在作决定时违反了这种方法要求，从而否定了行政行为的合法性。[6] 可以说，行政机关的“思维过程特权”早已被实践击破，只是这一原理的影响比较深远，也有着一定的合理性支撑，暂时仍能发挥部分作用而已，但它绝不是不刊之论，在

[1] For example, see North Pacifica, LLC v.City of Pacifica, 274 F.Supp.2d 1118; Denver First Church of the Nazarene v.Cherry Hills Vill., 2006 U.S.Dist.LEXIS 49483, at 21.

[2] 该命令后被 12291 号总统命令废除。但 12291 号总统命令对某些抽象行政行为采用成本收益分析方法作出了更进一步的规定。

[3] 这里的“小实体”包括三类对象：小企业（small business）、小的非营利组织（small organization）、小的政府机构（small governmental jurisdiction）。

[4] 参见王锡锌：《行政管制的精细化和人性化——美国〈管制灵活性法〉简述》，载《行政法学研究》2008 年第 4 期。

[5] 16 U.S.C. § 1533（b）（2）.

[6] N.M.Cattle Growers Ass'n v.United States Fish & Wildlife Serv., 248 F.3d 1277（2001）.

未来也不一定还会受到像过去那样强劲的支持。

对于这一问题，从20世纪70年代中期起，针对是否探索决定者思维过程的问题，学界才逐渐开始有一些针对性的思考与回应。1975年，拿萨森教授在《哥伦比亚法律评论》发表著名论文对此进行了专门的分析，在文中他不仅展示了法院实际上可以解读为探索行政思维过程的案例，[1]更进一步指出司法审查的新近发展使得行政决定过程对更多的搜寻性审视（searching inquiry）开放，并且迫使行政机关将它的更多牌摊上桌面（put more of his cards on the table），以满足最低限度的公正之要求。对比在法庭上询问行政官员或其助理决定了什么、为何如此决定，这是一种更好的探索行政思维的方式。[2]随后，探索性审查（probing review）的方式在学界也得到广泛的接受，但也不乏批评的声音——保守和激进兼备，如有学者认为法院经常未能在探索性审查和司法（对行政的）尊重之间取得平衡，不过他是认为法院对行政机关用专业分析包装的部分采取过于躲闪的姿态而不作探索。[3]迄今为止，全盘反对探索性审查的观点已经很难看见了，法院对行政理由的审查得到了美国行政法学界的广泛接受，尽管不一定需要达到“严格检视”标准的审查深度。

总体上看，在美国司法审查实践的推动下，行政理由在当前美国的行政过程中已经占据了极为重要的位置，以至于已经可以认为，至少从法律实践表面看，当前行政机关的活动方式，不是作出行政决定后去说明理由，而是围绕行政理由的结构性要求去推进行政过程并完成相应的行政记录；行政过程的形态已经为行政理由的结构和形式所决定。严密的说明理由要求使得美国的公共行政以一种十分清晰的面目展露在世人面前。

---

[1] Nathaniel L.Nathanson, “Probing the Mind of the Administrator: Hearing Variations and Standards of Judicial Review under the Administrative Procedure Act and Other Federal Statutes”, *Columbia Law Review*,Vol.75, No.4（May, 1975）, pp.751- 752.

[2] Id, at pp.768-769.

[3] Alan Charles Raul and Julie Zampa Dwyer, “Science in the Regulatory Process: ‘Regulatory Daubert: A Proposal TO Enhance judicial review of agency science by incorporating daubert principles into administrative law”, *Law and Contemporary Problems*, No.66（Fall 2003）, p.27.

四、对美国行政说明理由司法审查历程的思考

美国行政说明理由司法审查历程给我们留下的思考是非常丰富的。首先，它最直观地彰显了一条道理：针对说明理由的司法审查大大加强了行政活动过程和说明理由之间的内在联结，如果仅有说明理由的制度要求，而司法审查的深度和强度不相匹配，行政理由很可能只会被当作行政程序法制中的一项处于相对边缘位置的枝节要求，它蕴藏的深远功能与意义容易被忽视。其次，在司法能动性较强的前提下，针对理由的司法审查可以在法律实践中大大丰富对行政理由乃至行政活动过程的要求，从而一定程度上克服和补救了立法对行政理由要求的单向性和模糊性。最后，对理由的司法审查使行政机关对行政理由的控制力得到削弱和制衡，这就使得行政理由可以充分发挥出它的作用，成为构建理性决定样板的基石和行政过程的核心构架。

在美国，高强度的司法审查和对说明理由的严格要求，使得行政活动越来越遵从一种严密的、科学化的理性行政模式，这种进路是否合适？对此，我们或许可以有更深入的思考。

1. 合理性是当代公共行政的根本价值要求之一

通过行政说明理由要求建构逻辑严密、论证科学的理性行政模式，从根本上说是行政合理性价值的要求。合理性在当代作为行政法的基本原则之一有很多原因，最重要的原因就是在现代的生产生活方式及政治制度下，合法性竞争的激烈化和社会事务的专业化。在激烈的合法性竞争中，尤其在民主选举政治制度下，执政的党派如果不能获取更丰富、更坚实的合法性基础就会丧失执政地位；行政机关如果不能更充分地证明其活动的合法性基础就会受到议会、法院、媒体和民众的攻击；政府如果在履行职责方面不能让民众更为信服，许多职能就会为社会组织和市场所取代。这些因素都迫使行政机关在充分说明理由方面自觉配合法律要求，寻求更多的合理性作为其合法性（正当性）的依托。在社会事务专业化的背景下，行政机关的许多工作变得复杂而漫长，如果不能充分展示行政的合理性，说明事实依据、法律上的理由和裁量上的考虑，不仅会遭遇各方面的阻力和质

疑，得不到有效的社会支持和各方面的配合，还可能导致行政活动自相矛盾的局面，使得社会公众甚至庞大的行政机关内部无所适从。因此，时代和政治制度的大背景已经决定了合理性对于公共行政的根本重要性，决定了充分说明理由及相关司法审查的必要性。

2. 依据理由结构推进行政过程更适合于现代公共行政的定位

行政思维在行政过程中的推进应当在合法的理由结构中进行，与行政理由的形成是同步的。依据事先预定的结果编造“马后炮”式的行政理由，即使在行政实践中可能多见，也不应当是行政实践的常态。行政本身既不是起点，也不是终极目标；行政活动依托宪法和法律进行，而服务于社会秩序、经济发展和公民权益等最终目标，它是一套社会治理和法律实施的工具，而工具必须能为使用者所良好控制。整个社会需要一个“看得懂、理得顺、信得过”的行政系统来为其中千千万万的公民和法人服务，尤其当行政活动深入越来越多的社会事务时，行政机关的行为必须是可预期的，尤其是阻碍权益行使及影响事务安排的各种行政风险必须能够被合理预见和防范，这就要求行政过程具有足够的透明度、充足的依据和清晰的思路，这就对说明理由提出了更充分的要求。不仅如此，清晰而充分地展示行政活动的完整理据还能更好地引导大众进行冷静而成熟的思考，对于塑造良好的政治氛围和社会思想有着不可替代的助益作用，也能够更好地助推需求日益高涨的协商、合作与多元治理机制建设，这也是当代公共行政所需要承担的一份职责。

3. 主体和程序机制调节能力不足时应支持理由调节的强化

发展严密而深入的说明理由要求，第三个原因在于前面曾总体论述到的制度调节能力不足问题。在美国，尽管主体和程序方面的制度调节已经非常发达，学者还是深感有加强理由调节机制的必要；[1]而在另外一些制度环境中，当参与、协商、公听会等程序由于种种局限尚未十分发达时，充分说明理由并接受深入的审查就成为一种成本相对较低的调节途径。此外，

[1] For example, see J.Short, “The Political Turn in American Administrative Law: Power, Rationality, and Reasons”, Duke Law Journal, No.61 (May 2012), pp.1819-1823.

前面已经论及，对于行政活动而言，主体和程序方面的制度都需要理由作为一种重要的互动中介，充分说明行政活动的理由和目标，对于专家咨询和公众参与等机制的良好运行都是有利的。系统性的说明理由大大降低了各方的沟通成本，形成了一定的认知前提和共识，使得公众和专家的参与、互动更为便利，也更为深入。

4. 说明理由与政策先例原则的结合对行政权力的行使形成深度监督

对于如此严格的说明理由要求，可能有人会质疑，实践中真能达到“宣告的法则即适用的法则”吗？前面章节中所述美国学者对伪饰问题的关注已经给我们带来了值得深思的启发。在司法审查实践中，我们可以看到，在严密的说明理由要求下，不仅伪饰的成本变得高昂，与政策先例原则（即前面汽车安全设施案等判决中确立的改变先前政策需要充分说理的原则）的结合也对行政说明理由的真实性构成了重大限制，进而对行政权力的行使形成了深度监督。对于这一点，美国著名行政法学者绍尔表示：“……为决定提供一个理由，就是给这个决定加入一条具有更大普遍性而超越于决定本身的原则。当我们为一个具体决定提供一个理由时，典型情况下我们是在提供一条比决定本身更广阔的准则、原则、标准、规范或格言。”[1]他还进一步指出，在政策先例原则下，“给出一个理由，就创造了一个将理由与许诺（promise）或合同（contracts）相联结的义务。正如一个许诺人或合同当事人有义务要遵守许诺或合同的内容一样，……给出理由者也需要遵守其内容，即使进一步的反响、后续情况或始料不及的事件显示这并不是一个好的理由”[2]。总之，在政策先例原则下，说明理由对决定者自身、对后继的决定者造成了必要的约束，不仅对于制约行政机关的朝令夕改、保证政治变迁下的行政连续性起到了巨大作用，[3]也使得一时的伪饰会给整个后续工作带来极大的不便，从而一定程度上保证了说明理由的真诚性。

---

[1] Frederick Schauer, “Giving Reasons”, *Stanford Law Review*, No.47 (Apr.1995), p.641.

[2] Id, p.649.

[3] Id, p.654.

不仅如此，绍尔教授不断强调“提供理由即加入具有更大普遍性的原则或标准”这一点，实际上在提示人们说明理由制度和政策先例原则的结合能够对行政权的行使形成深度监督。在最简化的逻辑模式中，理性决定的所有大前提都将成为行政机关未来的自我约束，而依照福克斯案的判决意见，变更政策或标准的说理要求比普通的制定政策或标准还要高，这使得行政机关在享有裁量权的同时陷入一种难以摆脱的自我拘束之中。特别是在美国的司法审查模式和强度下，所有判断的数据基础和事实依据都需要公开，而且所有相关性因素都需要得到考虑，这样一来，行政机关只剩下三项比较有操作余地的判断或裁量权限：对意义不够清晰的法律条款或概念的解释；对相关因素的影响的专业判断；对各种因素正负面影响的综合平衡。每一项权限的行使根据都要公开并受到严格的自我约束。这意味着行政机关在说明理由的时候已经向审查者、监督者开放了“纵深阵地”，并且由此将自身的实践处理考量作了一般化的处理，很好地符合自由意志自我约束的现代伦理基本设定。审查和监督可以一直及于一个行政规章或决定的深层基础，行政权力的专横和滥用就受到了极大的限制。

在这样的监督深度下，行政活动的质量也得到深入的提升。由此，行政规章的制定和行政决定的作出远远超越了“拍脑袋”的状态，行政的专业化和精细化程度得到不断的巩固和加深，并且经由理性决定模式，各个行政机关形成了一套成熟的决定和说理机制，这套机制得以充分公开展示，不仅给行政机关积累经验和改进行政方法提供了很好的基础，也为政府管理的研究与交流提供了良好的平台。官方公开的大量有效数据，可以为各界深入讨论和反思某些决策给出充分的共同基础，为公共行政策略与技术的成熟铺平了道路。

美国对说明理由的司法审查模式具备诸多优点，但这并不意味着它是尽善尽美的。美国人自己也在不断反思对说明理由的审查应当深入什么程度，福克斯案中法官意见的激烈争论和高度分裂更是表明说明理由要求在未来很可能面临重要调整。但至少有一点我们可以确认，通过对说明理由进行严密而深入的审查，美国法院成功地将行政活动变得更加透明、充实和精致，美国学术界和实务界对说明理由要求的认同也在不断强化。如今，在美国，说明理由已经成为行政程序中举足轻重的一部分，与它的政治体制及法治环境紧密地结合在一起。它至少是值得我们参考和借鉴的其中一种选择。不过，问题是，这种选择在司法审查深度、范围和强度上可能有着比较高的要求，对于行政机关工作人员的素质和技能要求也很高，对于我国目前的制度环境而言，或许整体借鉴会存在一定程度的困难，但这并不排除我国行政法实践在个别领域先取得突破和飞跃。

第二节 德国对说明理由的司法审查

一、司法审查的进路与要求[1]

与美国相比，同样行政法发达而又富于影响力的德国，在对说明理由的司法审查上采取的立场更为深入，对审查者的要求并不低于美国审查者的水准。德国对行政活动说明理由的正式要求比美国要早得多，1884 年刚刚统一不久的德国就颁布了这方面的正式规定。[2]“二战”后，在德国《行政程序法》制定以前，要求行政机关说明理由的案例就已经广泛存在。例如，德国联邦宪法法院在 1957 年就指出，无论是否有明文规定，至少在作出负担性行政决定时，行政机关有说明处分理由的义务。[3]行政机关说明理由义务在最根本的意义上是从《基本法》中的人格尊严条款及法治国条款

[1] 本章所参考的德国判决原文，全部来自于网站 http://www.bvger.ch/publiws/pub/search.jsf，2012 年 12 月 25 日访问。

[2] Vgl *Uwe Kischel*: Die Begründung: Zur Erläuterung staatlicher Entscheidungen gegenüber dem Bürger, Mohr Siebeck, 2003, 33.

[3] BverfGE, 6, 32, 44. 该案的当事人威廉是一位政治家，曾担任门兴格拉德巴赫市市长、“日耳曼运动”的领袖。他曾多次在国内外公开批评联邦德国的政策。1953 年，他申请延长护照期限被德国政府拒绝，后者并未提供详细的理由。联邦宪法法院在审判中指出，作出这样的决定而不说明理由是违反《基本法》要求（德国《基本法》第 3 条和第 6 条）的，法院确认威廉对知晓理由的请求权，认为只有知晓理由才能保证当事人作出有效的防御。本案可以认为是德国战后行政机关说明理由的第一案，对日后说明理由要求的发展有着深远影响。

解释出来的。[1] 德国学者指出，联邦行政法院已经将行政机关在其决定结果中逐点说明理由的义务追溯到一种宪法性义务。[2] 对行政活动说明理由义务是否充分履行的司法审查，虽然主要是行政法院作出的，但也没有完全排除其他法院的介入。例如，1979 年联邦德国宪法法院在伊娃与爱丽丝案中推翻了行政机关（联邦保险金办公室）在法律变动的前提下继续沿用旧政策而不作额外说明理由的决定，要求行政机关在法律修订后考虑议会所追求的各种因素及意图。[3] 随着 1976 年《行政程序法》的颁行，行政活动说明理由义务越来越受到法院系统的重视，行政法院系统在对说明理由义务的审查中扮演着最关键的核心角色，承担了大部分这方面的司法审查任务。

德国行政法院系统在司法审查中对行政活动说明理由提出的要求，在一般情况下可以归结为如下六点，这几点在实践中比较容易得到满足：

1. 行政机关在说明理由时需要详细阐述行政决定的内容（Inhalt）和范围内各要点（Umfang），而不是泛泛而论。说明理由的详尽程度取决于法律层面的专门性、事实层面的复杂性与案件中子问题的数目，还有对当事人权利的影响、程序中有争议的方面、当事人之间能达成共识的程度以及是常规还是属于例外决定（Ausnahmeentscheidung）等。[4] 说明理由不能程式化，而需要针对单个案件单独给出。[5]

2. 说明理由不可能说清楚所有的细节，只需要清晰地阐述具备特别重要性的问题，并在其他问题上满足看似有理的一般价值准则（im übrigen eine plausible allgemeine Wertung genügen）即可。[6]

---

[1] Vgl Tiedemann, *Beck'scher Online-Kommentar VwVfG*, § 39, Rn 2.; *Uwe Kischel*: Die Begründung: Zur Erläuterung staatlicher Entscheidungen gegenüber dem Bürger, Mohr Siebeck, 2003, 64.

[2] *Uwe Kischel*: Die Begründung: Zur Erläuterung staatlicher Entscheidungen gegenüber dem Bürger, Mohr Siebeck, 2003, 116.

[3] BVerfGE 51, 1, 20 ff.

[4] Tiedemann, *Beck'scher Online-Kommentar VwVfG*, § 39, Rn 26.

[5] Tiedemann, *Beck'scher Online-Kommentar VwVfG*, § 39, Rn 30.

[6] Tiedemann, *Beck'scher Online-Kommentar VwVfG*, § 39, Rn 27.

3. 对于事实理由，行政机关要说明对作出决定具备决策重要性（entscheidungserhebliche）的事实，[1] 对事实的说明必须能达到自我确证（muss aus sich heraus verständlich sein）的地步。[2] 如果说明的事实存在争议，则应当说明为何选择这一种阐释而非其他的阐释。[3]

4. 对于法律理由，对规范的解释同样需要达到自我确证的地步。说明法律理由不能仅仅是大段大段引用法条，而必须和具体的当事人及事实联结起来，使决定的法律基础得以清晰展现。[4] 不过，如果在说明理由中不正确地援引法条，虽然会导致行政行为建立在违法的基础上，但已经可以视作履行了说明理由义务本身。[5]

5. 行政行为 [6]（Verwaltungsakt, VA）所依据的判断权限越广阔，司法审查密度越低，说明理由的要求就越详尽。这是保证说明理由义务不受司法审查密度降低的影响，保证行政权力行使合乎宪法而免于滥用的需要。[7] 可以说，在这种要求下隐藏着一种重要的行政法理念，即从整个行政过程来看，对行政权力保持一定的综合控权水平。

6. 说明理由不需要反映集体性决策机构的每一个成员的观点，但需要反映出全体或多数成员能达成一致的支持性理由（die "tragenden" Gründe），亦即能使行政决定在处理与民众相关的问题方面获得正当化论证的理由；如果出现明显的争论，需要投票决定何种意见能够构成代表多数的理由。[8]

而在行使行政裁量权的情况下，行政活动说明理由问题会变得比较复杂，从学者的论述及司法案例中我们可以总结出如下一套法律要求框架：

---

[1] Tiedemann, *Beck'scher Online-Kommentar VwVfG*, § 39, Rn 41.

[2] Tiedemann, *Beck'scher Online-Kommentar VwVfG*, § 39, Rn 35.

[3] Tiedemann, *Beck'scher Online-Kommentar VwVfG*, § 39, Rn 34.

[4] Tiedemann, *Beck'scher Online-Kommentar VwVfG*, § 39, Rn 36.

[5] Tiedemann, *Beck'scher Online-Kommentar VwVfG*, § 39, Rn 37.

[6] 这里所说的 VA 与我国的"行政行为"概念有一定差距，但直译是"行政行为"，特此注明。

[7] Tiedemann, *Beck'scher Online-Kommentar VwVfG*, § 39, Rn 8.

[8] Tiedemann, *Beck'scher Online-Kommentar VwVfG*, § 39, Rn 7.

1. 在说明理由中，行政机关必须意识到它在行使裁量权，[1] 而且要显示出它在按照授权的目标与法律的限制去行使裁量权。[2] 行政机关在说明裁量理由时应能使其作为裁量出发点的基点（Gesichtspunkte）清晰可辨。[3] 也就是说，使得人们能够产生这样一种印象：裁量决定下的说明理由义务与羁束性决定下的说明理由义务等同。[4] 不过，事实上，裁量决定的说明理由要求通常比羁束行政情况下的说明理由要求更高；在裁量决定的情况中，说理不当或说理不足的情形也比羁束行政情况下更为广泛。只有在预设裁量（intendierten Ermessens）[5] 中未偏离常规情形（Regelfall）的情况下，对裁量决定说明理由的要求才会降低。[6]

2. 行政机关必须充分说明裁量专门事项的各种理由要素（die ermessensspezifischen Begründungselemente），如果缺乏具体的阐述，说明理由将是不合要求的。[7] 行政机关必须说明裁量所包含的一整套（das gesamte Spektrum）观点，不仅包括最终左右裁量结果的观点，也包括能被看见但最终未被考虑的观点，尤其是对核心方面（wesentliche Aspekte）一定要加以阐述。[8] 在 1998 年的一个案件中，一位菲律宾人申请签证延期被德国大使馆拒绝，德国明斯特高级行政法院（OVG Müster）要求大使馆在作出拒绝签证延期决定时考虑所有的相关因素并加以衡量，接着法院指出，使馆

---

[1] Tiedemann, *Beck'scher Online-Kommentar VwVfG*, § 39, Rn 42.

[2] Tiedemann, *Beck'scher Online-Kommentar VwVfG*, § 39, Rn 43.

[3] 在 1993 年德国吕内堡高级行政法院（*OVG* Lüneburg）的一个判决中详细论述了这个问题。在该案中，下萨克森州关于任命 D 级公诉人的决议遭到质疑，法院在审判中认为行政机关未尽说明理由义务而未支持行政机关的诉讼请求。在该案中，法院明确表示，依据行政程序法的规定，行政行为必须说明事实和法律方面具备实质重要性的理由，并且明确显示裁量所依托的基点。Vgl OVG Lüneburg, Beschluß vom 17.8.2005 - 5 ME 100/05（NJOZ 2005, 5028）.

[4] Tiedemann, *Beck'scher Online-Kommentar VwVfG*, § 39, Rn 38.

[5] 指立法中的裁量性规定已经要求在常规情况下必须在特定意义上以一定方式行使裁量权的情形。Vgl Michael Rudersdorf, *Das intendierte Ermessen*, Verlag Dr.Kovac, 2012, s.3.

[6] Tiedemann, *Beck'scher Online-Kommentar VwVfG*, § 39, Rn 40.

[7] Tiedemann, *Beck'scher Online-Kommentar VwVfG*, § 39, Rn 41.

[8] Tiedemann, *Beck'scher Online-Kommentar VwVfG*, § 39, Rn 44.

对相关因素的考虑相当彻底，而法院的职责并不是去逐个考虑行政机关的理由要素和对法定构成要件的理解，据此法院驳回了原告的请求。[1] 这个案件可以在一定程度上表明法院在行政活动说明理由义务方面所采取的基本立场。

3. 行政机关必须说明它所采取的价值标准（Wertmaßstäbe），进而说明它对每个可见的裁量基点的价值评价和优先性选择。[2] 不仅如此，这种价值标准还不能不顾及普遍有效的价值标准。在 2004 年一个关于警察职位选拔的行政上诉案件中，德国明斯特高级行政法院认为行政机关在其说明的理由中对每个竞争者的正式判断缺乏对有关因素的充分考量，从而变更了下级法院的裁定。[3] 法院在裁定意见中指出："对于这类决定（由雇主依据特定的事实基础而证明相关人选资质优势的决定），法院原则上不能质疑，但在两种情形下例外：雇主误认法律概念的语境或法律框架赋予其自由行动空间；或依据不正确的事实基础、未照顾普遍有效的价值标准及考虑了不适合的因素。"[4] 由此，法院对裁量决定说明理由在实质面上的探索深度，在理论上比美国的司法审查进路还要深。但是，对于何为普遍有效的价值标准（allgemein gültige Wertmaßstäbe），在论证说明理由义务的相关案件中尚缺乏详细的解释。

4. 对裁量决定说明理由需要的是实质性、逻辑完满（是合理的逻辑结论）及可追溯（substantiiert, schlüssig und nachvollziehbar）的。裁量权范围越宽，说明理由的要求就越彻底。[5] 这是和前面的判断权限及司法审查密度与说明理由彻底性之间的反向平衡关系是一致的。在德国格雷夫斯瓦尔德高级行政法院（OVG, Greifswald）2009 年的一个典型判决中，这个问题

---

[1] BVerwG, beschluss vom 11.03.1998 - 1 B 32.98（*OVG Münster*）.

[2] Tiedemann, *Beck'scher Online-Kommentar VwVfG*, § 39, Rn 45.

[3] 这是一则针对裁定（Beschluss）的上诉。不过，这个词仅仅是国内学界的译法，并不严格对应于我国的"裁定"。参见［德］弗里德赫尔穆·胡芬：《行政诉讼法》（第 5 版），莫光华译，法律出版社 2003 年版，第 597 页。

[4] OVG Münster: Entscheidung vom 20.10.2004 - 6 A 215/02.

[5] Tiedemann, *Beck'scher Online-Kommentar VwVfG*, § 39, Rn 46.

得到了充分的阐释。在该案中，行政机关作为上诉人，以执行在2003年作出的一个决定为由，在相对人就此决定起诉之后的诉讼进行期间，于2008年对相对人的房屋下发了立即执行的拆除命令。法院认为行政机关仅以2003年的决定为依据并未充分说明理由，[1]进而在裁定意见中指出：“……基于这一背景，行政机关有必要对相关核心要素给出一个实质性、逻辑完满及可追溯的考量：为什么在行政机关的眼中会存在这样一种特别的公共利益，以及为什么相对人的利益经受得起收回延缓效力的后果。”[2]在这里，在司法案例中广泛出现的“实质性、逻辑完满及可追溯的”标准延伸到了行政执行程序的说明理由要求之中，实质上成了德国行政法上说明理由的普遍要求。

5. 德国行政法中还将所谓的“判断决定”（Beurteilungsentscheidungen）和裁量决定（Ermessensentscheidungen）划分开来，与前述区分不确定法律概念和裁量相一致，是德国行政法中一个非常有意思的主题。判断决定在依据才能、特点或专业水准进行考评的情况下尤其常见。对于判断决定，在一般的说明理由之外，还需要展示支撑决定的评价体系（Bewertungssystem）或有效的分配程式（verbindlicher Punkte-Verteilungsschlüssel）。[3]在2005年德国魏玛高级行政法院的一个公共服务人员遴选方面的判决中，法院展示了州卫生行政中心（Zentralstelle der Länder für Gesundheitsschutz bei Arzneimitteln und Medizinprodukten, ZLG）在选择专业服务提供者的判断决定时所采用的方法：首先区分“软的”和“硬的”标准，“硬的”标准就是薪酬水平或薪酬要求、工作能力和专业资格；“软的”标准包括工作态度和工作表现；然后对软硬标准各建立了一套评价体系，对“软的”标准的评

[1] 德国《行政法院法》（Verwaltungsgerichtsordnung，VwGO）第80条规定了要求撤销行政行为的复议和撤销之诉具有延缓效力。该条第3款要求对同条第2款第（4）项范围内的事务作出立即执行行政行为决定时需要书面说明理由，发生迫切危险的情况（特别是生命、健康或财产存在迫切危险而使得行政措施满足公共利益时）除外。

[2] OVG Greifswald: Beschluss vom 08.07.2009 - 3 M 84/09.

[3] Tiedemann, *Beck'scher Online-Kommentar VwVfG*, § 39, Rn 51.

价来自下级评议、同级的同行评价与自我评价以及上级评价；对“硬的”标准则根据技能、知识和才华按30∶10∶10的比例评分，不同的优点和教育背景相应转换为不同分值软硬标准评分总计320分。有10年以上工作经验者可获得最多64分的奖励分。法院经过长篇大论的审查后，认为ZLG的评价方式是完全不可用的（unbrauchbar），并未综合考虑候选人的工作量、工作模式、工作质量和领导才能，从而否定了其判断体系。[1]

此外，有意思的是，德国行政诉讼法制中还有一类专门的“理由判决”(Grundurteil)。在给付判决中，如果对一个请求在理由和数额上有争议，法院可以根据《行政法院法》第111条，通过一个特殊的中间判决对理由部分预先作出决定。理由判决的约束力仅仅局限于请求理由。[2]这是一种非常有特色的专门规定。

由此来看，尽管德国在立法上仅仅将说明理由定位为一种程序性义务，但德国司法机关却远远突破了这一设定，而将行政理由的运用与说明推进到了一层更深刻的制度认知之中。德国司法审查对行政说明理由的介入实际上不比美国浅，也并未停留在形式层面，而是同样深入实质层面进行探究；并且，它在审查进路中架设了一套层次丰富的逻辑框架，包括耐人寻味的逻辑中间层构造，对行政机关的思维过程提出了更多的要求，也使得行政与司法之间的互动更加精彩纷呈。由此，德国对行政说明理由的司法审查方式给我们带来的思考，也将是相当丰富的。

二、对德国行政说明理由司法审查方式的思考

作为对“理性”的哲学思考极为深入的国度，德国对行政说明理由司法审查的深度至少不亚于美国。如果说美国仅仅建构了一个总体上略显抽象的“理性决定”样板、一个稍显粗糙的完整逻辑模式，德国就进一步建

---

[1] OVG Weimar, Beschluß vom 31.1.2005 - 2 EO 1170/03 (NJOZ 2005, 4685).

[2] 参见［德］弗里德赫尔穆·胡芬:《行政诉讼法》(第5版)，莫光华译，法律出版社2003年版，第579—580页。

构了更精致的逻辑模式，特别是通过实质性地要求价值标准、评价体系等关键的逻辑中间层构造（相当于三段论中插入对大前提的精细化、结构化环节），在德国要满足说明理由义务的要求甚至可能比美国更难。

这种逻辑中间层同样通过说明理由义务的要求对行政机关的思维构成很关键的制约，而这种制约的内容表面上看来并不十分令人信服。例如，对于“价值标准”而言，法院裁判中常用的概念是“普遍有效的价值标准”，但是这本身就是人类思想史上一个悬而未决的重大疑难问题。德国法中对“价值标准”的讨论由来已久，“普遍有效的价值标准”只是其中一种最为根本的标准（多出现于公务员法领域）；如果再加上“客观价值秩序”一类脉络复杂、影响深远的内容，[1] 价值标准问题已经远远超出了说明理由制度所及的界限，但偏偏行政活动说明理由就必须处理这一问题。德国联邦行政法院认为，这一概念源生于《基本法》第 20 条第 3 款 [2] 的法治国原则，约束所有国家权力；这一标准内涵丰富，比例原则也属于其中的一项内容。[3] 如此看来，何为普遍有效的价值标准，其范围恐怕过于广泛。而对于评价体系而言，如果仅仅是要求展示评价体系本身，并且不遗漏相关因素，则司法审查的深度与美国基本相当，但如果判断余地的日益缩小，法院对评价体系的干预深入中间逻辑层的具体构造中，就会使得司法日益有越俎代庖之嫌。

事实上，“二战”后德国司法系统对其他领域一直都保持着相当充分的

---

[1] 在德国，客观价值秩序是一项很重要的法教义学内容。德国宪法法院认为，在《基本法》的各个基本权利规定里也体现一种客观的价值秩序，被视为宪法上的基本决定，有效适用于各法律领域。它以“人性尊严”和“自由民主基本秩序”为两个基点，向基本权利和国家机构两个方面展开。在基本权利方面，它除了使基本权利在传统的防御和受益功能，还具有保护义务、间接第三人效力、组织和程序保障、制度保障等多项功能；在国家机构方面，“客观价值秩序”将原来仅为政治宣言的人民主权、社会福利、法治国、分权原则等赋予规范效力，使其能够拘束一切国家公权力。同时，“客观价值秩序”在基本权利和国家机构两方面所形成的制度都是开放结构，可能随宪法理论与实务的发展而扩充。参见冯健鹏：《论德国宪法学中的“客观价值秩序”》，载《西安电子科技大学学报》（社会科学版）2008 年第 6 期。

[2] “立法应处于宪法标准限定之下（an die verfassungsmäßige Ordnung），执行权与司法应受法律（Gesetz）与法权（Recht）之约束。”

[3] Vgl Beschluss des 1.Wehrdienstsenats vom 15.Juli 2008 – BverwG 1 WDS-VR 11.08, Rn.28.

介入深度。1957 年发展出比例原则的著名的“药房案”就是一个例子。原告卡尔·海因茨（Karl-HeinZ R.）是一位药剂师，1940 年就取得了职业资格。战后，他首先在苏占区担任一家国有药房的管理人，随后成为承租人。1955 年他离开东德（原德意志民主共和国）到西德（原德意志联邦共和国）的特劳恩施泰因（Traunstein，一译特伦斯坦）的一家药房任职。1956 年，他向上巴伐利亚州政府申请在特劳恩施泰因开设新药房，但申请被政府依上巴伐利亚州《药房法》第 3 条第 1 款拒绝。原告的诉愿请求又被驳回。最后，原告提起宪法诉讼，联邦宪法法院认定《药房法》第 3 条第 1 款的规定与《基本法》抵触，进而撤销上巴伐利亚州政府的决定，同时宣告《药房法》第 3 条第 1 款无效。[1] 在本案中，法院所依托的宪法条文主要有两条，其中核心的也就是《基本法》第 12 条第 1 款规定的：“所有德国人均有自由选择其职业、工作岗位及培训机构的权利。职业从事（Berufsausübung）可以通过法律或法律的理由（auf Grund eines Gesetzes）进行规制。”但就从这一款规定出发，法院不仅对职业限制作了非常详细的类型化分析，引出比例原则的要求，还对行政机关的理由进行了仔细的审查与回应。在本案中，行政机关提出的理由是：在“公共利益要求”方面（《药房法》第 3 条第 1 项第 1 目），(1) 在特劳恩施泰因大约有六千人需要药物供给，现存的一间药房已经足够；(2) 从经验上看，一家经营状况较差的药房很容易产生不合法的药物供给倾向，如在没有医生处方时交付药物，或者在贩卖麻醉剂时交付过多的剂量，这反过来会损害公共利益；而在“维护药房工作效能要求”方面（《药房法》第 3 条第 1 项第 2 目），(1) 一间药房大致需要七千到八千居民作为工作效能的保障，因此无法保证新设药房的经营基础；(2) 从法律家长主义式的思维看，防止公民成立一家根本无法生存的药房是政府替公民自身利益考虑的结果；(3) 如果允许开设新药房，那么将导致已经成立的药房连正常营业所需的条件也无法保

[1] BVerfGE 7, 377- Apotheken-Urteil (1957) .

障。[1]法院在审查中对这些理由进行审查并分六个要点提出了否定性的分析，如当事人自身有经济上的考量、市场可以发挥调节作用、药房数量限制缺乏客观标准（objektiven Kriterien）等，直接对行政机关的理由进行实质性的反击。其中，尤其值得我们关注的是，法院从联邦卫生部取得了一份正式的报告，引述瑞士的例子说明自由开设药房并不会导致或即将导致公众的健康利益受到危险。这是职权主义诉讼模式中法院发挥能动性作用的一个很好的实例，也能够解释为何德国在针对行政说明理由的司法审查深度上比美国有过之而无不及。在美国，这种属于行政专业判断上的事务法院一般并不直接介入，而只是要求行政机关提供判断的所有考虑依据及推理过程。这里存在大陆法系与普通法系法院角色的差异，而大陆法系更加能动的司法审查传统使得它对这样一种深度介入的探索方式能够更加适应，当然，这对法官素质也提出了更精致的要求。

当然，德国司法系统也并非一味深入，在笔者检索的案例中，绝大部分情况下法院认为行政机关已经尽到说明理由义务，未对行政机关的判断与裁量置喙。也有法院表示行政机关的说理中只要包含促使行政机关作出决定的法律与事实方面的核心理据就已经是说明理由义务了，[2]许多情况下法院并不细究行政机关的说明理由内容。从理论上看，德国公法学界对此的立场非常清醒："说理"（Begründung）和在说理过程中使用的"理由"（Gründe）是应该被区分的，理由是行政机关为其作出的行政行为进行论理的过程中所采用的论据，这是实体法层面的问题；说理是行政程序的一部分，是一个关系形式法层面的问题，关系到行政机关的行事风格。但是，这两者之间不是互不干涉的"两张皮"，实体法上的理由是该形式的内容，它被丝丝入扣地镶嵌在这些程序和风格中。[3]究其实际，法院工作负担、审查能力[4]以及权力分

---

[1] 此处的译法参考了蒋红珍：《论比例原则》，法律出版社 2010 年版，第 161 页。

[2] OVG Bautzen: Beschluss vom 31.05.2010 - 2 A 334/08.

[3] 参见秦静：《中德行政行为说明理由之立法与现状比较研究》，中国政法大学硕士学位论文（2010），第 4 页。

[4] 同上注，第 14 页。

立原则都起着重要作用，不过更重要的是，在长期的严格要求下，行政机关已经将说明理由工作做得相当精细，建立了许多预设裁量和评价体系，而说明理由的结构已经相对固定下来；因此，法院几乎没有必要去针对每个案件重新考察说明理由义务的要求是否得到满足。在预设裁量的常规情形下，说明理由义务的标准被降低，这样就避免了较强的工作负荷和制度运行成本。

但是这样也会带来一个问题，就是如此一种依据广泛固定的理由体系（预先设定的判断或裁量依据）来应对复杂的公共行政需要，是否导致行政活动会过于僵化而失去活力？这需要从德国法律秩序的特色说起。德国法理非常重视价值面的秩序化，如对于行政决定中的专家评价，法院认为，重要的不是评价结果，而是对价值形塑因素（die wertbildenden Faktoren）的宣告和详细的说明。[1] 客观价值秩序的塑造、评价体系的要求、价值形塑因素的宣告、普遍有效价值标准的表述等，都指向同一个逻辑中间层：赖以导出最终决定的结构化价值层。这一价值层类似于执行合法化论证功能的理由层中介结构，但它是在合法律性的框架下吸收和转化各种合法性与合目的性考量因素的一个结构。很有意思的是，在德国，虽然司法审查更为深入，但只要行政机关对需要考虑的因素作了完整的列示并说明了其权重分配，法院一般也和美国一样不再追问各因素之间权重安排的合理性问题。不过，在法院审查极具延伸能力的德国，这也存在例外情况。例如，1999 年联邦行政法院的一个判决中，就对行政机关的权重分配作出实质性的审查，明确指出由于行政机关因为考虑错误的线索而没有给予相反意见足够的考量权重，因而未满足说明理由义务的要求，进而推翻了行政机关（联邦纪检官员，Bundesdisziplinaranwalts）的决定。[2] 不过，这样的案例在

[1] *Zimmermann*: Sachverständigenpflichten, DS 2006, S.313.

[2] 在本案中，联邦家庭、老人、妇女与青少年部的一位官员被怀疑替前德意志民主共和国在前德意志联邦共和国实施间谍行为而被部长暂时解除职务并扣减 10% 的薪酬，随后，联邦纪检法庭认为部长的决定未履行有关的裁量义务、未满足纪检程序的要求并容忍了该雇员随后的合作活动，从而撤销了这一决定。联邦行政法院认为联邦纪检官员的说理存在不足，从而推翻了受行政程序法约束的联邦纪检官员的决定。Vgl BVerwG, Beschluss vom 16.11.1999 - 1 DB 8.99.

德国行政法中很少见，绝大多数审查意见只是要求行政机关给出所有相关因素的权重分配或大致的评价情况就足够了。这实际上是在行政与司法权力之间构建了一个新的平衡：行政权力需要充分展示它所依托的中间结构，并且这个中间结构不能遗漏必要因素、侵害基本权利或过于不合通常事理。表面上，行政机关由此只能退却到权重分配的狭小空间内，而使得行政活动陷于僵化的险境；但实际上，行政机关对于如何切割、列举与组合相关因素仍有很大的余地（我们可以称之为“构造余地”），在长期的行政——司法互动中，行政机关已经掌握了如何在这种公开的中间结构之下达成行政目标的技艺。

更深的一层因素是，在德国这样一个已经进入社会有序、法制完备、生活富足稳定的国度里，行政灵活性的需求相对于规范性的需求大为降低。行政活动已经规划到了社会生活的各个方面，包括对于一般的紧急情势也多有考虑和规范。[1] 在这样一种情况下，坚持司法对行政的深度审查及对说明理由的充分要求，并不会造成重大的负面影响，而对于维护其法治秩序及法治价值体系有着重要的促进作用。此外，在公开、透明、诚实的公共行政环境中，一般情况下行政机关只需要将常规行政管理活动中的各种依据直接转换为对外说明的理由即可；也就是说，说明理由义务看起来内容繁复，但实际上没有给行政机关增加多少额外负担。当法治秩序与行政管理模式很自然地内在结合时，即便行政法提出了较多的程序与实体性要求，也是比较容易得到实现的。

由此，德国对行政说明理由的司法审查经验进一步向我们展示了行政理由在当代行政法中的重要地位。随着司法审查的扩张与深入，行政理由

---

[1] 德国从魏玛宪法开始就对紧急状态下的制度权力安排作出了规定，但因为魏玛宪法规定过于概括，导致紧急状态条款被滥用，《基本法》对紧急状态下的制度权力安排作出了清晰而详细的规定。不仅如此，联邦德国于 1968 年还制定了《基本法有关紧急权力的十七条补充法》，以列举条款之立法模式具体规定了紧急状态的具体类型，对不同类型的紧急状态还规定了政府可以采取的紧急权力，不仅使必需的政府行动合法化，同时也建立了一个控制危机时期的政府行动的机制。参见杨小敏：《国家紧急权宪法条款设计之若干核心问题探讨——以德国法为经验》，载《当代法学》2005 年第 5 期。

越来越不是一个程序性的点缀，而是理性行政过程的自然外部化表现，行政理由因此成为理性决定模式的核心“控制元件”。这一趋势在更广阔的范围内得到了体现。

第三节　司法审查的扩张与深入

一、行政说明理由的司法审查：世界范围内的扩张与深入

在美国、德国等司法审查发达国家以外，同样法治发达的一些其他西方国家对行政活动说明理由也采取了扩张性的深度审查；而一些发展中国家也开始了对说明理由的司法审查扩张之路。这种世界范围内的司法审查扩张与深入值得我们深思。

一个值得关注的典型例子是尚未制定行政程序法，并且很晚才承认行政法的英国。英国在行政说明理由的司法审查方面进展相对缓慢，在 1990 年的一个案件中，王座法庭（the Queen’s Bench Division）还煞有介事地论证：“为满足公开假释委员会报告及促使委员会对其决定说明理由的要求，政府在未来将对假释决定的详细安排给予更深远的考虑。政府相信更高程度的公开性将提升制作决定的质量。它将鼓励对与假释标准相关的证据和论说更仔细的考量；而一份早先的详细记录将可能对未来的决定有帮助，也促进清晰的政策得以制定、假释决定的连贯路径得以形成。”[1] 因此，尽管“(对理由的）公开也可能有导致报告更简约而贫乏的风险，公开的报告也可能引发对更多用以挑战政府不利决定的信息公开需求，但作整体权衡以后，政府相信更高的公开程度的好处将超过它的不利影响”。

另一个案例也可以说明英国在这个问题上曾经面临的摇摆。1993 年，

---

[1] See R. v. Parole Board, ex parte Bradley, [1990] 3 All ER 828, [1991] 1 WLR 134, at 6.26. 该案主要涉及一名于 1976 年被判处终身监禁的罪犯的假释问题。在英国法中，假释决定属于行政决定，受行政法原则约束。本案的判决意见即可看出这一点。

在高等教育基金会案件[1]中，王座法庭就说明理由的优缺点作了一次长篇大论：

“……说明理由可以将作决定者的思维从许多其他干扰项里集中到正确的问题上；对相对人（recipient，行政活动的接收方）宣称为何如此行为；展示有意识地考虑的要素及如何达成结果；或为相对人提示行政过程中存在的可证的瑕疵。但对于论辩的另一方而言，这会给作决定者带来更重的负担；在需要多元性的地方却要求普遍性；对无法有效表述价值的判断要求编制理由；以及给吹毛求疵者在理由中找茬提供机会。……在这些因素的影响下，每个案件都将在两个极端之间或就在其一端寻找定位：一边是对理由的渴求，另一边是有些决定完全不适合提供理由；而在两极之间存在一条分界线，对需要或不能提供理由的因素作权衡以决定在具体案件中是否需要说明理由。当前这条分界线的位置并不确定。”

法院继而将论证提升到了一个历史性的高度：

“无疑，普通法将发展下去，一个接一个案件地发展下去。这种情况不能令人完全满意，因为经验告诉我们缺乏一个在先的原则，将会出现不融贯或不一致的决定。但从这种稳定的进程中决定原则将会出现，而且如果普通法的实用主义有其优势的话，这些（后来出现的）原则将是坚实的。现在，本法院还不能超越以下命题：并不存在说明理由的普遍义务；有一些决定的正义性不需要通过说明理由来获得。”

这一案件的整个说理过程显得相当深远，它对说明理由普遍义务的明确拒斥使得在英国直到2010年前后也没有把说明理由当作普遍的程序性义

[1] R. v. Higher Education Funding Council, ex parte Institute of Dental Surgery, [1994] 1 All ER 651, [1994] 1 WLR 242. 在英国，高等教育基金会负责为各个高等教育机构评分并根据评分拨付财政资金，一个大学学院在1992年的一轮评定中因评分骤降100分而丧失大量的资金支持，该学院不服，诉至王座法庭，要求高等教育基金会说明理由。王座法庭在审理中先是否定了行政说明理由的普遍义务，又进而通过具体分析否定了本案中行政机关说明理由的具体义务（不过至少还承认了存在诸如人身自由之类的重大利益时必须说明理由的要求），以本法庭不能要求行政机关提供理由为由驳回起诉。

务；[1]不过，实际上英国对行政说明理由义务的要求已经越来越向有正式立法规定的国家接近的趋势。在很多时候，英国对行政说明理由的司法审查标准取决于特定的情境。行政官员在理由说明部分不能简单地逐字重复法律条款，而应当提供证据和事实，并对结论进行解释，此外，还应当考虑作出决定的背景。英国对行政说明理由的法律要求已经逐渐由一系列的判决日益完备起来。[2]

更重要的是，无论英国法院是否承认行政说明理由的普遍义务，英国很早就已经依托越权无效原则开始了对说明理由的深入审查。从著名的电影院购票限制案[3]开始，英国法对说明理由的审查在越权无效及正当期待等原则的掩护下不断得到推进。同时，部分制定法如1974年《城乡计划规则》也要求相应的行政机关对计划调查后所作的决定说明理由，而且必须是“确当而充分的理由”(proper and adequate reasons)，这一概念在司法审查中也得到了广泛的运用。例如，在野生动植物和乡村保护法方面，法院很早就依托一条没有明确要求说明理由的法律规范解释出了说明理由义务。1978年，法院就要求负责调查的官员在证据相互冲突作出选择时说明为何如此选择；法院还宣布官员被授权对不同的论述意见赋予不同的权重，法院不会支持给一种论述意见过度分配权重或根本未给其他意见分配权重的

[1] For example, see Mayor and Burgesses of the London Borough of Hounslow v Powell [2011] ; Leeds City Council v Hall; Birmingham City Council v Frisby, [2011] UKSC 8. 在这个英国最高法院判决的案例中，地方政府对一群租住者发布命令要求其退出房屋并附上理由说明，而法院认为它的理由说明并不妥当。不过，对于地方政府结束租赁并占取当事人的房屋是否需要说明理由，法院仍然没有使用普遍化的论证；法院尽管认为存在说明理由的需要，也没有明确要求行政机关必须说明理由。最后法院经过审理，既未颁发执行令也未否决地方政府发布退出通知的合法性，租住者得以被容忍继续占据住宅。

[2] 参见宋华琳:《英国行政决定说明理由制度研究》，载《行政法学研究》2010年第2期。

[3] Associated Provincial Picture Houses Ltd.v Wednesbury Corporation [1948] 1 KB 223.1947年，英国的威德内斯布里公司（威德内斯布里镇的行政机关）给一家电影公司颁发营业执照，条件是任何15岁以下的青少年不得在星期日进入该电影院。电影公司声称这一条件是不可接受的，诉至法院。法院认为其无权审查，并未支持电影公司的诉求。但在判决中，法院指出，如果“一个决定是如此不合理以至于任何一个理性的行政机关都不会考虑实施”，法院就有权加以干预。这一原则后来被发展壮大，即著名的“威内斯布里不合理”(Wednesbury unreasonableness) 原则。

决定。2004 年，法院更是进一步宣称：“一个决定的理由必须是明白易懂的，也必须是充分的。它们必须使得读者理解为什么事情被如此决定、由‘主要的争议事项’出发达成了什么结论，揭示法律和事实方面遇到的任何问题是如何得以解决的。理由可被简要陈述，在具体案件中陈述的简繁程度依赖于相关事务的本质。推理过程必须不至于让人对作决定者是否犯了法律上的错误产生实质性的怀疑，如误解相关政策、误解类似事项或未能基于相关根据达成理性结论。……这些理由只需要言及争议的主要事宜，不需要讨论每一项考虑。”这些见解都为后来的案件所承认。[1] 由此我们可以看到，实际上英国对说明理由进行司法审查的深度已经不断向美国和德国接近。

另一个值得关注的例子是和我们有着相近的历史与文化的日本。日本的法院系统很早就接受了“判断过程审查方式”，直接针对行政机关的考虑过程进行实体性的中等深度审查。[2] 在 1964 年的“太郎杉控诉审判决”中，东京高等法院指出：“……控诉人建设大臣认为事业发起人枥木县知事所主张的只能实施 A 案的观点正确，不当地轻视了本件土地附近所具有的上述无法替代的价值以及环境保护的要求，而这些价值和要求本来是最应予以重视的。因此，应当认为，控诉人为改善本件道路的交通状况所采取的手段、方法没有对应当充分考虑的事项予以充分考虑，其裁量判断的方法或者过程在这一点上存在错误。”因而法院否定了行政机关决定的合法性。[3]

---

[1] Devine and another v Welsh Ministers, [2011] EWHC 358 (Admin) , CO/10910/2010, at 33, 34, 37, 39. 本案的被告威尔士大臣任命了一位负责执行《野生动植物及乡村保护法》的调查官，后者规划的公共徒步旅行路线穿过了原告的所有地。法院在详细审查了调查官说明的一系列理由后，认定调查官虽然发现了相对人建立围篱这一因素，但在作决定时未给予实际考虑，进而以该决定属于“威内斯布里不合理”（Wednesbury unreasonable）的情形而推翻了这一决定。

[2] 参见王天华：《行政裁量与判断过程审查方式》，载《清华法学》2009 年第 3 期。

[3] 日本枥木县知事为迎接东京奥运会（1964 年），计划对某条国道进行拓宽。为此，他制订了一个方案（A 案），要对“日光东照宫”（世界文化遗产）境内的部分土地进行征用，并对其上的古树（“太郎杉”）进行砍伐。枥木县知事的这个计划获得了建设大臣的批准，“太郎杉”因此而面临着被砍伐的危险。于是，“日光东照宫”（宗教法人）以建设大臣为被告对本件事业认定提起了撤销诉讼。东京高等法院在控诉审中认可了原告的撤销请求。同上注。

日本就说明理由进行的审查非常丰富，除上面的“判断过程审查方式”外，还有所谓的“判断代置审查方式”“裁量逸脱审查方式”“程序过程审查方式”等，对行政机关为行政活动所附的理由提出了丰富多样的审查标准和要求。[1]

对此，日本学者指出：“裁判实务中还有一个显著的趋势：比照该制度或者立法宗旨以及该案件的具体情况，对行政机关的判断过程是否存在不合理之处进行审查。比如，行政机关是不是没有考虑到应当考虑的事项，或者考虑了不应当考虑的事项。这种‘判断过程的合理性’观点，有时应用于‘中间程度审查’，有时则应用于‘最小限度审查’，在作为结果的行政处分是否会因此而被评价为‘在社会观念上显著欠妥’这一语境中。”[2]法院广泛地对行政机关的判断过程展开检视，如其中有不容忽视的错误，且行政机关的判断正是据此作出，那么该判断属于超越裁量权范围。这些判例所采取的态度是：对行政机关依据裁量权作出的行政处分，从判断过程的合理性出发进行“中间程度审查”。[3]在这里，法院不仅直接审查行政机关的理由陈述是否在形式上完备，还直接检视判断过程是否合理，并依托“社会观念”等合法性基础对自己的判断进行支撑。实际上，日本对说明理由的司法审查要走得比欧美国家更远，因为它已经直接切入行政思维过程的合理性本身，而可以直接以此对行政机关需要考虑什么、不可考虑什么、考虑是否得当进行审视。

可以看出，在世界范围内，对行政活动说明理由的司法审查已经推进到相当引人注目的深度。行政机关的自由判断和裁量空间日益受到限缩，这是当代政治环境下司法审查发展的一个必然结果。并且，这种司法审查已经不再局限于对说明理由义务的形式性满足，而是不断向实质面挺进。

---

[1] 参见王天华：《行政裁量与判断过程审查方式》，载《清华法学》2009 年第 3 期。在这里，“判断过程审查方式中的‘判断过程’直接指向的是行政机关作出行政行为时的考虑事项，这些考虑事项是以‘理由’而非‘动机’的形式存在的”。

[2] ［日］小早川光郎：《行政诉讼与裁量统制》，王天华译，载《行政法学研究》2006 年第 3 期。

[3] 参见上注第 130—131 页。

日本的例子提示我们，法院系统按照它设想为正统（或引以为常规）的一套思维逻辑来对行政机关要求中间逻辑阶段的完备性，还远不是司法审查推进之路的终点。对行政裁量权日益深入的各种审查与对说明理由义务的审查虽然在理论逻辑上仍能清楚区分，但却已经逐渐交织在一起。它背后蕴藏的趋势发人深省。

二、理由的复兴：从司法审查到公法学的深入反思

对说明理由的司法审查呈现如此一幅图景，最直接的动因就是司法审查任务的时代变迁。在公共行政法治化已经成熟、各项行政运作已经完全纳入法治轨道时，司法审查的重心就不再是简单的行政权力与授权规范在形式面上的符合性或者是行政的程序缺陷，而是具备一定复杂性的行政裁量（广义，含判断）问题。可以说，当代西方主要国家现在对行政案件的审查，主要就是聚焦于裁量活动的说理，聚焦于行政机关所提出的一套解释和考量是否充分、合法。因此，直接或间接涉及说明理由的司法审查在行政案件中所占的比例有不断扩大的趋势，而像狭义的授权符合性、主体适格性、明显的程序错误等典型的形式违法性审查已经越来越少见了。公共行政的日益完备和成熟、行政法治的日益规范化，使得司法审查的重点不断向行政裁量转移，而对于行政裁量的审查，主要的审查对象就是作为裁量活动外在可见的实质性载体的理由陈述。可以说，不审查行政机关说明的理由或依据，就完全无法对行政裁量进行审查；不掌握对行政理由的审查方式和标准，我们就无法对越来越广泛的行政裁量活动加以监督和调整。在这个背景下，说明理由司法审查的扩张与深入，有着不可替代的意义。

但是，在说明理由方面司法审查的扩张与深入，也是值得我们认真反思的。到底司法审查的深度止于何处较为合适？这恐怕既涉及理论上对分权学说的深刻认识，又包含对法理学上对裁量的理性化能力和实践理性共通模式的认知，还牵涉到实践中的制度成本分析与最佳机制设计问题，是

一个颇为复杂的主题。对于说明理由这个主题而言，司法介入的深度主要是对行政机关决策透明度及逻辑完备性的要求，在其背后则是行政相对人合法权益、公民知情权（延及公众参与利益）、行政过程的公正性、科学性、系统性、合法性等价值与行政灵活度、行政效率等价值的综合平衡。这一切可以归结到一个总体上的重要进程中加以认识："理由"在当代公法中的复兴。

对说明理由的司法审查不断深入推进，以及由此有力促进的说明理由实践，实际上在预示着"理由"的角色再度不可避免地在公法中复兴。在行政行为合法性与它背后的授权来源之间，司法审查拓展出了一个日益扩大的中间地带，使得行政机关越来越需要通过理由而非形式上的授权基础来获取其活动的合法性论证。对于行政合法性危机，学界已经发现了一个非常重要的背景，就是面对日益专业化、复杂化的现代社会，民主代议机构效率低下、合法性传递能力和事务处理能力降低，纯粹的授权约束受到削弱；但另一个背景也同样重要，这就是专业化进程的不断成熟。随着专业事务和专业判断在现代社会中不断强化，它越来越不是一套可以为行政机关所随意借用的禁言术，而有着越来越确定的界限和模式。伴随着专业技术不断服务于市场与公共服务，也伴随着现代社会激烈的价值冲突所带来的价值敏感，原先所谓"专业"的行政事务地带受到了两个方向的有力冲击，行政机关能借"专业事务"的标签来扩展其自由裁量权的余地越来越受到严格的限制。随着社会专业化进程的进一步加深，专业独立性不断加强，许多专业事务都可以被切割出来，交由社会和市场进行判断，并形成了成熟的技术流程和处理标准。行政机关所作的处理失去了可以随意定义的"专业"判断结果，又面临不断出现的价值质疑，就必须更多地给出更多的理由以赢取更充分的可接受性。这种迹象在当代行政法变迁趋势中随处可见。例如，"相关因素"控制在行政法中的加强，实际上也就是理由结构控制在行政法中的强化，因为至少所有事实性的"相关因素"都是某种理由的价值大前提下的小前提，对它们的考虑包含了对在背后支撑它们的"理由"的考量。

“理由”因此在行政法舞台上日益扮演着更加重要的角色，但这回理由对权力更多的是在施加限制：理由不再是政府权力借以“开疆拓土”的利器，相反，呼应着索尔兹伯里的约翰的古老学说，成了政府权力的紧密束缚。“理由”原本粗糙而不确定的内涵也被填充上了各种逻辑过程及实体限制；这种限制还要求政府权力所作的选择展示其整体上的理由基础。这一切日益给人造成一种印象：政府权力（至少是裁量性权力）的行使都有严密的理由作包装，越来越找不到“裸露”的、纯粹只以法律授权的形式性外观为合法性依托的政府活动，至少司法审查会不断地向根据薄弱的裁量权力施压，使得行政裁量权自觉或被迫寻找行政理由的支持。

由此，伴随政府权力在各个方向上的盘踞和延伸，各种行政理由也相应地蔓延成一个有机的体系，控制着行政机关必须考虑的“相关因素”和禁止考虑的“无关因素”，[1] 并且从形式乃至实质意义上钳制着行政思维过程的展开。尽管就目前来看，谈论将“基于权力的治理”转变为“基于理由的治理”还为时过早，但政府权力正从一种掌握“杀伐决断”的人格化形象走向一种条分缕析的、近乎非人格化的处理体系（同时保留必要的决断能力），至少可以说是一种潜在趋势。行政中所包含的政治性的决断正在有条不紊地转化为（至少表面上的）事务性的决定，这种转化给行政活动带来了更充分的可预期性，也更容易凝聚社会共识而在每一个具体事务领域构成一个有效的微型“处境”。强化的理性过程要求将较具普遍性意义的价值理性和逻辑理性植入行政决定过程中，这也使得行政机关的形象更加接近于普遍的、标准的“理性人”，这样一种形象更加接近于现代社会所要

[1] “相关因素”和“无关因素”在部分国家行政法中的运用非常广泛，以至于成为一套重要的控权机制甚至基本原则的一部分。这一点自王名扬教授以来的中国行政法学者已经多有研究，例见姜明安：《行政法基本原则新探》，载《湖南社会科学》2005 年第 2 期；周佑勇：《论英国行政法的基本原则》，载《法学评论》2003 年第 6 期；刘兆兴：《论德国行政机关的裁量权和司法控制》，载《环球法律评论》2011 年第 4 期；等等。

求的正面的、积极的标准人[1]形象，也更容易赢得广泛范围内人群的同意与认同。群越是多元化，强调公共理性和“最大公约数”的理性决定模式就相对地越有聚合能力。

从目前法治发达国家的行政说明理由来看，这种理性决定模式包含两个核心组成部分：第一是有关判断、选择和决定的形式理性；第二是判断、选择和决定所依托的价值理性及从基本权利体系中抽取的实质价值内容。前者通过对理性决定模式的相关因素及推理过程完备性要求实现，后者通过对理性决定模式的相关因素要求及各种“不合理”排除法则[2]实现。只要司法审查控制住这两个核心组成部分，也就是控制住政府权力不至于离开民主时代的实质基点。这个实质基点建立在大多数普通人的通常勤勉程度和思考方式之中，通过向绝大多数人的良好一面的平均水平回归，在民主时代以一种“标准人”的手段凝聚合法性的基础，也是一条重要的进路。由此，原本带有君主权力基因和慎思、明断之理想品质的政府权力[3]就和民主社会的内在精神交融到一起。也正如德国学者所指出的那样，说明理由能够满足民主原则的目标，通过对利害相关人就行政决定的正确性展开阐释，能够基于合意或至少一定水平的认同而使该行政决定获得更高程度

[1] 现代立法中出现了很多种标准人格设定，如理性人（reasonable person）、审慎人（prudent person）等，越来越多的场景被填充以一种标准人格形象，但遗憾的是，这个问题在法理学中的研究还未得到深入推进。国外学界对此已经有一些研究，for example, see Larry A.DiMatteo, “ The Counterpoise of Contracts: The Reasonable Person Standard and the Subjectivity of Judgment “, *South Carolina Law Review*, No.48（Winter, 1997）, pp.293-355; Mayo Moran, “ Who is the Reasonable Person? The Reasonable Person: A Conceptual Biography in Comparative Perspective “, *Lewis & Clark Law Review*, No.14（Winter, 2010）, pp.1234-1283.

[2] 各种“不合理”排除法则在现代公法中的运用日益常见，如前面提及的“威德内斯布里”不合理原则，还有“雪佛龙两步法”中的基本合理性判断，实际上运用的也是排除法。这种方式可以保证合理性标准与常人（ordinary men）的水平保持协调。

[3] 当代的行政权力是由过去的君主权力改造而来的，其核心品质也是在思想史中一步步被建构的，参见［美］曼斯菲尔德：《驯化君主》，冯克利译，译林出版社2005年版，全书，尤其参见第127—128、157—170、178—180、294—295页。

的合法化。[1]

对这一点的进一步阐释，需要深入围绕行政理由的社会互动之中，它们紧密地围绕着当时当地的政治与社会处境进行。这些社会互动在我国就有许多鲜活的例子，它们正是“理由时代”中更广阔的行政法实践之缩影。

[1] *Uwe Kischel*: Die Begründung: Zur Erläuterung staatlicher Entscheidungen gegenüber dem Bürger, Mohr Siebeck, 2003, 106.

第五章

围绕理由的社会互动：说明理由的深远影响

行政过程中所运用和说明的理由在当今社会的重要性，并不仅仅限于行政主体和相对人之间。随着相关理由在社会上的公开发布和广泛传播，它所发挥的社会功能由此走向了更深远的空间，也使得公法中的“理由”真正显示出了它所应当具备的意义。“理由”的复兴正在成就行政法的渊深海阔：它所促成的不仅仅是行政法治本身的深化和进步，更是整个社会和公共领域的深层变革。

第一节 围绕理由的社会互动

围绕行政理由的社会互动，总体上来看可以分为三个主要方面：第一，行政相对人的周围社会人群围绕相关理由所进行的讨论和行动，这可以称为“地缘性社会互动”；第二，专业群体围绕某一种行政活动的相关理由进行精致的分析与把握，这可以称为“专业性社会互动”；第三，范围广泛的各种群体围绕焦点事件的相关理由进行深入的思考、探讨乃至辩论，最终凝聚共识或展开深刻的反思，这可以称为“焦点性社会互动”。三种社会互动尽管有时相互交错，但每一种都可以作为一种观念上的理论类型而得以深入讨论。

一、地缘性社会互动

围绕行政理由的地缘性互动，是最为传统也最为直接的一种互动形态。前文所述的“瓮安事件”就是围绕行政理由[1]的地缘性社会互动的一个重要例子。瓮安事件、万州事件、池州事件、四川什邡钼铜项目事件（下详）等也能够体现这方面的典型互动。这些互动从起因上看总体上可以分为两种：一种是基于区域范围内大量居民的切身利益而引起的群体反应；另一种是出于积蓄已久的社会矛盾引发的群体反应，后者更容易因为说明理由的方式和程度引发，但对于前者而言，行政理由也扮演着非常重要的角色，说理工作的成效将对问题的解决起着不小的影响。

对于地缘性社会互动而言，万州事件是一个值得研究的实例。这个事件和其他一些著名的突然性群体事件一样，都有着大量的“非直接利益者”参与；“非直接利益者”一直关注、不愿散去，原因是其中一方太弱，在强大的对手面前弱得没有还手之力，旁观者不忍心任其“受人宰割”。正是强弱对比的巨大差距，为“非直接利益者”参与冲突奠定了强烈的情感基础。[2]基于这种强烈的情感倾向，如果行政机关在维持秩序、驱散围观人群时未加耐心和细致的说明，是很容易导致矛盾加剧的。在这里，公众所需求的理由和行政程序中所应当给出的理由有一定的差异。公众对于秩序管理行为并非不认可，但是他们有着急切的心理需求：政府是否能有理有据地证明他们能够公平处理肇事者？政府是否有充分的理由显示将肇事人带走而非就地调查处理是更好的方式？这在围观人群心目中很可能是亟待

[1] 这一处理虽然属于刑事法律活动，但也包含了行政活动在内，如公安局对死者家属下发《尸体处理催办通知书》、面对聚合的人群维持社会秩序等，都应当属于行政活动范围。

[2] 参见吴传毅、唐云涛：《“非直接利益冲突”的规律及制度性应对思考——对重庆万州事件、四川大竹事件、贵州瓮安事件的反思》，载《北京行政学院学报》2010 年第 2 期。

得以解答的两个问题，但行政机关在这个问题上却保持了沉默，导致了事态的进一步扩大。即使可能是正常的办案程序和权限，也没有给行政机关的行为带来充分的甚至是基本的合法性支持。这就体现出社会认同对于行政活动顺利进行的高度重要性。

不仅如此，我们可以由此进一步发现，当事态从具体个案向公共领域扩展时，相应地，对理由的需求也会发生结构性的变化。在往往基本知情的当事人和在往往不知情而带着强烈的先入为主偏见的公众之间，对理由充分性的需求程度和说理的深度、方向都会有所差异，后者可能需要更为深入、充分，也更为贴近情感过程而非逻辑过程的说理方式。耐心细致而又贴近人心的说理有可能缓和群情汹涌的态势、预防情绪潮流的爆发。例如，早在1957年上海市发生的一系列群众集体表达不满的事件中，处理的方式和情形就让人深思：

“说服教育，是处置群体性事件的基本方法。……上海在处置群体性事件中，……始终以冷静的态度和最大的耐心，反复地进行说服教育。甚至在群众不准干部参加会议，拒绝干部发言，哄闹请愿等情况时，也坚持平心静气的态度。对群众寄以同情和关怀，站在群众之中去讲清道理。……根据榆林区委处理群众群体性事件的结果统计来看，在已经平息的47户中，基本上是靠说服教育平息的有25户，占总数的53.2%。邑庙区委财贸部在总结中指出：‘在我们所处理的12件闹事和21件冒烟事件中，经过说服教育而解决的有11起。说服教育与解决应该可能解决的问题结合而解决的有15起。经过说服教育虽然问题还没有解决但表示不闹事的有7起。’这充分说明，说服教育在解决人民内部矛盾特别是职工闹事过程中是正确的和行之有效的方法。”[1]

“处置事件时，处理者持什么样的态度，对事件的发展至关重要。……群众在一同讨论问题时，也不可能总是心平气和的。领导的一句话不对头，个别人就会粗声大气地阻止，不准领导再讲下去。碰到这种情况，如果处

[1] 吴珍美：《1957年的上海群体性事件研究》，上海师范大学硕士学位论文（2010），第45页。

理者不能自始至终地以耐心诚恳的态度对待，不但问题不可能得到解决，而且很可能闹大。因此千万要防止急躁情绪和强迫命令，对待群众的态度要耐心诚恳，这样才有利于问题的解决。”[1]

用理智去平复和冷却激烈的情感是困难的，但这是现代常态政治和公共行政所必须掌握的艺术。但是，充满激烈情绪和偏见的头脑可能难以保证理智的正常运行，这就要求在许多地缘性社会互动中理由必须伴随利益、情感、态度等共同运作。在实践中，我们不难发现一种引人深思的关系：价值理性和逻辑理性发挥作用，往往是在目标高度契合的前提下进行的；利益和情感等其他因素的运用，往往是寻求目标的整合，而这又意味着行政目标的社会共识基础并不是那么充分，以至于处理事件后的总结要不断强调“群众立场的回归”。[2] 这在地缘性社会互动中是最经常遇到的一类问题。

在这种情况下，尽管理由自身无法独立修复利益或情感裂痕，但它能够起到黏合和缓冲的作用，为真正的协调及弥合过程提供基础、争取时间。在这种情况下，正确的说明理由能够尽可能地充分展示行政目标及依据，在行政活动自身并无过错的前提下，至少能首先争取广大范围内比较理智的中间群体的理解，并部分地缓和由误解、误信引发的激烈情绪。在地缘性社会互动中，矛盾冲突一般不涉及大的方针政策、意识形态或利益集团竞争，问题的焦点是利益分配或社会公平公正方面的具体诉求。在利益分配结构及社会公平秩序方面，经由社会冲突修正过的理由和标准、权重等能够导出更加合理的分配结构或社会秩序。例如，在什邡事件[3] 以后，

[1] 吴珍美：《1957 年的上海群体性事件研究》，上海师范大学硕士学位论文（2010），第 45—46 页。

[2] 例见卓科荣：《全市基层稳定发展工作会议要求全体干部始终不渝站稳群众立场》，载《汕尾日报》2012 年 6 月 1 日，第 1 版。

[3] 2012 年 7 月 2 日至 3 日，因担心钼铜多金属资源深加工综合利用项目引发环境污染问题，四川省什邡市部分市民聚集在市委、市政府门口，反对钼铜项目建设，并最终演变为群体性事件。什邡市这个投资 100 多亿元的钼铜项目，被称为国家汶川大地震灾区产业发展振兴重大支撑性项目、四川“十二五”发展规划重点项目，也是经国家环保部按照新标准同意开工的项目。能够为当地带来 40 亿元的利税和 3000 个就业岗位，带动相关产业发展超过 400 亿元。但政府“天然认为老百姓就应该支持政府论证为有益发展的项目”，对于民意反应准备不足，未能有效说服民众。参见蔡志强：《什邡事件对社会治理成长的启示》，载《学习时报》2012 年 7 月 23 日，第 4 版。

相关企业和地方政府都不得不考虑在环境保护与安抚公众方面付出更高成本，[1]也考虑相关问题上更进一步的行政透明度和公众参与建设，[2]这些都有利于在进一步的行政活动中寻求到社会共识基础。如果社会冲突能够迫使行政理由发生由内而外的变化，那么行政理由的变化也可以反过来增强社会共识、化解社会冲突。

有些情况下，行政机关与社会公众没有发生实际上的冲突或纠纷，但为减少行政争议而增强的说明理由工作，不仅可能缓和既发的纠纷，也有助于加强法治共识、化解潜在冲突。例如，在浙江省宁波市，质量技术监督局决定在全系统推行说理式行政处罚决定书，对说明理由的加强使得当事人对行政处罚的信服程度大大提升，而相应的争议大幅减少。[3] 由此，地缘性社会互动与行政理由之间呈现出一种相互作用的深刻态势，也使得行政理由在现代行政乃至政治过程中担任着重要的导向角色，每一份在特定地域就有一定影响力的案件出具的行政理由及其回响，都可以折射出当前社会共识的风向；它的每一次调整都反映出一个改变了的行政价值认识、每一次受到挑战都折射出一个重要的社会共识动态。

二、专业性社会互动

与此相比，专业性社会互动一般更为温和，而行政理由的影响也更为精致。在许多高度发达的专业领域，业界对行政理由的动向十分敏感，特别是对于抽象性的规制措施，反应迅速而深入。福州市电动车禁售事件就

---

[1] 参见《什邡事件：钼铜梦魇》，http://finance.sina.com.cn/roll/20120707/115812505460.shtml，2013 年 1 月 16 日访问；潘廷祥：《“什邡钼铜”：有色金属泪在飞》，载《中国有色金属报》2012 年 7 月 19 日，第 5 版。

[2] 参见《什邡钼铜项目事件反思》，http://www.ctia.com.cn/Article/2012/105015.html，2013 年 1 月 16 日访问；潘廷祥：《“什邡钼铜”：有色金属泪在飞》，载《中国有色金属报》2012 年 7 月 19 日，第 5 版。

[3] 参见陈东升、郁燕莉：《宁波质监推行说理式行政处罚决定书说理执法实现零复议零诉讼》，http://news.sohu.com/20110210/n279263320.shtml，2013 年 1 月 16 日访问。

是一个典型的例子。

“2003 年 6 月 1 日，福州市政府专门为禁售电动车召开了主题新闻发布会，并称禁止电动车有四大理由：道路状况制约；交通安全隐患；废旧电池污染；参考北京等城市的做法。对此，国内电动车企业异口同声地说‘不’。最早提出异议的中国自行车协会理事长王凤和介绍，比如，上海对电动车上路就是放开的，按照非机动车进行管理，2001 年社会拥有 5 万辆，事故率为 0.47%，2002 年上半年拥有 7 万余辆，事故率仅为 0.17%，均远远低于机动车的事故率。电动车只会加快交通路口的通行量，减少堵塞而不会增加交通事故。绿源公司董事长兼总经理倪捷对‘福州不宜发展电动车’的理由一一作出驳斥……”[1]

类似的情形在小排量汽车限制、投资过热规制等主题上也经常出现。在这里，即使是一个地方政府的举动，也会吸引着全国业界人士的紧密关注。行政理由有时甚至受到不亚于行政决定或行政规范性文件本身的关注，因为这些理由可能得到迅速的传播和采纳，从而成为其他地方政府乃至中央的决策依据。由于产业规制的回旋余地主要靠经济发展、产业需求、环境污染、社会福利等各种理由之间的平衡关系来调节，因此行政理由的采纳和权重对于一个产业的发展方向和限制条件就有着举足轻重的意义。围绕这些理由的形成和组织，业界相关人士可能早早就开始着手筹备，如《农药产业政策》一出台，业界就已经对将来可能动用行政措施进行行业内部整合的可能理由进行了认真的分析；[2]造纸产业也在国家出台扶持政策以前组织深入论证争取影响行政理由。[3]围绕产业政策根据及理由的激烈辩论虽然在形式上较为温和，但实质上可以说是“没有硝烟的战争”。

例如，2005 年前后，不少地方政府出台了针对小排量汽车的限制政策

---

[1] 项建新：《电动车福州惨遭围剿执法程序成为各方关注焦点有关厂商正式启动行政诉讼》，载《中华工商时报》2003 年 6 月 18 日。

[2] 参见杨希坤：《农药行业落实“十二五”规划有点难》，载《今日农药》2012 年第 3 期。

[3] 参见中国纸业发展战略课题组：《中国急需实施重组纸业的国家战略——对中国纸业发展战略的初步思考》，载《中华纸业》1999 年第 2 期。

（“限小”政策），理由包括安全性差、造成拥堵（动力不足、启动慢）、废气及噪声污染严重、影响城市形象等，[1] 一系列的行政规定引起了产业界和学术界大规模的反应，不同领域的人士对限制政策的各种理由进行了猛烈的攻击：

1. 针对安全性理由，论者指出小排量汽车都需要满足我国相关安全性能标准，因而不存在安全性能差的问题，[2] 小排量汽车在结构设计上已经能够满足前、侧碰撞的被动安全法规要求。[3]

2. 针对污染理由，指出大排量汽车污染量大，小排量汽车反而更加环保，认为“随着小排量车所占比重的增加，城市空气质量将会得到一定程度的改善”[4]。又有人认为，经过一段时间的发展，小排量汽车在安全、环保、节能等基本性能上的主要指标全部合格，污染要比大排量汽车少。[5] 还有人论证，完全可以通过限制排污标准的方式来解决问题，小排量汽车很多已经满足排污标准的要求。[6] 也有人指出，在同等技术水平下，小排量汽车由于油耗低，排出污染物尤其是温室气体的水平远小于大排量汽车。[7]

3. 针对容易导致道路拥堵的理由，论者认为道路拥堵主要是交通设计的问题，并指出小排量汽车“车身短、重量轻、占道路面积小，轴距短转弯直径小、机动灵活，具有很多优越性”[8]。还有论者以成都市作为典型反例，力证小排量汽车并不会导致交通拥堵的问题。[9] 更有人指出，小排量汽车的“占道面积 / 人”远远小于大排量汽车，认为小排量汽车导致交通

---

[1] 参见陶林：《小排量汽车限行政策的法律缺失性》，载《交通与运输》2006 年第 4 期。

[2] 参见吴憩棠：《节能环保型小排量汽车的转机》，载《汽车与配件》2006 年第 3 期。

[3] 参见王俊：《小排量汽车解禁是大势所趋》，载《爱车》2006 年第 3 期。

[4] 张泽：《小排量汽车开出“禁区”以后……——关于汽车产业可持续发展的论争》，载《环境》2006 年第 2 期。

[5] 参见石子：《小排量汽车何时破茧》，载《中关村》2005 年 9 月号。

[6] 参见吴憩棠：《节能环保型小排量汽车的转机》，载《汽车与配件》2006 年第 3 期。

[7] 参见陈亚南：《“限小”解禁》，载《中国市场》2006 年第 Z4 期。

[8] 吴憩棠：《节能环保型小排量汽车的转机》，载《汽车与配件》2006 年第 3 期。

[9] 参见陈亚南：《“限小”解禁》，载《中国市场》2006 年第 Z4 期。

拥堵毫无道理。[1]

4. 针对影响城市形象的理由，论者指出："在欧洲法国、意大利、奥地利等国均鼓励使用小排量汽车；日本、韩国对 0.6L 以下小排量汽车有优惠政策。在欧洲、日本并没有因大量使用小排量汽车而对市容、市貌有所影响。此外，近几年推出小排量汽车的外形非常美丽，所以说，小排量汽车影响城市形象更是无稽之谈。"[2]

5. 攻击"限小"政策侵犯了宪法上的平等权，认为"不同情况差别对待没有合适的理由"[3]。也有人认为"同样要纳税、交养路费等，大、小排量汽车却受到不同待遇，这显然又是不公平的"[4]。

6. 大力证明小排量汽车的节能优势，如指出一辆小排量汽车每年可节约近千升油，[5] 普及小排量汽车能够实现 5% 的节能目标，[6] 更有论者愤怒地声称："连伦敦这样的超级大都市都限制和惩罚大排量汽车，为何中国的大城市反而要禁绝小排量？难道中国人富裕到像美国那样满不在乎地烧汽油？难道中国能源富裕得根本就不愁燃油供应？难道中国的环境污染轻微到可以忽略不计？显然不是，中国还很穷，老百姓对燃油价格非常敏感，真正满不在乎的只是不心疼纳税人钱财的官员。"[7] 激烈的反应可谓不绝于耳。

7. 抨击地方政府的"限小"政策与中央支持小排量汽车发展的政策不符，并指出冠冕堂皇的理由背后实际上是地方保护主义和汽车产业的不同利益集团在推动。[8] 有的论者更是直指地方政府的"面子政绩"和"表面

[1] 参见王俊：《小排量汽车解禁是大势所趋》，载《爱车》2006 年第 3 期。

[2] 吴憩棠：《节能环保型小排量汽车的转机》，载《汽车与配件》2006 年第 3 期。

[3] 陶林：《小排量汽车限行政策的法律缺失性》，载《交通与运输》2006 年第 4 期。

[4] 张泽：《小排量汽车开出‘禁区’以后……——关于汽车产业可持续发展的论争》，载《环境》2006 年第 2 期。

[5] 参见石子：《小排量汽车何时破茧》，载《中关村》2005 年 9 月号。

[6] 参见沈中元：《中国汽车领域的节能潜力》，载《国际石油经济》2006 年第 8 期。

[7] 佚名：《民族汽车业的冷思考》，载《中国汽摩配》2007 年第 12 期。

[8] 参见方家平：《"限小"背后存在的利益博弈》，载《环境》2006 年第 2 期。

繁荣”动机。[1]

总体上看，这场专业性社会互动通过对行政理由的猛烈攻击和其他可能存在的操作手段多管齐下，最终助推中央政府表态支持小排量汽车，[2] 从而阻止了“限小”政策对国内汽车产业的侵蚀及对小排量汽车车主的财产权的损害。且不论以上互动观点是否正确、是否存在各种漏洞，我们需要关注的是专业性社会互动的形态和结构。在这场专业性社会互动中，汽车产业的从业人员、专家学者、政府公务员等都参与了互动过程，而且互动的理性程度与论证深度都较地缘性社会互动要强很多。在专业平台上的对话显示出强烈的逻辑性和理智色彩，同时也体现出专业领域对于利益的变化呈现出较强的敏感性。在这一领域，所有围绕理由的攻防实际上都是利益之争，论者在表达自身（小排量汽车产业）利益诉求的同时，更多的是将战场放在公共利益方面，和规制者进行针锋相对的逻辑对抗。在这里，行政理由所受到的压力，不仅是一种产业利益上的社会压力，也与业界有关产业与公共利益之关系的共识有关。一般情况下，行政理由都在业界共识底线的大前提下运作，每一种稳定的理由结构实际上就是一个稳定的利益配置结构，如果直接挑战共识的底线，就会引起强烈的行业、职业或专业内外的反响。

由于行政理由处于重要位置，有时业界会付出高昂代价去收买公开的行政理由，包括潜在的理由。例如，在1954年，美国联邦政府为制定烟草业规制政策，曾成立烟草业调查委员会以调查香烟对肺部的伤害。在该委员会成立的头五年，它就收到了当时价值300万美元的业界捐款，从而将大部分精力投入于反对禁烟的理由上，认为根据统计资料，香烟与肺癌

---

[1] 参见李磊：《小车行遍天下——解禁的辩证法》，载《汽车与配件》2006年第9期。

[2] 2005年6月30日，在全国建设节约型社会电视电话会议上，时任国务院总理的温家宝在会上发表讲话，明确指出了汽车消费追求豪华型、大排量的问题，并要求取消一切不合理的限制低油耗、小排量、低排放汽车使用和运营的规定。参见石子：《小排量汽车何时破茧》，载《中关村》2005年9月号。

之间的相关性并不显著，[1] 从而干扰了联邦政府的决定。但最终，美国还是逐步通过了对烟草业的严格规制，从 1965 年起，国会与联邦政府逐渐加深对烟草业的控制，确认香烟的危害，烟草业界也被迫作出调整，不断降低香烟中焦油和尼古丁的含量，最终在维持其合法存在的同时达成了新的平衡。[2]

我们不难发现，很多情况下，专业方面处于稳定状态的行政理由结构，是公共利益和产业利益的某种平衡格局。理由考量的权重就是利益分配的权重。从这个角度再去看专业性社会互动中行政理由的角色，我们就更能体会到理由在其中所起到的标志性和中介性的意义——它是一种均衡的互动结果及相对稳定的分配格局的标志和中介。

三、焦点性社会互动

焦点性社会互动经常是范围广泛、影响深远的一种社会互动类型，围绕行政理由的焦点性社会互动虽然不多，但亦非常值得我们加以关注。这类事件多有大范围内较为普遍的积怨或结构性的社会问题作为前提，有较为普遍可见的典型行政理由作为心理印象传播的条件，因突发事件的引爆或专家学者的推动而成为社会的讨论焦点。这类互动更为全面、深入，也更能展开围绕行政理由所进行的整个社会思考过程及状态。

在这方面，一个可以探究的例子是 21 世纪最初几年国内对“禁乞令”的大范围讨论。2003—2004 年，一些城市相继颁布“禁乞令”，禁止乞丐在繁华地段乞讨，理由是“不愿意接受救助”，“有不法分子利用和操纵流浪乞讨人员占路强要，严重影响居民的生活、交通安全、市容市貌和社会

[1] Ernest Gellhorn, “Adverse Publicity by Administrative Agencies” , *Harvard Law Review*, Vol.86, No.8 (Jun., 1973) , p.1385.

[2] See W.Kip Viscusi, “Constructive Cigarette Regulation” , *Duke Law Journal*, Vol.47, No.6, Twenty-Ninth Annual Administrative Law Issue (Apr., 1998) , pp.1101-1131.

稳定”[1]。这些规定首先引起了学界和某些公共知识分子的关注，继而引发了广泛范围内的讨论，赞成者与批评者各执一词。批评者的主要观点包括：“流浪乞讨者当中大部分是由于生活所困，有的无劳动能力，有的无生活出路，追求生存是他们的权利。在他们没有违法行为的前提下，社会不应该予以禁止”[2]；“乞讨权”是公民的一项基本权利，对它的剥夺和限制应有法律依据；[3]公共政策应该尽量照顾到弱势群体，以体现以人为本、体恤民生的原则；[4]救助站的救助能力很有限；[5]与清代相比，当前的“禁乞令”并没有考虑禁乞以后乞丐的生活着落问题；[6]与国外相比，国外大都市也普遍存在乞讨行为，但未被政府驱赶。[7]赞成者的主要观点包括：乞讨对城市繁华地带和人流密集区域所产生的国际影响和社会影响越来越明显；[8]部分繁华地段和人流密集区域的乞讨存在大量强讨硬要现象；[9]在地铁等特定场所乞讨对公共卫生、公共安全都带来了负面影响；[10]局部禁乞并未剥夺乞讨者的权利，只是对他们的行为作出了合理的限制，这种限制恰好符合了公众利益的要求；[11]指出存在大量的职业乞丐，“善待乞讨者是一个城市的良知和爱心，但没有边界的善良不是真善，没有原则的人性也是一种伪人性。人性关爱是建立在了解和信任基础之上，如果乞讨者自身就不诚信，那么盲目地施舍也就变了味”[12]。

---

[1] 本说法选自当时的《长沙晚报》，比较能够代表当时行政机关的禁乞理由。参见《中国民政》编辑部：《观点交锋："禁乞"，该不该？》，载《中国民政》2004年第2期。

[2] 徐庭余：《推行“禁乞令”不可取》，载《中国社会报》2004年5月1日，第T00版。

[3] 参见昊夫：《“禁乞”与公民基本权利》，载《人大建设》2004年第5期。

[4] 同上注。

[5] 同上注。

[6] 参见杨恒：《禁乞令与清代乞丐管理制》，载《甘肃日报》2004年1月20日，第T00版。

[7] 参见《中国民政》编辑部：《观点交锋："禁乞"，该不该？》，载《中国民政》2004年第2期。

[8] 同上注。

[9] 参见昊夫：《“禁乞”与公民基本权利》，载《人大建设》2004年第5期。

[10] 参见李巍铭：《浅论地铁内是否应该禁乞》，载《海淀走读大学学报》2005年增刊。

[11] 参见《中国民政》编辑部：《观点交锋："禁乞"，该不该？》，载《中国民政》2004年第2期。

[12] 同上注。

这场讨论一直持续至今，最近两年仍然可见一些有关“禁乞令”及其理由的探讨。[1]对于“禁乞”的理由，正反双方都展示出相当的条理性、广度和深度，显示出焦点性社会互动所包含的深层社会矛盾。类似的探讨过程在有关打工子弟学校存废、高考改革、网约车监管、手机游戏监管等事项的行政理由的争议中一再可见。论争双方的观点在法律依据、价值基础、事实资料与技术问题等方面展开了全方位的对抗与整合。但是，这种社会互动过程很难导出有效的社会共识，因为它所涉及的问题往往存在复杂的深层矛盾，而大多数社会公众并不倾向于综合地、深刻地理解一个问题的整体面向。最后的结果往往是，在充分互动后，部分较为理性的人士可能会稍微调整自己的立场使之趋于客观、持中而全面，但大部分公众依然听任自身的价值偏好和情感倾向，如果有利益倾向性就更难改变立场了。

但是，围绕行政理由的焦点性社会互动往往能够非常深刻地揭示一个社会对待某一结构性问题的整个思考路线图，进而为作出明智、谨慎而要素完备的行政考量过程、凝聚社会共识而奠定基础。一套完善而成熟的行政处理机制离不开这些焦点性社会互动所展示的社会思维及价值认知图景。全面、深入的社会互动边界限定了行政理由的生成空间，行政机关的思维模式镶嵌在这种历史性和社会性的疆域和脉络之内并受到强大的外部压力，它所依托的抽象理由不可能在这一疆域和脉络中抽离。但这并不意味着行政主体在说明理由方面完全处于被动态势，相反，行政主体可以凭借理由对社会的价值认知和思维图景在一定范围内起着牵引和凝聚的作用。周全考虑各方面因素和价值立场后所作的行政决定，在充分说明理由后，一般都能得到各方面的尊重，只要不出现反复无常的状况，经过一段时间，这种整合过的最终理由构造就有可能逐渐成为社会共识的一部分。因此，在焦点性社会互动中，行政理由的角色也非常重要。

---

[1] 例如易艳刚：《“禁乞”与城市包容精神格格不入》，载《新华每日电讯》2012年8月31日，第3版；杨涛：《“公交禁乞”是一种权利平衡》，载《深圳商报》2010年10月26日，第A12版；魏蒙：《珠海新推“禁电”“禁乞”令引发争议》，载《新华每日电讯》2011年7月30日，第2版；南朔：《“车道禁乞”是对生命的尊重》，载《中国妇女报》2011年7月28日，第A04版；等等。

第二节　作为复合性标志的理由：社会治理的实质支点

在前述三种典型的社会互动以外，还有一些其他较为琐碎的社会互动形态，使得行政理由的影响远远扩展至行政法律关系之外。可以说，行政理由在相当一部分场合下相当于行政机关对相关价值因素权重分配的结构标志和行政思维的过程标志，也在部分意义上折射出社会对某一个问题的价值认知及思考方式。在这里，我们不妨深入围绕理由的现代社会互动的整个背景之中，深入看待理由在现代法治及社会治理中所可能发挥的深远作用。

一、说明理由的社会反应

在当今社会，政府已经无法垄断道理的生产和传播，每个人都可以生成自身的一套道理，并且在一定程度上能够对此加以传播和整合，由此，整个社会充满了各种各样的道理体系或体系性的片段。每个行政决定及其理由都需要在这些道理体系或片段中接受检验和评价，它们构成了各种抽象理由的基本素材，也形塑着具体理由的使用习惯。这些道理蕴藏着价值认知、权利分配和论证上的心理习惯，可以说，它们是人进行一切行动所必须依托的根本指南。伦理学和社会学曾经以一系列的理论对这种秩序的不同方面进行刻画和分析，但由于政治哲学和意识形态的掣肘，直至现代伦理学和社会学才有机会探讨不同主体的道理（道德、原则、伦理、规范）体系之间进行对话与互动的问题。在此，伦理学和法哲学对这个问题的关注未必适合于此处对理由互动的分析，因为它们关注的核心焦点是规范体系的正当化能力和条件；而从侧重客观过程的社会学视野中观察，我们或许对这场互动会更有所得。

米德可能是完整地勾勒这一互动过程的一位重要先锋，也是哈贝马斯交往行为理论的第一块社会学基石。相对于日后更加注重于正当性理想和规范含义的交往行为理论，米德更加侧重于描述意义上的研究和思考。不过，米德并没有涉及如此完整意义上的沟通和整合问题，只是围绕这个问题的外围有一些颇有启发意义的表述。例如，他在论述共同体对个体的影响时指出："一般说来，当共同体的反应被输入个体的时候，这里就会存在某种新的经验价值和某种新的反应秩序了。"[1] 更深刻的是，他认为："理性的社会并不局限于任何一组特定的个体。任何一个具有理性的人都可以变成它的一个组成部分；共同体针对我们自己的反应态度，是根据我们正在做的事情的意义而输入我们的内心之中的。……这种意义与这个共同体一样，都是普遍的；它必然被包含在这个共同体的理性特征之中，它就是这个由理性的存在组成的世界针对我们自己的陈述所必然要做出的反应。"[2] 由此，米德为社会的理性互动提供了一个最基本的框架，即通过普遍存在的意义进行组织和调节的框架。更重要的是，在阐释了话语、论域和作为社会组织原则的语言等沟通过程的基础后，指出更深层的一层影响："语言隐含着各种有组织的反应；而这些反应所具有的各种价值观念和含义，则都是可以在共同体中找到的——个体正是从共同体中把这种反应组织接收到了他自己的本性之中。"[3]

在这个框架内部，米德的符号互动论所展示的最重要一面，即社会过程内化于意义体系和个体观念之中。"恰恰是语言的发展尤其是有意味的符号的发展，才使这种外部的社会情境转移到个体自己的行为举止之中成为可能。由此而产生的是人类社会的巨大发展，是预见其他个体的反应即将发生的变化的可能性，同时还有个体针对这种变化而做出的预备性调整。这些方面接下来会造成某种不同的社会情境……他的心灵就是通过他自己的行为举止对这种社会情境，对这种正在进行的共同体之重大合作过程的表达。"[4] 米德的侧重性在于一种纯粹的对个体行动的理解，这种理解倾向

---

[1] ［美］米德：《心灵、自我和社会》，霍桂桓译，译林出版社 2012 年版，第 215 页。

[2] 同上注，第 217 页。

[3] 同上注，第 297 页。

[4] 同上注，第 207—208 页。

在社会学的行动论传统中得到突出的体现，但它对于围绕行政机关说明理由所产生的一系列社会互动只有间接的意义。这种意义在于揭示出个体价值观念、反应秩序及调适行动与社会情境之间的动态关系，但在米德的理论中缺省了利益和权利的维度，而这是本书的分析所需要重点关注的。

相比之下，哈贝马斯的理论对类似社会互动的认识要丰富得多，他深刻地论及了这种互动的根本：一系列的（思维与语言）操作必定呈现出商谈的形式，因为这种形式可以将客观世界的结构限定在涉入的手段性行为及社会结构之中。[1] 对于他而言，“事物的世界与解释所依据的实用语境是通过我们对事物与事件的处理建造的；结合的世界与意义所依据的历史语境是通过与我们有关的人们之间的交互处理建造的——前者在合作共同体的框架之内，后者在语言共同体的框架之内”[2]。在这种深刻的理解基础上，不同情境下围绕理由的互动对秩序的合法性产生了核心的支持或否定作用。[3] 但是，哈贝马斯过分集中于规范层面的问题——如正当性和合法性，而没有对社会过程作丰富的展开。他在研究理由、交往与合法性之间的关系问题时完全持规范性的视角，如他认为：“如果所考虑的目标领域并非合法的（legitimate，正当的）秩序而是实定的合法秩序，那么在交往行为之中所存在的理由与动机之间的联系也将被排除在分析之外了。至少任何对于理由的独立评价都会在方法论上被排除，研究者自身抑制了对任何能够产生合法性主张的理由的系统性判断。”[4] 在这种情况下，对于行政理由在社会互动中所产生的抽象影响，我们还需要自己探索一种更为完整的认知方式。

---

[1] *Jürgen Habermas*, Jürgen Habermas Vorstudien und Ergänzungen zur Theorie des kommunikativen Handelns, Suhrkamp, 1995, Frankfurt, S.305.

[2] Jürgen Habermas, “Actions, Speech Acts, Linguistically Mediated Interactions, and the Lifeworld” , in *On the Pragmatics of Communication*, Edited by Maeve Cooke, The MIT Press, Cambridge, Massachusetts, 1998, p.245.

[3] See Jürgen Habermas, Communication and the Evolution of Society, translated by Thomas McCarthy, Polity Press, 1995, Cambridge: pp.183-185.

[4] Id, p.200.

无论是行动理论还是交往理论，都需要指出一个简单而重要的事实：每一个人所持的道理体系都蕴藏着至少一种价值认知和权利分配模式，而理由之间的冲突和争议实际上是深层分配模式乃至理想的利益组织秩序甚至理想世界之间的冲突。目前的研究进路更倾向于将理论重点投放于诸如交往行为的语言学基础、相互理解的达成、基于主体间性在语言共同体内分享生活世界[1]、交往理性的内涵以及理想的交往条件等主题。这些主题主导着理性商谈进路的思考。由于这种进路在语用学和交往理性上投入了主要的精力，围绕理由的社会互动在这种进路下很容易被想象成为一种言之有物、逻辑清楚的理性对话，或至少应当是这样一种对话。若客观世界果真如此，一个社会就可以非常清楚地就理由结构与其背后的价值秩序达成共识，进而可以顺利地建立一种基于公共理性的行政活动图式。

然而，事实上，行政理由很可能首先反映的是一种未经反思的结构性思维习惯，折射出对社会世界的一种人为切割和划分，继而点燃人们的与价值相关的情感和与利益相关的反应，在这种反应中，理性的一面反而经常沉没于水面之下，主观感受与情感认同可能产生更为强劲的冲击。如果一个社会显示出以下一幅图景，行政理由及围绕理由的争论很可能将向表态、攻击而非论证、商谈的一面收缩：常人能够掌握的价值与利益资源过于紧缺和关系重大，以至于许多价值在利益上被赋予了强烈的情感和敏锐的触觉，将理由起作用的空间淹没在强烈的情绪过程之下。这是研究围绕行政理由的社会反应所必须正面处理的一点，也是前述一些社会反应形态的深层动因。这种偏重于价值与利益立场而非理性逻辑的秩序并不排斥行政理由的充分介入，但它的介入方式需要在特定的情境中得到调整，逻辑理性发挥作用的节点和对象也需要加以策略性的调节。

理由是人们基于价值认知、感情倾向与利益立场而提炼出来的有意识的表述。在真正的多元性之下，理想世界之间很难通过在人类精神活动过

---

[1] For example, see Jürgen Habermas, “Actions, Speech Acts, Linguistically Mediated Interactions, and the Lifeworld”, in *On the Pragmatics of Communication*, Edited by Maeve Cooke, The MIT Press, Cambridge, Massachusetts, 1998, pp.215-256.

程下游的理由来进行有效的沟通；只有同一理想世界或理想世界交叠范围之内，理由才能发挥它的作用，而且这种作用非常狭窄，也很难指望商谈过程能够多大程度上发挥理由的作用。商谈理论看上去简直是完美的设定，但面临着太多难以解决的现实问题。例如，商谈理论在理想商谈场景中对参与者的能力和条件提出了很高的要求，[1] 但在围绕行政理由进行社会互动的大多数场合下，许多制度内外的参与者根本就没有打算证立自己的原则，甚至在证立的技术难度过高时可能放弃证立，而直接诉诸情感、标签和隐喻。对理由的社会回应可能充满了非理性，不受正常理性沟通方式中的逻辑、节奏及互动结构的约束。因此，我们有必要抛开既有的理论思考进路，而站在一个更加完整而现实的角度去考虑行政理由的社会互动及影响应当如何看待、如何处理的问题。

二、“四两拨千斤”：作为社会治理支点的理由

在一种理性的社会秩序下，包容了价值秩序与利益分配因子的理由可以作为社会治理的支点。通过理由的社会治理，是可以基于如下一种基本过程进行的：首先，基于社会的价值共识及制度认同，利用“作为社会组织原则的语言”[2] 中所包含的各种目标、价值与意义，建构一个正式的目标和价值体系；其次，在这种正式的目标和价值体系中根据具体的情境和行动形成一定的评价尺度，判断何种状态更加满足正式的目标和价值体系的要求，进而提炼出不同的判断及行动理由，并且将类似情境中的后续行动和既定理由以某种方式联系起来；最后，通过公布一个个决定中的系列理

[1] 在程序性实践理性的设定下，理想的商谈情境需要满足如下要求：(1) 最大限度的语言一概念清晰性；(2) 最大限度的经验信息性；(3) 最大限度的可普遍化；(4) 最大限度的无偏见性。“显然，这些要求具有理想的品格。在现实的条件下，它们只能被近似地实现。”参见［德］阿列克西：《法理性商谈——法哲学研究》，朱光、雷磊译，中国法制出版社 2011 年版，第 224 页。但在现实的商谈实践中，近似地满足这四个要求也是非常困难的。

[2] ［美］米德：《心灵、自我和社会》，霍桂桓译，译林出版社 2012 年版，第 287 页。

由，引导社会公众的立场不断和行政主体的评价尺度接近，形成稳定的预期并逐渐凝聚为社会共识。在形成具备正当性的稳定共识后，对整个价值和利益格局的调整只需要通过评价尺度乃至理由的变化就可以完成，社会公众会随之调整自身的认知、评价与预期，整个社会秩序进而开始发生变动，这就形成一种类似于“四两拨千斤”的调整机制。在一个更深层次的假定上，这里包含着一种更根本的进程，尽管我们在此并不重点关注其影响，但却是整个调整机制的重要微观部分：“人不是既定的不变的存在，而是被培育出来的存在：独裁的或不说理的过程，会奸污或扭曲人的偏好和品格，而说理过程能够引导个体来重估、修正、改变和发展其偏好和品格——这也是说理的最自然的目的。”[1]

不过，这种过程只是一幅理想化的图景。在实际的治理过程中，每一步可能都面临重要的问题。首先是共识不足。一个基本上稳定有序的社会不可能没有价值共识，最多只是价值共识不充分，价值共识底线较低而已。但共识不充分的情形就已经让受到正式认可的目标和价值体系不可避免地面临质疑，并且形成评价尺度和提炼理由都会面临困难。社会的价值立场越支离破碎，行政理由面临的压力就越大。这项分歧在现实中很难通过交往过程得到解决。其次是评价尺度难以确定，由于许多价值无法被清晰界定，给予它们的权重衡量也面临摇摆不定的情况，即使存在先例机制，也难以防止它出现实质性的浮动，这种浮动越频繁，理由的决定作用就越差，预期和共识就越不易成型，理由的变迁对于整个格局的调整效果就越弱。最后是社会公众的立场未必会向行政主体的评价尺度相接近、相聚集，尤其是如果行政主体丧失了公信力，许多情况下即使做得很理性、很公开，公众也可能走向官方评价尺度的反面。20世纪以来，西方国家大量地将类型化、固定化的行政理由提升为政策、标准及解释性的行政法规，并通过公众参与等机制弥补它的合法性缺陷，可以看作对这幅理想的治理图景的

[1] 翟小波：《为了达成正当决策——民主论脉络内的协商民主论》，载罗豪才等：《软法与协商民主》，北京大学出版社2007年版，第266页。

一种弥补措施，起到一定程度的积极效果，但尚不能完全克服诸如价值共识相当稀缺、社会利益整合程度过低等深层问题。

在价值共识相对稀缺、社会公众用最敏感的情绪保护其价值阵地时，除去立法与政策本身需要提供一个公平、公正的基础外，从技术上看，在行政说明理由之中，取效行为（perlocutionary act）而非言内行为(locutionary act)[1]应当成为说明理由注意的首要一点，而这是奥斯丁以来的言语行为研究相对忽视的一点。这涉及修辞，修辞要求我们注意交往的策略和技艺，它的规则与言外行为（illocutionary act，以言行事行为）完全不同。[2]如果是在一个价值共识充分、行政机关公信力相对充足、各方利益冲突尚未造成长期性情感裂痕的环境中，行政主体只需要注意逻辑完备性与基本的价值共识就足够了；但如果前述条件不完全具备，我们还需要对取效行为多加注意，它并不是赤裸裸的煽情，而最好包含在言内及言外行为之中，通过合适的方式导出与表达目标意图。[3]如何通过发展取效行为的技巧来加强说理的社会效果并非本书研究的主旨所在，但这里需要指出的一点是，要充分发挥说明理由的社会治理功能，就不仅需要首先使价值和利益结构更加趋向于平衡和协调，还需要在逻辑过程以外对说明理由提出要求。自深层视角观之，“理由”只是精神活动过程下游的一种用于沟通与商谈的产物，若单纯通过它自身的逻辑力量回过头引导上游的欲求与情感存在不少困难，但它如能与价值、情感等因素紧密结合时将产生鲜活的生命力，唯有多管齐下才能弥补前述理想图景的实践条件缺陷。这正是为何后文我国行政机关对说明理由的规范会出现“文理”“情理”等一些非逻辑性要求的原因。

---

[1] 取效行为、言内行为和言外行为是著名语言哲学思想家奥斯丁所采用的分析框架。其中，言内行为是通过语言对单纯表述某种意义的行为，言外行为（又称施事行为、以言行事行为）是通过意义作出某种行动（如下命令）的行为，取效行为是通过语言影响接收者认知或判断的行为。

[2] Jeff Mason, “Rhetoric and the Perlocutionary Field”, *Philosophy & Rhetoric*, Vol.27, No.4 (1994), p.411.

[3] See id, p.413.

在当前，公众对行政过程中说明理由的关注度日益提高。在某些领域，它逐渐获得不亚于行政决定本身的关注热度。这既是我国行政机关所面临的挑战，更是行政机关可以利用的机遇。无论如何，“四两拨千斤”的低成本治理方式始终是我们所追求的一种理想的行政机制。事实上，借助明确的说明理由要求和有力的司法审查调节，西方法治发达国家已经在一些领域部分地实现了这样的治理，作为行政决定依据及理由之一的行政报告往往就拥有强大的社会影响力。为了防范行政理由过于变动不居，行政机关被迫形成政策、标准和法规（需要满足一定的行政程序和实体标准），即使在未形成这些依据的地方，也不能随意背离从前的理由，因此便有了前述“行政理由遵循先例”的机制。因为行政理由拥有如此巨大的影响力，行政法律制度中对其处处设置要求，而行政报告等专门性的理由形成活动受到了各方力量的激烈争夺，可见它的社会影响与社会治理功能已经日益不容忽视。在中国，方兴未艾的说明理由法制实践，应当如何发挥这种社会治理功能，还需要我们付出更多的探索。

第六章

中国行政过程中的说明理由制度

第一节　中国行政法上说明理由制度的历史与现状

中国[1]在说明理由方面的立法，最初是从行政机关内部说明理由开始的，如1952年《基本建设工作暂行办法》（已失效）第31条第1款第（4）项规定：“逐级向下颁发的各业控制数字，其总数不得超过政务院颁发的控制数字。”第2款规定：“中央主管部及大行政区财委如基于实际情况，认为政务院颁发之控制数字有须变更之处时，应说明理由，报请中财委核转政务院批准。”

在计划经济时代，行政法中说明理由主要是由下至上进行的，是由相对人向行政机关或其工作人员作出理由说明。在当时，需要说明理由的情况通常是为高权行政管理计划留下变通余地。例如，1955年《东北及内蒙古铁路沿线林区防火办法》第四部分“车务部门”第（3）项规定：“救火人员准许

[1] 本章所言的“中国”指中华人民共和国大陆范围，包括除香港特别行政区、澳门特别行政区、台湾地区外的所有其他地区。

搭乘最近列车（专用列车、军用列车除外）前往，如需途中乘下时，须向调度员说明理由，取得调度员命令后办理之。”1972 年《航空工业产品技术标准管理办法》第 19 条规定：“航空生产、科研和使用单位，都必须贯彻执行国家标准、部标准。主管部门，应采取有力措施，保证国家标准、部标准的认真贯彻。各企业（事业）单位在贯彻执行中，如确有特殊情况，应当向上级主管部门说明理由，并提出今后贯彻执行的步骤和措施。”1979 年《标准化管理条例》（已失效）第 18 条第 2 款规定：“贯彻标准确有困难者，要说明理由，提出暂缓执行的期限和贯彻执行的措施报告，经上级主管部门审查同意，报发布标准的部门批准。”诸如此类的规定（尤其是贯彻某计划标准确有困难时说明理由的规定）经常出现在计划经济时代的不同层次立法之中。这种理由当然不属于本书所集中讨论的范围，但从世界范围内的说明理由立法来看，这个方向也不需要一概否定，甚至很多情况下这种立法也有不小的作用，[1]关键是要区分该项制度的实际功能和定位如何，是否发挥了积极的社会作用。在当时，这种“说明理由”机制至少从字面上给充满计划色彩的高权行政管理体制留下了合理的变通和调整余地，其积极的一面值得肯定。

由行政机关向相对人说明理由的立法，始见于 1957 年《中华人民共和国治安管理处罚条例》（已失效）第 18 条第（5）项、第（6）项：“五、违反治安管理的人不服市、县公安局作出的裁决，可以在四十八小时内提出申诉；市、县公安局应当在接到申诉后的五日内进行复查，作出最后的裁决。六、边沿山区，交通困难，按照第四、第五两项所规定的时间，原裁决机关或者受理申诉的机关确实无法将申诉送出或者作出最后的裁决的时候，可以不受规定时间的限制，但需将超出规定的时间和理由在裁决书内注明。”但总体上看，这类立法在中国共产党第十三次全国代表大会以前十分罕见。1987 年，党的十三大报告提出：“为了巩固机构改革的成果并使行政管理走上法制化的道路，必须加强行政立法，为行政活动提供基本的规范和程序。”它对中国现代行政法律制度的发展起到了非常重要的根本推动作用。从 20 世纪

[1] 例如前一章中围绕理由的一些多主体互动场景，有许多就是围绕这一方向的说明理由制度出发的。

80年代末起，行政机关的职能开始逐渐转变，行政程序立法也得到更多的重视。在说明理由方面，20世纪80年代中前期，中国几乎没有任何真正意义上的承载行政说明理由要求的法律条款得以制定；但到1989年，从1989年1月发布的《公安部科学技术成果鉴定办法》[1]（属部门规章）开始，1989年10月发布的《中华人民共和国集会游行示威法》[2]（2009年修改）、1989年6月发布的《外国商会管理暂行规定》（属行政法规）[3]（2013年修订）、1989年11月发布的《商业经济纠纷调解试行办法》（属部门规章）[4]等纷纷规定了说明理由的内容。自1989年开始，行政活动说明理由方面的规定在各级法律规范中不断出现，日益发展成为一个发达的规范系列。

迄今为止，在全国人大及其常委会所制定的法律中，直接包含“说明理由”字样又属于行政活动说明理由方面的法律规范有1989年《中华人民共和国集会游行示威法》（2009年修改），1996年《中华人民共和国行政处罚法》（2017年修改），1997年《中华人民共和国合伙企业法》（2006年修订），1998年《中华人民共和国执业医师法》（2009年修改），1999年《中华人民共和国个人独资企业法》、《中华人民共和国行政复议法》（2017年修改），2002年《中华人民共和国民办教育促进法》（2018年修改），2003年《中华人民共和国证券投资基金法》（2015年修改）、《中华人民共和国

[1] 其第12条规定：“组织鉴定单位在接到《科技成果鉴定申请书》后，应认真进行审查，在一个月内就是否同意鉴定、鉴定的形式、参加鉴定的专家名单、由何单位主持鉴定等事项作出决定，并答复申请鉴定单位；不符合鉴定条件的，说明理由及时退回申报单位。未经批准自行组织的鉴定，一律无效。”

[2] 其第9条第1款规定：“主管机关接到集会、游行、示威申请书后，应当在申请举行日期的二日前，将许可或者不许可的决定书通知其负责人。不许可的，应当说明理由。逾期不通知的，视为许可。”

[3] 其第7条规定：“成立外国商会，应当通过中国国际商会提出书面申请，由其报送中华人民共和国对外经济贸易部（以下简称审查机关）审查。审查机关应当在收到全部申请书件之日起六十天内完成审查，对于符合本规定第四条规定条件的，签发审查同意的证件；对于不符合前述条件的，退回申请。如有特殊情况，不能在规定期限内完成审查的，审查机关应当说明理由。”（2013年修订前的条文内容）

[4] 其第14条第1款规定：“调解机构收到申请书后，经审查，对符合本办法规定的，应当在五日内将申请书副本发送被申请人。被申请人在收到申请书副本后五日内用书面答复是否同意调解。对不符合规定的或者被申请人答复不同意调解的，调解机构应当自接到申请书或答复书之日起七日内通知申请人不予受理，并说明理由。”

行政许可法》，《中华人民共和国银行业监督管理法》（2006年修改），2005年《中华人民共和国证券法》（2014年修改）、《中华人民共和国治安管理处罚法》（2012年修改），2006年《中华人民共和国护照法》，2007年修订的《中华人民共和国动物防疫法》、《中华人民共和国律师法》（2017年修改），2009年《中华人民共和国食品安全法》（2018年修改），2011年《中华人民共和国行政强制法》，2012年《中华人民共和国出境入境管理法》，2016年《中华人民共和国电影产业促进法》、《中华人民共和国慈善法》、《中华人民共和国环境影响评价法》（2018年修改），2017年《中华人民共和国港口法》等数十部法律，以及大量行政法规、部门规章、地方性法规及地方政府规章等。此外，地方行政程序法典化立法如《湖南省行政程序规定》《汕头市行政程序规定》《山东省行政程序规定》也包含了大量有关说明理由的条款。其他法规规章中的说明理由条款更是广泛可见，虽然大部分为“点到即止”式的要求，但它们对于行政说明理由制度的发展也起到了重要的作用。

值得关注的是，最近几年许多专门关于行政活动说明理由的专门性法律文件得以制定。尽管这些文件的法律位阶非常低，均属规范性文件，以行政处罚裁量说明理由为主，但反映的趋势相当引人注目。表3是笔者目前收集的部分在说明理由（包括说理式执法程序）方面具有代表性的专门规范性文件列表：

表3：部分典型说明理由方面的规范性文件

制定时间	文件名称	特色安排
2018.5	国务院办公厅关于加强行政规范性文件制定和监督管理工作的通知	强调“建立意见沟通协商反馈机制，对相对集中的意见建议不予采纳的，公布时要说明理由”
2016.11	广东省国税系统推行税收执法说明理由制度工作规定（试行）	明确规定说明理由的排除范围，并要求在救济环节说明理由；要求详细列示所附相关文书资料，强调“争取行政相对人的理解与配合”

续表

制定时间	文件名称	特色安排
2012.8	宁夏商务行政裁量说明理由制度	行政许可与行政处罚说明理由合并规定
2010.4	安徽省工商行政管理机关说理式执法文书制作规范（试行）	详细规定了说理式执法文书的制作及说理的内容，并且执法人员应当结合个案事实对法律法规规章进行详尽的法理阐述，以充分的说理来论证采用特定法律条文作为处罚依据的理由
2006.7	玉溪市行政许可告知承诺和说明理由制度（试行）	详细规定了作出行政许可相关决定需要说明理由的具体情形
2007.12	厦门市城市管理行政执法部门行政处罚自由裁量说明理由制度（试行）	对说明理由的规定较概括但全面，为后面其他地区一系列类似的行政处罚说明理由方面规范性文件[1]奠定了典型的结构模版

由此可见，中国行政说明理由的制度发展，在几十年间的演进中已经使得行政说明理由的规定日益趋于普遍化、专门化和多元化。在这些规定之中，中国行政机关发展出几种富有代表性的说明理由模式，下面本书将重点对此进行分析。[1]

第二节　说明理由的法律规定模式

中国行政说明理由在法律规定上的模式，主要是对需要说明什么样的理由、如何说明理由及说明到什么程度的规定方式。这几项要求构成了行政说明理由制度的核心。其中，对于需要说明什么样的理由（说理内容

[1] 此后大量行政处罚说明理由方面的规定所采用的基本上都是这种结构，一般由七到九条规定构成，涵盖适用范围、告知方式、说理内容、考量因素、申辩意见回应等要求。可参见《西安市城市管理综合行政执法局行政处罚自由裁量权说明理由制度》《张掖市民政局行政处罚自由裁量说明理由制度（试行）》《东西湖区水务局行政处罚说明理由制度》等。

结构要求）的规定，对后面两项规定的走向有着关键的影响。从既有立法实践中，我们可以发现几种主要的模式，它们一道构成了中国行政说明理由法律规定的多元性局面，也引发我们对于行政说明理由制度走向的更多思考。

一、“采选决”模式

2008 年《湖南省行政程序规定》第 78 条规定：“行政执法决定文书应当充分说明决定的理由，说明理由包括证据采信理由、依据选择理由和决定裁量理由。行政执法决定文书不说明理由，仅简要记载当事人的行为事实和引用执法依据的，当事人有权要求行政机关予以说明。”这一规定由于《湖南省行政程序规定》在国内的影响力而得到广泛的借鉴，从而构成了最富影响力的一种说明理由模式，因为其核心由“采信、选择和决定”三个关键动作组成，为简便起见，本书在此将这种模式称为“采选裁”模式。除《湖南省行政程序规定》外，在地方政府规章层面，2009 年的《哈尔滨市规范行政权力规定》（已废止）、2011 年的《山东省行政程序规定》、2013 年的《海口市行政程序规定》、2015 年的《兰州市行政程序规定》等也采取了这种模式，其中，《哈尔滨市规范行政权力规定》第 33 条第 2 款、第 3 款完全复制了《湖南省行政程序规定》第 78 条的内容。此外，在行政规范性文件层面，《福建省司法厅行政处罚裁量权适用规则》等也采取了这一模式。[1] 这种模式经由一系列的行政执法指导案例，已经发展成为一种比较成熟的模式。它的特点是：

1. 在说明理由内容方面，证据采信理由、依据选择理由和决定裁量理由构成了逻辑结构清晰的组合。这一组合的每个板块都有自身确定的内容和完整的学理支撑结构。

---

[1] 该文件第 11 条规定：“行政执法人员在案件调查终结报告、行政处罚建议、行政处罚决定书或者其他处理决定中，应当将自由裁量的情况进行表述；对选择的处罚阶次，应当说明理由；在行政处罚决定书中除说明自由裁量理由外，还应当说明证据采信理由、处罚依据选择理由。”

2. 每一个说明理由的子项目都可以作出清晰的逻辑要点。以行政处罚说明理由为例，对于证据采信理由，目前的典型案例列举的要点覆盖主体资格（责任能力）、行为主体、行政处罚各构成要件的相关系列事实；对依据选择理由，要点包括定性依据和处罚依据，分别对应我国法律文件中的行为模式部分和法律后果部分；对于裁量理由，着重说明违法情节、社会影响、配合态度、改正情况、补偿措施、计算基准等。[1]

3. 证据采信理由和依据选择理由的要点相对较为固定，决定裁量理由的要点虽然自由度要高一些，但只要遵循行政裁量权控制的主流学理认识，也会显得比较成熟、稳定。因此，这个模式的完备性和成熟程度都较为突出。

这种模式获得学术界主流认同度较高，目前也占据着相对较高的法律规范位阶。可以预见的是，随着中国的行政程序立法进一步扩展，《湖南省行政程序规定》的影响在未来如进一步增强，这种模式很有可能成为最终的主流模式。

二、“事情法”模式

“事情法”模式就是要求说明行政活动的事理、情理和法理。从字面上看，它要求说明的不是主体意志的活动环节，而是事物本身的内在脉络。对于习惯主流行政法学理架构的学人而言，这种模式可能相对较为陌生，与主流行政法学进路之间也存在一定张力，需要展开论述。

目前这种模式多见于规范性文件甚至是不具有规范效力的政府文件中。例如，《河南省工业和信息化厅关于印发河南省工业和信息化系统推进服务型行政执法建设实施方案的通知》（豫工信政〔2012〕721 号）要求“逐步推广说理式行政处罚，说明事理，说通情理，说透法理，避免行政处罚的

[1] 例见长沙市人民政府关于印发《长沙市 2012 年度行政执法指导案例》的通知（长政发〔2012〕28 号）；娄底市人民政府关于印发《娄底市 2012 年行政执法指导案例》的通知（娄政函〔2012〕133 号）。本章所采用政府文件，如无特别说明，均来源于北大法宝数据库。

随意性，提高执法效能和办案质量”。四川省德阳市《德阳市人民政府关于进一步加强和规范行政执法工作的意见》（2012年8月9日）要求“提倡人性化说理式执法，在执法过程中说透法理，说明事理，说通情理，防范和化解行政争议”。这些要求一般都比较简略。

也有政府文件对此要求较为详细的，其详细的要求又分为两大走向：一个是回归主流行政法学理架构，如《浙江省卫生行政处罚程序》[1]第44条规定：

行政处罚决定书应有说理性内容，说明事理、情理和法理。主要包括：

（1）对违法行为的构成要件、因果关系和违法事实的认定过程等应当陈述清楚；

（2）阐述证据形式和证据所要证明的内容；

（3）适用法律依据时应当完整地引用定性依据和处罚依据；

（4）当事人陈述申辩的理由、证据或听证的过程、结论和行政处罚机关是否采纳意见的理由、依据，应当详细阐述，当事人放弃陈述申辩或听证的应予以说明；

（5）作出从轻、减轻或从重行政处罚的，应当根据裁量规则要求说明理由。

另一个走向则包含了较多的非法律用语，逻辑性相对不强，尤其是常常将情理、事理、法理与文理甚至公理等并列，但往往很有实践操作特色。例如，《杭州市民政局关于在全市民政系统推行说理性行政处罚决定书的通知》（2010年10月1日）中要求：

……要做到说清“三理”：

一是说清法理。就是运用法理对案件的定性、情节、处罚等问题做透彻的分析说明。在认定事实的基础上，对当事人的陈述、申辩意见采信与否的理由应叙述清楚。结合有关法律、法规或规章的具体规定，客观分析

[1] 同样的内容在《杭州市民政局关于组织开展全市民政系统行政执法案卷评查工作的通知》（2011年7月22日）、《浙江省住房城乡建设系统行政许可和行政处罚案卷评查办法》（浙建法〔2011〕79号）等文件中也有出现。

当事人的违法性质，适用法律、法规或规章的具体条文的内容，说明当事人的行为具体违反了该法条的什么禁止性、义务性规定，构成什么行为；详细引用与禁则、义务性规定相对应的罚则条文。

二是说清情理。即对案件的分析判断要符合主体客观背景以及案件发生的原因和社情民意，从而使处罚决定合乎情理。在对当事人从事违法行为的主观意图、手段、社会后果客观评价的基础上，对从轻或减轻、从重或加重处罚以及不予行政处罚的情节、理由、法律依据作必要的说明，使自由裁量权的行使合法合理。

三是说清文理。每一份行政处罚决定书都是论证违法行为的论说文。要求必须做到观点明确、论据充分、论证严谨、逻辑严密、说理透彻。在文字表述上，必须做到用词准确、文理通顺、详略得当。通过说理能把整个案件的处罚程序交代清楚，使当事人知法、知情、知理，化解矛盾，消除阻力，提高执法满意度，促进和谐执法，努力减少行政争议。

另一个例子是《湖北省工商局关于推行说理式执法文书的通知》（鄂工商法〔2009〕208号），为深入研究需要，其中重点段落全文引述如下：

1. 讲清违法行为的事理，说明当事人“为什么违法”。要以调查核实的证据为基础，紧扣违法行为的构成要件，做到“三清”。一要讲清当事人基本情况，说明被处罚主体资格合法；二要讲清违法行为事实，按照何时、何地、何行为、何后果等基本要素，对行为的具体表现，涉案标的物数量金额、违法所得等情况具体叙述，并对于有证据证明当事人主观意图、违法手段、违法后果的，适当作出客观评述；三要列清证明违法事实的证据，并指明其证明内容。证据列述应进行适当归纳，按证据主次顺序（或者时间先后顺序）排列。对计算机数据、视听资料等证据应说明收集证据的方式、形式等以体现该证据取得的合法性。

2. 讲清定性用法的法理，说明当事人“违反什么法”。一要在认定事实的基础上，结合有关法律、法规或规章的具体规定，遵循法律适用原则，客观公正地分析当事人行为的性质，对违法行为进行准确定性。二是要全面准确引述法律、法规的具体禁则内容，指明当事人的行为具体违反何法、何条的哪一项禁止性规定，具体构成什么违法行为。三是要详实引述与禁则相对应的罚则条文内容，以备作出公正裁罚。案件定性适用要从违法行为构成要件入手阐明法理，特别是在法律、法规、规章之间产生竞合或者同一法律规范中出现法条竞合时，更应详加阐述相关法理。

3. 讲清程序正当的公理，说明“用何方式步骤处罚”。一要交待案源，表明案件查办合法启动；二要说明执法程序，将案件查办中实施的行政强制、处罚或听证告知、是否听取和采信陈述申辩意见、是否举行听证等涉及当事人权利的事项告诉当事人；三要告知履行方式、期限及拒不履行的后果，敦促其主动履行处罚决定；四要告知救济权利、期限、行使方式和途径，以及救济权行使不影响行政处罚决定执行等事项，让其享有并可充分行使法定救济权。

4. 讲清自由裁量的情理，说明“为何这样处罚”。行政处罚自由裁量主要是对处罚种类或者罚款幅度的裁量。一要遵循通用的比例制原则，避免同案不同罚、处罚显失公正等情形的产生；二要将当事人主观意图、手段、情节、危害后果等相关因素对照从轻、减轻或者从重、加重处罚的法定（或酌定）情节，作出公正裁量。

5. 讲求严谨规范的文理，规范文书的形式格式。一是格式要符合统一要求；二是在文书体例、标点符号标注、文字表述等方面必须符合现代汉语规范要求，遣词造句要尽量使用书面语言和法律术语，谨防用语“口语化”，禁止使用生僻字。

这一走向在中国行政说明理由实践中亦得到不小范围的认同。抛开其中仍需斟酌的用语（如“公理”）及逻辑性（如将事理、法理与文理并列）不论，这一走向也未必没有亮点。对比“采选决”模式，它有如下几个显著的特点：

1. 不强调法理上的逻辑结构，而是关注更广泛的理由内涵。它本身更多的是一种语言上的排列，而在逻辑上并不需要十分规整。例如，说明理由以外的一部分正当程序内容也被当作说理的要点，而作为形式性要求的“文理”和要对当事人输出的实质性内容相并列，在行文上有别于立法性语言。这与行政公文的行文习惯及试图将所有要求尽可能整合排列的文字组织思维有关。

2. 各个项目下的要点不统一、不确定，比较灵活。例如，对于什么是“情理”，不同的文件就有不同的理解，而其中“对案件的分析……符合社情民意”等措辞是何含义，并没有清晰的界定。

3. 教育性与规定性并行。这种走向不仅仅是一种规定，从口吻上看更像是行政主体对其工作人员的教育，而且照顾到一些本土行政机关会特别关注的内容，如社情民意、交代案源、特定证据材料的获取途径合法性等，对遣词造句等文字表达亦十分注重，这一特点与这些文件的形式和任务有着内在的联系。

总体来看，这种模式似乎是一种较本土化的模式，但它也自有它的考虑根据。它往往是处于行政体系末梢直接面对行政执法任务的行政机关所下发的文件，并不追求学理上的严谨性，但却很讲究对于本机关习惯行文方式的衔接，以及在特定情境下的实用性。作为规范性文件，这种模式往往更加容易教育行政机关工作人员，通俗易懂，深入人心。在现实生活中，除行政机关外，其他一些机关也有采取此种模式的，如 2017 年《最高人民检察院关于加强检察法律文书说理工作的意见》也分点强调“阐明事实、释明法理、讲明情理”。当然，在中心内容上，它与前一种模式其实并没有太大的差别。

三、变异模式

对于以上两种典型模式，部分说明理由项目发生变异的情况也较为常见。例如，《南京市交通系统推行说理式行政执法文书实施方案》（宁交法〔2009〕8 号）将证据列举部分独立出来，而说明理由部分只包含法律适用及自由裁量权行使的理由。前面提到的《杭州市民政局关于在全市民政系统推行说理性行政处罚决定书的通知》及与此基本同时的《杭州市劳动和社会保障局关于在全市劳动保障系统推行说理性行政处罚决定书的实施意见》(杭劳社法〔2010〕177号，以下简称杭劳社法177号文）都采取了这样的处理方式。也有的文件将裁量理由归于法律适用理由之内，如《安徽省工商行政管理机关说理式执法文书制作规范（试行)》(工商法字〔2010〕109号）就作如此处理。

变异模式包含的内容不一定比典型模式要少，就以杭劳社法177号文为例，其中包含的《说理性行政处罚决定书操作规范》对说明理由的要求就非常详尽。其中对于事实和证据的说明分两条分别作了处理，有关事实说明的第13条要求:“事实表述清楚。行政处罚决定书应当清晰表述当事人从事行政违法行为的主观意图、情节、造成的后果，作为从轻或者减轻、从重或者加重以及不予行政处罚的依据，体现行政处罚的合理性、公平性和公正性。凡是与案件的定性和处理相关的事实要素不得遗漏，有关的数据应当对应、平衡。多个违法行为应当要分别表述清楚。违法事实之间不得有互相矛盾之处。整个事实的表述应当具有层次感，合乎一定逻辑性，文字简洁，一目了然。”有关证据分析的第14条要求:“证据分析严谨。行政处罚决定书应当逐一罗列证据进行分析，说明该证据证明案件的哪些法律事实；如有否认案件客观事实的证据，则要另起一段罗列并进行分析；在证据分析的基础上，运用逻辑推理和经验法则对证据逐一作出有效或无效的确认，然后用有效的证据推定出案件的法律事实，对不予采信的证据则说明理由；最后阐明通过证据分析得出的被采信证据最终证明的法律事实。”这可能是国内行政说明理由事务操作方面最为详尽的规定。

相对而言，变异模式一方面可能是出于简便的规定，但也存在一些是出于实用上的考虑。不管如何，这是一种值得关注的模式，因为在两种日趋确定的模式之外，它还不断地带来一些值得思考的多样性。例如，前面安徽省工商行政机关的《操作规范》就是一个重要的突破。只要它的因地制宜、务实可行一面得到充分发挥，我们就应当鼓励多种变化的存在。

行政说明理由不同规定模式的形成，其深层原因则是不同制度文化对不同基本逻辑的认同与遵从。“采选决”模式所沿袭的逻辑是法理逻辑，而

“事情法”模式所沿袭的逻辑则可以认为是某种社会行动逻辑，其中法律规范也是社会行动框架的一部分。从正式立法的趋势看，“采选决”模式几乎是唯一的候选模式，而且就规范设计和学理架构而言非常清晰，没有明显的缺陷，但我们也需要善于从其他模式中获得一些可以借鉴的内容。其中最为重要的是以下两点：

1. 对“情理”的说明。耐人寻味的是，“情理”的说明可能是本土行政主体在面对现实说理任务时所不易绕过的一块，它反映了我们面对的公共领域和社会交往的真实需求，反映了行政合法性所离不开的情感认同基础。我们常说“动之以情，晓之以理”，在说明理由时也往往需要带入“情理”的内容。情理并不完全在逻辑之内，也不完全属于取效行为，这使得法律要对其进行调整和具体要求会遭遇相当程度的困难。很多要求讲清楚“情理”的文件也并未真正对“情”这个要素作出具体规定，而是把其他方面的因素填充到了“情理”中；在说明理由活动中，它更多的是作为一种实践技艺而存在，如果发挥不当，还可以引起负面的风险。但这一切都不妨碍“情理”成为我国说明理由法制的一部分。鉴于我们对“情理”难以作出细化的规定，可以在行政程序法制中使它成为一个导向性的概念，引导行政主体往更有效的说明理由方向改进。

2. 对说明理由的操作性规定的精度与深度。行政说明理由要求要最终从规范层面成型，除了行政程序法典中的概括性条款，下位的操作细则也必不可少。目前不同的规定模式，在未来似可作分流处理：“采选决”模式成为主流模式的同时，其他模式可以延续既有的状态，就势走向实务操作细则，根据不同地方、不同层级的行政实践需要，发展出不同精度与深度的操作性规定。这样，现有的不同模式之间可以构成未来行政说明理由要求的丰富层次，从而使中国的说明理由法制保持活力。但是，要进一步完善这些操作性规定的精度与深度，我们必须直面行政立法与执法实践中的说明理由活动，以获得更为充实的思考。

第三节　行政决策与执法实践中的说明理由

相对于规范层面的说明理由，实践中的说明理由开展得更早，也更为复杂。中国共产党政权很早就注意说明理由的工作，如1948年2月22日，中共中央在《关于在老区半老区进行土地改革与整党工作的指示》中指出，在“调剂土地中，对于在抽动新富农及中农的土地时必须充分说明理由取得本人同意一点，甚为重要。如果本人不同意，则应向他们让步，不得采取强制办法”[1]。在当前，行政说明理由的实践更是丰富多样，也呈现出不断发展变化的态势，制度实践中出现的许多方法与经验值得我们重视。下面我们以几个说明理由开展得较多的典型领域为例，勾勒中国当前行政说明理由的实务操作图景。

一、行政处罚说明理由

行政处罚说明理由，可以说是当前行政执法说理活动中相对开展得最为成熟的一项。这一方面是因为《行政处罚法》制定较早，且其条文中明确规定了说明理由义务，行政处罚活动规范化工作开展时间也比较长；另一方面是因为行政处罚属于典型的负担性行政行为，如果不充分说明理由，可能引起较多的误解与怨气，因此必须详细展示处罚的依据和考虑。因此，这里选择行政处罚说明理由作为具体行政行为说明理由的一个代表性项目，对说明理由的实践操作进行分析。

行政处罚说明理由的一个显著特点是裁量性内容较为丰富。许多行政处罚条款在处罚类型或额度上赋予行政主体一定程度的裁量权，在处罚前提下也给予行政主体有限的判断余地，因此如何说明这类裁量性的内容，就是行政处罚说明理由在实务操作中的重点。另外，行政处罚的证据收集

---

[1] 苏少之:《论中国共产党根据地时期的新富农政策》，载《党的文献》2004年第3期。

十分重要，为使当事人信服，必须列举充分的证据，这也是行政处罚说明理由时受到重点关注的另外一个要害问题。下面我们以一个典型案件为例阐释行政处罚说明理由的实务操作方式。

“× 工商行政管理局行政处罚决定书

× 工商案字［2010］第 × 号

当事人：×× 省卷烟公司 × 市公司

（当事人信息略）

2009 年 8 月 25 日，当事人限定卷烟零售商接受其指定的金融机构服务的行为被群众举报，为查明事实，本局于 2009 年 8 月 28 日立案调查。

现已查明：自 2003 年 9 月 1 日起，当事人与中国工商银行股份有限公司 × 市分行合约（以下简称工商银行 × 分行），指定工商银行 × 分行办理全市 3500 户卷烟零售商采购卷烟时货款的充值、划拨、清算业务。为推行这一结算方式，当事人要求卷烟零售商必须先到工商银行 × 分行所属的各网点开户，并持牡丹卡或存折（账号报当事人备案）方能结算购烟款。卷烟零售商在订购卷烟时，先将采购款项存至上述工商银行的牡丹卡或存折，然后由工商银行将货款划拨给当事人。卷烟零售商采购的卷烟由当事人送货上门。

……

因工商银行 × 分行是当事人结算卷烟款的唯一指定银行，卷烟零售商不经上述银行开户并结算卷烟款，就无法从当事人处采购卷烟。

又查，中国银行股份有限公司 × 分行、交通银行股份有限公司 × 分行、中国建设银行股份有限公司 × 分行等银行都具备结算卷烟款的充值、划拨、清算业务的能力。

以上事实有以下证据在卷证明：

……”[1]

---

[1] 案例来源：国家工商总局反垄断与反不正当竞争执法局编著:《工商行政管理机关说理式行政处罚书选编》，中国工商出版社 2011 年版，第 92—97 页。

这是一个有关限制竞争行为的行政处罚案例。× 市工商行政管理机关（以下简称工商局）一共列举了 10 份证据，分明就当事人资质、指定结算银行且未经公开招标、卷烟零售商不经其指定银行结算就无法采购卷烟、其他银行有能力办理卷烟结算款、工商局要求当事人提供相关证据、当事人已改正违法行为等事实，共计询问笔录 35 份，企业登记资料一份，现场检查笔录 6 份，另有备忘录、合作协议、协助调查函、通知书、送达回证及身份证明等。整个案件的证据材料十分翔实。

接下来，工商局对当事人的申辩理由——未限定结算机构及未构成《中华人民共和国反不正当竞争法》[1]（以下简称《反不正当竞争法》）第 6 条所指“购买指定的经营者商品”作了针对性的辩驳。工商局简要地指出 32 份证据显示不经当事人指定的结算单位就无法采购卷烟，称“证据具有较强的代表性，且客观真实有效”；然后用详细的分析对《反不正当竞争法》中的“购买……商品”作了扩张解释，认为购买结算服务同样属于反不正当竞争法的调整范围。

基于当事人主动改正违法行为，工商局在核查属实后，认为其符合《行政处罚法》第 27 条第 1 款第（1）项规定的从轻情节，遂按照《国家工商行政管理总局关于工商行政机关正确行使行政处罚自由裁量权的指导意见》的处罚幅度进行从轻的罚款处罚，并依据《反不正当竞争法》第 23 条“公用企业或者其他依法具有独占地位的经营者，限定他人购买其制定的经营者的商品，以排挤其他经营者的公平竞争的，省级或者设区的市的监督检查部门应当责令停止违法行为，可以根据情节处以五万元以上二十万元以下的罚款……”的规定对当事人处以 6 万元的罚款。最后，工商局在处罚文书的末尾说明了缴纳罚款的相关事项及告知当事人提起复议或诉讼的权利。

这一案例的代表性在于，它较为完整地展示了行政处罚说明理由所需要注意的各项基本因素，也显示出行政处罚说明理由所面临的各项问题。

[1] 由于本案发生于 2010 年，故本部分所引用《反不正当竞争法》系 2017 年修订前之条文，特此说明。

1. 行政说明理由的精度与深度应当如何处理

本案的说明理由非常深入、精细，在本案中，由于案件涉及利益面广，涉案金额推测亦属不小，行政主体说明理由的详尽程度与调查取证所花费的时间与物质成本是可以理解的，它可以看作复杂案件说理精度与深度的一个范本。但在较为简单的一般行政处罚案件中，行政说明理由很难达到如此的精度与深度。此时行政机关一般就采取较为简易的说理方式，有的行政机关通过格式化的说理式行政处罚文书专门应对简易的行政处罚案件，也收到了很好的效果。据笔者了解，北京市工商行政管理部门（后改为市场监督管理部门）在众多普通行政处罚活动中使用的大部分是简易的格式化处罚文书，只需要简单列示证据、法律依据及行使裁量权所考虑的主要情节即可。

2. 法律适用竞合问题

本案涉及法律适用竞合问题。因为，对于“依据《反垄断法》还是《反不正当竞争法》调查处理，一些执法人员持有不同的观点。有的认为应当依据《反垄断法》调查处理，由国家工商总局立案调查……这导致一些省、市工商局在……发现此类行为时缩手缩脚，不敢依据《反不正当竞争法》调查处理”[1]。直到 2009 年 7 月 1 日《工商行政管理机关查处垄断协议、滥用市场支配地位案件程序规定》开始施行后，这一问题才得以初步解决。在本案中，说明理由完全没有触及法律适用竞合问题，如果按照“采选决”的说理模式，“法律依据选择”实际上是得不到充分说明的。但实践中如果当事人并不提出申辩意见，相关情形又完全可以受某一法律法规调整的情况下，对此不作深入说明反而可能更为有利，即避免额外增加本无必要的争议，又可以降低行政成本，因为要清晰说明法律竞合情况下依据选择问题需要较高的法律素养。这实际上反映出目前居于主流地位的“采选决”模式仍有进一步调整的空间，将“依据选择理由”修改为“依据确定理由”似乎更为妥当。

[1] 国家工商总局反垄断与反不正当竞争执法局编著：《工商行政管理机关说理式行政处罚书选编》，中国工商出版社 2011 年版，第 96 页。

3. 行政主体的执法素质要求

本案详尽而清晰的说理固然起到让人信服的效果，但行政机关及其工作人员的素质参差不齐，难以保证各地各级执法机关及工作人员都有这样的执法素质。这或许是实践中推行精细化的说明理由操作规程的一个重要困难。但是，此处的素质需求多数是形式性或程序性的技能，通过典型指导案例、专门培训及格式化的说理式行政处罚文书，多少能够弥补这方面的缺陷。目前在全国各地日益广泛推行的“说理式行政执法”及说理式行政执法（处罚）文书就证明了这种精细化的行政执法要求仍然是可以不断得到推广的。

二、行政决策说明理由

行政决策在我国的行政活动中占有非常重要的位置，行政决策说明理由也因其重要影响及鲜明特色而成为一个具有代表性的研究对象。相比行政处罚说明理由而言，行政决策说明理由所涉及的内容一般更为广泛、深入，利益关系更加复杂，需要说明的理由也更为丰富、精致。但就我国目前行政决策的说理情况而言，普遍范围内与应然状态还有着相当一段距离。

在行政决策对外说明理由方面，有效的法律规范依据本就不多，像《湖南省行政程序规定》也没有规定行政决策需要对外说明理由。在这方面，《新疆维吾尔自治区市政公用事业特许经营条例》(2005)、[1]《淮南市重大行政决策程序规定》(2012)、[2]《哈尔滨市人民政府重大决策规则》(2012) [3] 等都是重要的突破。另外，尽管行政决策对外说明理由经常缺乏

[1] 其第 30 条规定：“城市人民政府应当设立特许经营监督委员会，代表公众对特许经营活动进行监督和质询，委员会成员中非政府部门的专家和公众代表不得少于三分之二。委员会对特许经营活动中可能影响公众利益的重大决策，有权提出意见和建议。特许人、有关行政主管部门和特许经营者应当充分听取委员会提出的意见和建议，对不予采纳的，要说明理由，并记录在案。”

[2] 其第 14 条第 2 款规定：“决策承办机构应当将公众对重大行政决策的意见和建议进行归类整理，对公众提出的合理意见应当采纳；未予采纳的，应当说明理由。公众意见及采纳情况应当向社会公布。”

[3] 其第 13 条规定：“重大决策承办单位应当将各方提出的意见和建议进行归纳整理，对合理的意见和建议应当采纳；未予采纳的，应当说明理由并予以反馈。”

规范依据，尽管行政决策也处于相对上游的位置，往往是一个内部行政过程，但行政决策对于社会又往往会产生相当重大的影响，受其决定的下游行政行为可能批量地影响公众合法权益，因此在行政决策中引入正当程序理念、加强说明理由要求又甚有必要；特别是行政决策直接与行政措施相联结的情况下，更应对行政决策说明理由。

当前行政决策说明理由尚没有固定的模式。就其他领域行政说明理由的模式而言，“采选决”模式更加适合于具体行政行为，是否能直接在行政决策说明理由中得到应用尚有疑问。在行政决策说明理由的实例中，说明理由通常直奔主题，集中于核心问题上，而说理的内容与逻辑都值得我们加以关注。

在 2009 年的甲型流感（以下简称甲流）防控决策中，卫生部一开始将甲流作为《传染病防治法》第 3 条第 3 款规定的乙类传染病，并采取甲类传染病的防控措施，[1] 后来，又调整甲流防控管理，密切接触者不再被要求集中观察，而是可以实行居家的医学观察，而轻症病人也可考虑实行居家隔离治疗。在这一决策调整中，卫生部给出了详细的理由说明：(1) 甲流病死率和普通流感差不多，并不严重；(2) 防控经验表明，只要措施到位，集中管理和居家管理的效果差不多；(3) 集中隔离投入资金太多，而随着疫情发展，密切接触者数量增加，集中管理难度更大；(4) 家中的条件不适合进行隔离、家不在当地的密切接触者、本人患有某些慢性病或者是孕妇的、对甲流比较敏感的密切接触者，可能会进行集中隔离观察；(5) 重症病例仍要加强隔离救治。[2] 在这份有着成本收益分析特点的理由说明中，行政机关的理由可以分为核心理由和补充说明两大方面。核心理由是一个类似于成本收益分析的判断，补充说明则是对于特殊群体的特殊处理措施，整个说明架构清晰、理据有力，如果加上明确的数据支撑，就更加一目了然。

另一个有意义的实例是“青岛市扩大市区高污染黄标车限行范围决策”的理由说明。在青岛市人民政府 2012 年 9 月 27 日召开的新闻发布会中，

---

[1] 参见沈岿：《风险治理决策程序的应急模式——对防控甲型 H1N1 流感隔离决策的考察》，载《华东政法大学学报》2009 年第 5 期。

[2] 同上注。

政府方面就这一决策作出了详细的理由说明。整个说明的篇幅很长，其理由可以简单概括为以下几点：(1) 详细解释青岛市当前的污染状况和污染物来源，对高污染黄标车的排污情况及其危害作了清晰的描述（例如，“青岛市目前高污染黄标车约 6 万辆，占全市汽车保有量的 5%……但是其氮氧化物等大气污染物排放量占汽车排放总量的 35% 以上”）；(2) 扩大黄标车限行范围不会给市民出行带来影响；(3) 扩大黄标车限行范围已在外地多个城市实施，经验值得借鉴；(4) 具备条件的高污染黄标车提前淘汰可申请补助，并对已经发放补助的车辆数和金额作了说明。[1] 这里面实际上也包含了一定意义上的成本收益分析在内，并且对公共利益作了非常详细的解释。另外，这项决策也考虑到了受影响的黄标车使用者的权益问题（补助），但没有详细论证补助的公平性问题。

从以上两个典型案例可以看出，当前实践中的行政决策说明理由并不一定要逐步列举证据、法律依据及裁量因素，而只是选择性地集中于几个最关键的决策要点。从实践情况中可以看出，行政决策说明理由的要点包括：(1) 决策所涉及的公共利益，以及决策对于该公共利益目标的促进作用；(2) 行政措施的成本及收益比较；(3) 可借鉴的实践经验及成效；(4) 受影响的行政相对人的权益保障问题。实际上，这几点往往也就是公众所真正关心的要点，也是理由需要发挥其作用的地方。行政决策和行政处罚行为说明理由模式在实践中出现分野，有着深层的现实原因。例如，行政处罚行为多数是一线的基层行政执法人员作出，他们在技能和素质上与负责行政决策的行政管理人员在理论上存在一定的差距，而其所负责的事务往往高度类型化，此时高度模块化的实践操作规程及相应的说理式处罚文书能较为有效地应对这种说明理由的需要；而行政决策事务具有高度的复杂性、广泛性和不确定性，事先一般也有针对性的调研活动，能够在与民众的互动中把握社会较为关注、较具沟通价值的要点，并且决策负责人员通常掌握着更多的资料和数据、有着更高的技能和素养，这方面的说

[1] http://www.qingdao.gov.cn/n172/n9945907/n9945979/27217005.html，2013 年 1 月 23 日访问。

明理由实践呈现更少的模块化特质也就可以理解了。

行政决策说明理由目前并不存在固定的模式，并不代表它在实务操作中不需要一种相对固定的精细化操作规程加以指引。西方国家在制定行政规章方面的说明理由模式已经为我们提供了一个可以借鉴的例子。这一操作规程可以与具体行政行为说明理由有所区别，但是详细列示行政决策的事实基础、拟采取行政措施的成本收益状况及是否优于可能的替代性措施、受影响相对人的权益保障问题等应当成为行政决策说明理由的必要项目，并且每一项都可以继续在实践中探索到进一步的细化方式。

三、行政裁决说明理由

行政裁决中的说明理由是一个较为特殊的问题。行政裁决活动受司法裁判活动影响较深，行政裁决说明理由与司法裁判文书说理也较为接近。同时，它也有自身的特殊性，如针对的事务具有较强的专门性、裁决的专业判断相当清晰、争点较为集中等，这使得它的说明理由也有着自身的重要特点。我们以土地争议行政仲裁和房屋拆迁裁决中的两个典型案件为例说明行政裁决说理的实务操作特点。

案例一 1997年李某某与六合镇某村签订了41亩的农村土地承包合同，并取得了阿荣旗人民政府颁发的土地承包经营权证书。2002年李某某外出打工，将承包地41亩交给第三人耕种，2003年第三人私自将申请人的41亩承包地转让被申请人，现申请人无地耕种，无家可归，难以生存。第三人私自将申请人的承包地卖给被申请人，违反法律规定，严重地侵犯了申请人的合法权益，申请人多次找被申请人协商未果，故申请人申请仲裁委员会，请求仲裁支持申请人的仲裁请求。

仲裁庭经审理查明：……

仲裁庭认为：第三人的妻子与被申请人的丈夫签订土地转让合同的行为是一种表见代理行为。构成表见代理有四个要件：1. 以被代理人的名义进行了代理行为。2. 相对人在客观上有理由相信无权代理人有代理权。3. 相对人主观上是善意的且无过错。4. 无权代理人与相对人之间的民事行为具备成立、生效要件。因双方当事人不同意调解，依照《中华人民共和国合同法》第 49 条规定，“行为人没有代理权、超越代理权或者代理权终止后以被代理人名义订立合同，相对人有理由相信行为人有代理权的，该代理行为有效”以及《最高人民法院关于适用〈中华人民共和国合同法〉若干问题的解释（二）》（法释〔2009〕5 号）第 12 条“无权代理人以被代理人的名义订立合同，被代理人已经开始履行合同义务的，视为对合同的追认”的规定裁决如下：

驳回申请人的仲裁请求。[1]

这一仲裁案例的说理模式与司法裁判非常接近，可以说和诉讼法学者在民商事仲裁领域经常言及的“仲裁诉讼化”有着紧密的联系。除去仲裁机构的角色不论，它几乎就是一个简单的司法判决，整个说理过程从事实查证到法律适用，与司法裁判的一般套路无异。当前许多行政仲裁都呈现出这种特征，特别是劳动争议仲裁，完全仿效了司法裁判的模式。实际上，对于存在远离行政机关的当事人两造的案件而言，行政裁决及说明理由采取司法裁判模式并无不妥。民商事仲裁领域的“仲裁诉讼化”之所以经常受到学界诟病，乃是因为它“违背了仲裁意思自治的本质以及经济、高效解决纠纷的价值定位”[2]；但行政仲裁更多的应当追求公平、专业、有效地解决纠纷，司法裁判模式在此完全可以适用。

不过，对于行政机关与其中一方当事人联系可能被认为过于密切的案件，行政裁决的说理模式可能需要作出一些变化。宁波市江东区房屋拆迁裁决就是一个很好的例子。

案例二　经甬土拆许字（2005）第 10 号房屋拆迁许可证批准，宁波市 C 公司委托宁波市江东区房屋拆迁事务所于 2006 年 3 月 20 日起对“戎家地块旧村改造”项目进行动迁。被申请人 S 的房屋坐落于江东区戎家 199 号，根据土地资料记载，经核定合法建筑面积为 39.82 平方米。按《宁波市城市建设征用集体所有土地房屋拆迁管理办法》规定，对被拆迁人的合

---

[1] 案例来源：http://www.jlagri.gov.cn/Html/2012_12_10/85147_87228_2012_12_10_150962.html，2013 年 1 月 23 日访问。

[2] 伍雅俐：《我国仲裁诉讼化现状分析及对策探讨》，载《司法改革论评》2009 年第 6 辑。

法建筑面积进行调产安置，新房按基本造价，旧房按重置价结合成新，结算差价。违章建筑不作安置依据，不予补偿。被申请人要求安置两套住房，未接受C公司提出的上述拆迁安置补偿方案，至今未签订拆迁协议。为此，C公司特向宁波市国土资源局申请予以调解裁决。

……（当事人程序参与情况及拆迁范围略）

被申请人房屋坐落在江东区戎家199号，为两处平房。根据地籍审批资料，被申请人房屋宅基地面积为48.29平方米。经宁波市江东纵横房地产测绘有限公司测量，并经宁波市国土资源局江东分局确权认定，被申请人住房合法建筑面积为39.82平方米。根据《宁波市城市建设征用集体所有土地房屋拆迁管理实施细则》第12条的规定，我局予以认可，确认被申请人住房合法建筑面积为39.82平方米。

经宁波市豪斯房地产估价有限公司评估认定，被申请人住房22.86平方米系砖木结构，房屋成新0.74，重置价格550元/平方米；16.96平方米系简易结构，房屋成新0.7，重置价格450元/平方米。评估报告有估价员、估价师签字和评估机构盖章，程序合法，我局予以认可。

现根据《宁波市城市建设征用集体所有土地房屋拆迁管理办法》第22条、第23条、第26条，《宁波市城市建设征用集体所有土地房屋拆迁管理实施细则》和《关于调整城市建设征用集体所有土地房屋拆迁补偿安置有关价格和费用的通知》（甬价管〔2004〕238号）文件的规定，裁决如下：

一、申请人应当在30个月的过渡期限内，在宁徐路以东，朝晖路以西地块上为被申请人提供建筑面积为39.82平方米的安置用房，安置房与被申请人原合法住房按规定结算差价。不直接提供安置房的，申请人应提供相应的购房资金，共计39.82×（4400–880）=140166.4元，由被申请人自行选购安置房，并且申请人应按重置价格结合成新对被申请人原合法住房予以作价补偿，共计22.86×550×0.74+16.96×450×0.7≈14647元。

……（余略）[1]

---

[1] 案例来源：http://gtog.ningbo.gov.cn/art/2010/6/28/art_13022_890.html，2013年1月23日访问。

这一案件于2010年6月21日由宁波市国土资源局作出裁决。在这一案件中，疑点可谓比比皆是：为何认可这样一种可能与房地产开发商关系密切的营利性商业主体的测量及估价结果？证据采信理由是什么？另一方当事人虽未到场，其是否曾提出相反意见，对此裁决者是否作了考虑？替代安置房的购房资金，其数额是如何计算出来的？为何会突然出现4400及880这两个前文一直未出现的数字？可以直言不讳地说，初读这份裁决的说理有如坠入云雾中之感。

实际上，在这一案例中，即使遵循了司法裁判的说理要求，也未必能够满足行政裁决说明理由的需要。例如，仲裁文书中提到的《宁波市城市建设征用集体所有土地房屋拆迁管理实施细则》第12条规定："《办法》所指住宅用房和非住宅用房面积、土地使用面积，以《集体土地使用证》记载的面积为准，未领取《集体土地使用证》的，或《集体土地使用证》未记载的，被拆迁人应当提供其他有效证明，以实际丈量并经征地拆迁管理部门认可的面积为准。"[1] 但在这里，征地拆迁管理部门同时又是仲裁机构，仲裁机构在此就不能像法院认可行政机关的行政确认结果一样直接作出认可，因为在失去了一层外部审查程序制约的时候，为满足正当程序的需要，就必须有其他方面正当程序要求的强化作为补偿。宁波市国土资源局为何认可这一测量结果，就必须甚至比法院裁判文书更加充分地说明其证据采信理由才能起到以理服人的作用；此处仅有一个孤立的数字，对于说明理由而言是不充分的。

进一步看，这类行政裁决案件不仅与当事人的重大利益密切相关，而且至少部分地由于拆迁补偿判断的专业性，行政机关获得行政裁决的权力才能获得正当化论证。但是，行政裁决文书丝毫没有体现出行政机关在这方面的专业性，以至于由其行使这方面的判断权是否可以在任何意义上促进结果公正都成为疑问，更不必提程序公正的问题。因为利益关系重大和专业性优势，行政机关在这方面的说明理由自应达到更高的精度与深度。就目前我国行政裁决说明理由的状况看，行政裁决机构还需要大力加强裁

[1] 规范来源：http://cx.nblr.gov.cn/ningbo/zcfg/25.aspx，2013年1月23日访问。

决文书说理工作。至于具体的说理模式，因为行政裁决案件至少在形式上大都具备与司法裁判类似的当事人结构及争议形式，可以在一定程度上效仿司法裁判文书说理模式，但在行政机关以某种形式牵涉到自身的情况或需要发挥专业判断优势的情形下，证据采信理由更加应当得到清晰的、充分的、有着完备而严密依据的说明。

总体上看，把握实践中行政说明理由的精度与深度，归根到底需要对各项社会价值与行政成本作一个总体的权衡，甚至需要对合法性和社会认同的需求有深入的把握。这项权衡最好能够以专门化的方式进行，通过一种抽象行政行为设立为一套区分操作精度与说理深度的标准，使得行政主体在不同类型的行政活动、不同情况的行政个案中能够预先对说明理由的充分性要求有一定的认知和掌握。只有在一套完整的说明理由实践要求及实践模式的辅助下，司法机关及社会公众才能对行政主体是否满足行政程序法制中的说明理由义务作出充分的判断，进而使行政理由在实践中发挥它的理想功能。

第四节　中国法院系统对理由的审查

与西方国家法院对说明理由的审查相比，中国法院系统对说明理由的审查可谓刚刚起步，但对事实理由、法律理由及裁量理由的审查已经逐渐展开，很早就出现了说明理由审查方面的代表性案例。法院对行政说明理由义务是否得到满足的否定性评价，一般是依据《行政诉讼法》第 70 条各项进行具体的违法性判断。我们可以大致上从整体上未说明理由、事实理由、法律理由、裁量理由这几个方面来检视中国法院系统对说明理由的审查；但是，中国对说明理由进行司法审查的实际图景要远比这种简单的划分复杂，它是一个多维度交织的框架：欠缺理由（理由不足，或形式上的理由不充分）与理由不正确（正确理由不足，或实质上的理由不充分）构成了另一重划分方式，前者属于根本的程序违法；而后者则不仅包括程序违法，也借助程序或形式上违反合法性要求的名义包括进了一定程度的实体违法内容。每一种具体的理由类型都可以适用这样的划分方式。如果说在欧美国家理由的充分与正确还能相对区分清楚的话，在中国司法审查中，由于法院判决文书说理经常较为简略、发生混淆情形，这两个层面在实然上很难获得清晰的区分。下文的分析将以前一个划分方式为主，兼顾后一种划分方式的视野与要求。

一、整体上未说明理由或说理过于简单

在司法审查中，对于具体行政行为未依法说明理由的，在《行政诉讼法》修改以前一般都依据《行政诉讼法》第54条第（2）项第3目的规定（“违反法定程序的”）作出撤销判决（或2000年《最高人民法院关于执行〈中华人民共和国行政诉讼法〉若干问题的解释》第57条第2款中与此相对应的确认违法判决）而否定该行政行为的效力，这方面的案例为数不少。鉴于完全未说明理由构成严重的程序违法，《行政处罚法》干脆认为未说明理由的行政处罚“不成立”，[1] 完全未说明行政行为理由的情形（包括未补充说明理由[2]）一般在依法审判的法院中都会受到否定。例如，在2010年判决的贾某诉郑州市公安局高新技术产业开发区分局行政处罚案[3]中，被告郑州市公安局高新技术产业开发区分局认为贾某醉酒驾车，直接给原告送达行政处罚通知书，既没有告知其对原告作出治安处罚的事实、理由和依据，也没有告知原告依法应享有的权利；贾某不服诉至法院。法院认为被告违反了《行政处罚法》第41条的要求，行政处罚不能成立，据此判决撤销被告的处罚决定。这种审查可以说是对行政说明理由活动的最基本的审查，学界及实务界对此一般都能就这样的处理结果达成共识。

---

[1] 《行政处罚法》第41条规定：“行政机关及其执法人员在作出行政处罚决定之前，不依照本法第三十一条、第三十二条的规定向当事人告知给予行政处罚的事实、理由和依据，或者拒绝听取当事人的陈述、申辩，行政处罚决定不能成立；当事人放弃陈述或者申辩权利的除外。”

[2] 部分法规或规章允许补充说明理由，如《湖南省行政程序规定》第164条规定：“具有下列情形之一的，行政执法行为应当予以补正或者更正：（一）未说明理由且事后补充说明理由，当事人、利害关系人没有异议的；……”在这种情况下，应当同样认为如果始终未说明理由或事后补充说明时当事人、利害关系人提出异议，则构成足可否定行政行为合法性的程序缺陷。

[3] 案例来源：北大法宝数据库。

不过，整体上未说明理由的案件，有时也会出现比较复杂的情况，有时法院也会在表面上的形式审查下内置对理由充分性的实质审查。在江苏H丝绸进出口有限公司不服江苏省经济贸易委员会经贸行政许可案[1]就出现了比较复杂的情形。被告江苏省经济贸易委员会在审查原告江苏H丝绸进出口有限公司（以下简称H公司）后作出不予行政许可的书面决定，H公司对此不服诉至法院。法院认为被告违反了《行政许可法》第38条第2款的规定（“行政机关依法作出不予行政许可的书面决定的，应当说明理由，并告知申请人享有依法申请行政复议或者提起行政诉讼的权利。”），依照《行政诉讼法》（2017年修改）第54条第（2）项第3目之规定判决撤销被告的审核意见。在本案中，被告在作出不予行政许可决定时附上了南通市经贸委提出的实地考察审核意见，但法院认为仅罗列这份意见未满足法律要求的说明理由义务，这在行政判决中可以说并不多见。从原告的陈述中，我们可以发现更多原委。按照原告的陈述，行政许可申请受阻主要由于竞争对手X茧丝绸集团股份有限公司（以下简称X公司）长期垄断海安县鲜茧收购市场，由于海安县政府不仅是X公司的股东，而且将其在X公司20%国有股权的表决权也授予X公司法定代表人行使，故“原告申请不可能得到作为初审机关的海安县发改委的批准”；而在被告方面，被告虽然就这一申请举行了听证会，但“在听证会之后未作出行政许可，反而又委托南通市经贸委和海安县发改委对原告的申报条件进行现场考察，并据现场考察结果作出了不予核准的意见”。如果原告所述属实，这份实地考察审核意见就有违反自然公正和正当程序要求之嫌，法院的判决理由就更可理解了——“被告在作出不予许可书面决定时，仅罗列了南通市经贸委提出的实地考察审核意见，未就该实地考察审核意见内容的合法性和适当性进行审查论证，未说明其作为最终审核机关作出不予核准决定的法律依据和具体理由，亦未向申请人告知救济权利和救济途径，显属不当”。不仅如此，相关法官在判决后的点评还进一步指出：“考虑到海安县政府和当地

[1] 案例来源：北大法宝数据库。

唯一有鲜茧收购资格的X公司有利害关系，海安县发改委的茧站布点规划（海安县发改委进行初审及被告的辩护意见中均将此作为依据）文字通篇倾向于保护X公司利益，确实存在合理性的问题，作为最终审核机关的被告在作出审核意见时也应充分考虑，对此规划不应适用。不过，特别要指出的是，因为本案的判决方向是判令撤销被诉具体行政行为，并责令被告重新进行审核，一审法院出于对行政机关裁量权的尊重，在判由部分仅指出了被告未对实地考察审核意见内容进行实质审查的失当性，而未直接就此问题表述倾向性意见，从而为行政机关重新作出具体行政行为预留了裁量的空间。”

可以认为，出于种种考虑，法院在作出判决时似乎部分隐藏了说明理由的实质充分性及理据本身的正当性问题，但实际上对这个问题作了非常到位的审查。仅仅在形式上拥有一整套理由并不足以构成对说明理由程序义务的满足，导致行政机关“违反法定程序”的更多的是因为理由本身的根本缺陷。这种缺陷并不在于逻辑性方面，而在于其正当性基础不足。不仅如此，法官还深入指出，理由的组织与审查处于行政主体的裁量权范围内，法院可以指出理由的失当性，但不能代替行政主体作出具有倾向性的判断，从而很好地照顾了司法与行政之间的角色分工。

随着《行政诉讼法》的修改和司法审查的发展，法院对说明理由的审查也不断深入。2018年，最高人民法院在郴州饭垄堆矿业有限公司与国土资源部再审一案[1]的判决书中明确指出：“国务院《全面推进依法行政实施纲

[1] (2018）最高法行再6号。案例来源：法治政府网，http://fzzfyjy.cupl.edu.cn/info/1067/8416.htm，2018年4月10日访问。在本案中，中信兴光公司（红旗岭矿）和饭垄堆公司（饭垄堆矿）先后获得了采矿许可证。红旗岭矿与饭垄堆矿存在矿区垂直投影重叠。因在采矿许可证有效期内无法解决重叠问题，中信兴光公司于2012年11月向国土资源部提出行政复议申请，以湖南省国土厅授权郴州市国土局向饭垄堆公司颁发《采矿许可证》违法、湖南省国土厅在该公司矿业权坐标范围内重叠、交叉向饭垄堆公司设置采矿权侵权、颁发《采矿许可证》违反法定程序等为由，请求撤销湖南省国土厅（授权郴州市国土局）于2006年向饭垄堆公司颁发、于2011年又经湖南省国土厅延续的2011年《采矿许可证》的具体行政行为。2014年7月14日，国土资源部作出复议决定，撤销湖南省国土厅向饭垄堆公司颁发的采矿许可证。饭垄堆公司不服，提起行政诉讼。本案经一审、二审、再审，由最高人民法院作出终审判决。

要》规定，行政机关行使自由裁量权的，应当在行政决定中说明理由。行政复议决定是复议机关居中行使准司法权进行的裁决，且行使着上级行政机关专业判断权，人民法院对行政复议决定判断与裁量及理由说明，应当给予充分尊重。与此相对应，行政复议决定和复议卷宗也应当依法说明理由，以此表明复议机关已经全面客观地查清了事实，综合衡量了与案情相关的全部因素，而非轻率或者武断地作出决定。因为只有借助书面决定和卷宗记载的理由说明，人民法院才能知晓决定考虑了哪些相关因素以及是否考虑了不相关因素，才能有效地审查和评价决定的合法性。不说明裁量过程和没有充分说明理由的决定，既不能说服行政相对人，也难以有效控制行政裁量权，还会给嗣后司法审查带来障碍。”不仅如此，最高人民法院还进一步指出：“在对案涉采矿权重叠问题有多种处理方式以及可能存在多种复议结论的情况下，国土资源部选择作出撤销决定，更应充分说明理由。但是，从复议机关所提供的证据与全案卷宗情况来看，被诉复议决定并未体现相应的衡量因素，也未进行充分说理，仅简单以构成重叠即作出撤销决定，难以得到人民法院支持。人民法院认为复议机关所提供的证据材料不能满足司法审查需要，复议机关未完全履行说明理由义务的，可以要求复议机关重新调查处理，并提供可以进行审查的证据以及相应的理由说明。”

从这两个案例可以看出，我国部分法院对说明理由的审查深度已经得到了相当程度的推进。说明理由不仅是作出决定的行政机关的义务，也是行政复议机关的义务；法院也不仅仅要求有形式上的理由，而是需要从行政理由中“知晓决定考虑了哪些相关因素以及是否考虑了不相关因素”，要求复议决定“体现相应的衡量因素”，这实际上已经深入了对理由的实质性审查。在此基础上，如果全面深入推行行政说明理由的司法审查，将有可能倒逼行政机关作出更高质量的行政决定，也将大幅度地打开中国行政法的新空间。我们完全可以认为，行政说明理由的基本程序要求已经成为当前对行政行为进行司法审查的一项重要考虑，在未涉及具体理由之时，法院就可以作出较深入的审查；而在涉及具体理由时，部分法院的审查深度则早已深入实质性审查的范围。

二、未充分说明具体理由

1. 事实理由

在行政行为因欠缺理由或说理不足而遭法院撤销或确认无效的案件中，欠缺事实方面的理由的情形是最多的。20 世纪 90 年代，法院就在这方面作出了大量判决；这方面的行政判决在当前更是随处可见。法院对行政主体说明理由的事实面作了不同程度的要求，有的已经相当严格。这些要求可以大致归结为判断上的周全性、逻辑上的完备性、证明上的充分性等。

（1）判断上的周全性

司法审查对事实理由的第一个要求，就是行政机关在判断构成案件主要事实的某项材料是否为真陈述时，其判断要能够覆盖各种相关材料所显示的内容，在形成事实判断时对主要的事实材料和证据要点都加以考虑，特别是对于证明作用相反、出现矛盾冲突的证据，需要加以全盘考虑，并说明为何采信其中的某些证据、其证明力如何。

在 2007 年判决的高某不服南陵县建设委员会拆迁行政裁决案[1]中，被告南陵县建设委员会拆迁行政裁决案就因判断时未考虑相互冲突的证据而被法院判决撤销其行政裁决。在该案中，原告因不服被告对待拆迁房屋面积的裁决而诉至法院，案件中出现了相互矛盾的证据：原告的房屋系 1992 年落实私房政策取得，当时《南陵县落实私房政策领导组办公室文件》明确载明系争房屋面积为 102.08 平方米；但次年原告领取的房屋产权证书载明该房屋的建筑面积为 62.42 平方米，而第三人（房地产开发企业）委托评估公司出具的评估报告直接以产权证书基础载明的 62.42 平方米为基础对房屋作出估价，在行政裁决中该评估报告获得被告的认可。法院在判决书中指出："安徽万达房地产评估事务所在未对房屋面积进行实地测量的情况下，以房屋所有权证载明的面积为依据……作出的评估结论显然是不客观的，该评估结论不能成立。被告南陵县建设委员会将该评估结论作为主要依据

[1] 案例来源：北大法宝数据库。

之一作出的裁决，其依据的主要证据不足。被告受理第三人的申请后，发现第三人与原告争议的房屋面积之差如此之大，应当予以查明。”据此，法院作出了撤销判决。被告不服提起上诉，2008 年二审维持了一审判决。这一判决同时还提出了一个非常有价值的要求，即当某个事实要素还存在明显疑点的情况下，行政主体应当进一步查明事实并加以说明。虽然这与刑事诉讼法上的“排除合理怀疑”标准有着明显的差别，但也可以说是通过某种“排除显著疑点”的标准对行政主体的理据提出了深入的要求，如果在实践中这一要求能够得到进一步发挥，行政法治的水平将大为提升。

（2）逻辑上的完备性

行政主体为其行为提供的理由必须在命题推理上是完备的，即所依据的要点能完整地导出逻辑结论，在逻辑链条上没有重要的缺漏。在这方面，一个有代表性的案件是 1996 年判决的许某诉宜阳县卫生防疫站案，[1] 宜阳县人民法院基于行政处罚决定“事实不清，主要证据不足”作出了撤销判决（实际上，行政处罚主体亦不适格）。在本案中，行政主体的逻辑链条明显不完整，即使许某的卤肉完全干净，并且在包装和运输过程中也未产生污染，但卤肉运到酒店后，重新取出吹凉、放入电冰箱、取出解冻、切碎、加调料上盘等一系列过程中完全可能发生污染。由于因果关系发生了中断，行政主体

[1] 案例来源：http://china.findlaw.cn/falvchangshi/huanjingbaohu/zxhjbhf/anli/2010/0119/4107.html，2013 年 1 月 25 日访问，并参见章剑生：《行政行为说明理由判解》，武汉大学出版社 2000 年版，第 15 页。主要案情为：1995 年 8 月 29 日，宜阳县计划生育委员会检查组在张午“福雅轩酒家”用餐后发生 42 人集体食物中毒事件，经医院检查为变形杆菌所致。经查，该酒家的牛肉、卤猪肉、猪肚片、猪耳中被检出致病的变形杆菌。1995 年 8 月 29 日中午“福雅轩酒家”给客人食用的大肠、心肚、猪耳等卤肉是 28 日下午在许某处购买的。该卤肉于 28 日下午 2 时许出锅，空汤后在风扇下吹凉，3 时半左右装入塑料食品袋。“福雅轩酒家”来人取出后装入塑料编织袋，乘小客车于晚 6 时半左右到张午，将卤肉取出放置电风扇下吹凉，晚 9 时许放入冰箱。29 日上午 9 时许将肉取出解冻，切碎加调料上盘，等客人食用。宜阳县卫生防疫站部分地以此为由（另有塑料包装袋等枝节问题，此处从略）在 1996 年 1 月对许某作出行政处罚，许某对此不服诉至法院。法院认为卤肉从加工出锅到食用前存在着多个可能污染的环节。在未排除卤肉从“福雅轩酒家”来人装入塑料编织袋运至张午及第 2 天的再加工这一系列过程中可能造成污染前，以或然性的推断结论进行处罚，事实不清，主要证据不足，依法应予撤销；判决撤销行政处罚决定。

仅依据最终存在变形杆菌污染的结果，无法断定污染是由许某的卤肉店所导致。在这里，司法审查对说明理由的逻辑完备性提出要求，是完全合理的。这是行政主体所提供的事实理由需要面临的一种基本审查。

同年判决的A冲煤矿诉涟源市水利水电局案[1]可以看作这方面的审查要求的另一个代表性案例。在本案中，三个煤矿围绕T水库大坝长期采煤，导致当时价值水库大坝开裂、水库报废，而行政机关以A冲煤矿违法采煤导致水库报废为由，对其进行处罚。法院认为"认定原告A冲煤矿应承担损坏T水库的全部责任，没有确凿根据"，撤销了行政机关的处罚决定。本案同样属于因果关系链条不完整（严格地分析还包括归责问题）的情形。可以认为，对于说明理由的逻辑完备性的要求在行政审判中已经为长期的实践所确认。

（3）证明上的充分性

即使行政主体在逻辑上是完备的，其最终的证明仍然未必是充分的，有可能行政主体构建的理由链条过于薄弱，未能使其证明具备充分性。这种情况亦属于因说明理由不足而导致程序违法的情形。

陈某诉厦门市土地管理局案[2]就涉及证明上的充分性问题，并得到行政行为说明理由研究者的及早关注。本案的主要案情为：1995年4月，申请人蔡某茹向被告厦门市土地房产管理局（原厦门市房产管理局）提出申请，要求将址在鼓浪屿区（现思明区）复兴路70号房屋业主杨仁记更名为蔡某楫，并提交菲律宾人蔡某亮和吴某等七人关于蔡某楫生前曾用杨某之名作为其产业之登记字号的两份声明及菲律宾政府对上述声明的身份和笔迹认定材料、我国驻菲律宾大使馆对菲律宾政府的印章认证材料、鼓浪屿区公证处对蔡某亮和吴某等七人到我国驻菲律宾使馆办理认证的行为公证书。1995年5月4日，被告以"厦门房管局"的名义在《厦门日报》刊登"关于复兴路70号业主杨仁记即蔡某楫的字号的声明"，要求异议者在公告之日起两个月内持有

---

[1] 案例来源：http://www.gsfzb.gov.cn/FLFG/ShowArticle.asp?ArticleID=27048，2013年1月25日访问，并参见章剑生：《行政行为说明理由判解》，武汉大学出版社2000年版，第17页。

[2] 同上注，第20—21页。

效证件向被告提出申诉，逾期即以蔡某辑之名进行产权审查。1995 年 9 月 20 日，居住于复兴路 70 号的陈某向鼓浪屿区人民法院提起民事诉讼，请求法院依法确认其拥有复兴路 70 号二分之一产权，鼓浪屿区人民法院经审理认为：鼓浪屿区复兴路 70 号房屋经蔡某官绝卖于杨某后，历次房地产登记都以杨某作为所有权人，原告主张蔡某官回赎讼争房，因无直接证据证明，不足以推翻原有产权契证的效力；关于杨某身份问题，因原告陈某及被告蔡宝茹等人所举材料互相排斥，又无其他确凿充分证据加以佐证，不予认定，判决驳回陈某主张对复兴路 70 号拥有二分之一产权的诉讼请求。1997 年 4 月 30 日，被告厦门市土地房产管理局以这一判决为依据核发了鼓字第 1128 号房产所有权证确认鼓浪屿区复兴路 70 号房屋业主为蔡某楫，并注明房产来源为“判决所得”；后被告蔡某茹据此领取了房屋产权证。陈某对此不服，提起诉讼。厦门市中级人民法院判决被告厦门市土地管理局败诉，原因是证据不足、程序违法，并撤销了其颁发的房屋所有权证。

本案涉及的人事关系相当复杂，撇开纠缠不清的人物关系看，厦门市土地管理局说明理由的整个逻辑链条由三个环节构成：一是蔡某楫与杨某的身份同一性，证明材料为蔡某亮等七人的声明、菲律宾政府对声明的认证及我国驻菲律宾大使馆的公证书；二是房屋业主原为杨某；三是法院对异议人的否定判决。这足以构成一个逻辑上完整的证明，但它在法律上是不充分的。章剑生教授的意见是：“我们可以看到被告作出这一行政行为的思维过程是，既然人民法院的判决判定复兴路 70 号房屋的产权不属于陈某，那么，这房屋产权肯定属于争议的另一方蔡某楫。”“造成这种非此即彼的错误原因在于，本案不能适用排中律确认案件的事实。”[1] 这一意见固然有道理，但本案被告败诉的根本原因是理由太过薄弱。如果第一个逻辑环节的证明足够充分，被告是不会败诉的，第三个环节可以作为佐证使用；但是，第一个逻辑环节的证明本就偏弱，再加上第三个环节的佐证（仅是一个特定的排除一种可能性的佐证），也不足以构成充分的证明，从常理推

[1] 章剑生：《行政行为说明理由判解》，武汉大学出版社 2000 年版，第 70—71 页。

测，房屋实际属于其他人所有的可能性比较小，但在逻辑上当事人的证明并没有足以确定实际业主的强度。

从以上几个方面我们可以看出，我国部分法院对于说明理由在事实面的审查还是较为深入而完整的，并且与对行政证据的审查密不可分。因为行政证据不足，也可以认为就是说明理由不充分的一种原因；而如果行政机关根本未提供相关证据、依据，也就是完全未履行说明理由义务，将普遍地为《行政诉讼法》所否定。我们在此主要关注的是理由的具备性及完整性，对于事实理由层面的司法审查而言，事实理由的具备与完整，显得特别重要。

2. 法律理由

法院对行政行为法律理由是否具备以及法律依据是否正确的审查，构成法院对法律理由进行审查的两大层面。这两方面的案例都较为丰富。尽管法律依据的选择并不是一个容易的主题，但在现阶段的司法审查中，这些案例所包含问题相对比较简明。

（1）法律依据的具备性

不在行政行为中说明最基本的法律依据，这种行为在 20 世纪的中国非常多见，这种行为的效力不会得到正常的司法机关的认可。例如，在 1997 年的上海新亚集团出租汽车公司不服上海市闵行区国有资产管理办公室等责令停止处置公司资产通知案[1]中，被告上海市闵行区国有资产管理办公室针对闵行青年经济技术发展总公司（闵青总公司，属国有企业）将所有权和经营权作价 826 万元一次性整体转让给新亚集团出租汽车公司一事，“根据国家有关法规政策规定，明确闵青总公司与新亚集团出租汽车公司签订的产权转让协议为无效协议，责成闵青总公司必须立即停止违法处置闵青出租汽车服务公司资产的行为，并做好善后事宜”。这一决定因超越职权及未说明具体法律依据而被法院判决撤销并责令重新作出行政行为。如果一项行政作为或不作为仅说明所依据的法律文件名称而未说明具体的规范依据，在司法审

[1] 案例来源：北大法宝数据库，并参见章剑生：《行政行为说明理由判解》，武汉大学出版社 2000 年版，第 22 页。

查中同样面临遭遇否定的危险。[1] 在完全不说明具体法律依据的做法在已经违背了依法行政的基本要求，行政行为在司法审查中被撤销也是十分正常的。

（2）法律依据的完整性

如果行政机关已经说明法律依据，但没有提供完整的说明，这种情况下法院的做法可能出现分歧，这取决于司法审查认为其是否未说明主要的法律依据，抑或仅仅是未展示次要的法条支持。在既有的案件中，除非行政主体适用法律不正确，很少出现行政主体因未适用全部法律规定而被法院判决撤销或确认违法的情形。如果发生必须适用的条款未适用的情形，甚至包括没有指明具体适用条款的情形，法院也可能认为行政机关适用法律错误。例如，在著名的于某诉北京大学一案中，一审、二审判决均肯定了这一点。例如，二审判决指出：“本案中，北京大学作出的《撤销决定》虽载明了相关法律规范的名称，但未能明确其所适用的具体条款，而上述法律规范的条款众多，相对人难以确定北京大学援引的具体法律条款，一审法院据此认定北京大学作出的《撤销决定》没有明确的法律依据并无不当，本院应予支持。”[2] 我们完全可以认为，人民法院对法律理由进行司法

[1] 例如，2011 年上海市第一中级人民法院判决的夏某因政府信息公开申请答复行政行为案中，被上诉人上海市某区住房保障和房屋管理局在作出不予公开的答复时仅称“根据《中华人民共和国政府信息公开条例》及《上海市政府信息公开规定》”，未指出具体条款，这一行为因此被法院判决撤销。案例来源：北大法宝数据库。

[2] 于某系北京大学历史学系 2008 级博士研究生，于 2013 年 7 月 5 日取得历史学博士学位。2013 年 1 月，于某将其撰写的论文《1775 年法国大众新闻业的“投石党运动”》（以下简称《运动》）向《国际新闻界》杂志社投稿。同年 5 月 31 日，于某向北京大学提交博士学位论文答辩申请书及科研统计表。于某将该论文作为科研成果列入博士学位论文答辩申请书，注明“《国际新闻界》，2013 年待发”。于某亦将该论文作为科研论文列入研究生科研统计表。同年 7 月 23 日，《国际新闻界》（2013 年第 7 期）刊登《运动》一文。2014 年 8 月 17 日，《国际新闻界》发布《关于于某论文抄袭的公告》，认为于某在《运动》一文中大段翻译原作者的论文，直接采用原作者引用的文献作为注释，其行为已构成严重抄袭。随后，北京大学成立专家调查小组对于某涉嫌抄袭一事进行调查。2015 年 1 月 9 日，北京大学学位评定委员会召开第 118 次会议，全票通过决定撤销于某博士学位。同日，北京大学作出校学位〔2015〕1 号《关于撤销于某博士学位的决定》（以下简称《撤销决定》）。于某不服，最终提起行政诉讼。案例来源：无讼（北京市第一中级人民法院，案号：〔2017〕京 01 行终 277 号）。

审查的深度已经及于法律依据的完整性方面。

(3) 法律依据的正确性

相比之下，法律依据正确性的问题最为复杂。严格地说，提供了不正确的法律依据并不属于未充分说明法律理由的一种形式，但有时未充分说明法律理由与未充分说明正确的法律理由难以分开，因为提供完全不正确的法律理由将导致逻辑上大前提与小前提无法对接，进而无法构建出充分的论证。这可能是说明理由之司法审查借助形式合法性外衣深入实质合法性的最远之处。行政主体若未为其行为提供正确的法律依据，将很可能遭遇司法审查的否定。适用法律错误主要包括三个方面。

(a) 不同位阶的法律规范发生冲突时适用了下位法的规定，这一点在我国有关案件中虽然出现了争议，但争议主要是有关判决宣告地方性法规无效的情形；在不涉及这种宣告的情况下，法院的做法还是能得到体制认可的。例如，在任建国诉陕西省吕梁行政公署劳动教养管理委员会案[1]中，任建国因为分房谈话的事情推搡了正在研究工作的矿长张福保，被吕梁行政公署劳动教养管理委员会决定实行劳动教养，根据是《山西省人民政府关于保护企业厂长、经理依法执行职务的规定》第8条第(2)项规定，以暴力、威胁方法阻碍厂长、经理依法执行职务，尚不够刑事处罚的，可实行劳动教养。当时《立法法》尚未出台，1993年离石县（现离石区）人民法院在审理时认为："《中华人民共和国行政诉讼法》第63条第1款规定：'人民法院审理行政案件，以法律和行政法规、地方性法规为依据。'能作为审理劳动教养行政案件依据的行政法规有：1957年8月3日国务院公布的《关于劳动教养问题的决定》，1979年11月29日国务院公布的《关于劳动教养的补充规定》，1982年1月21日经国务院转发、公安部发布的《劳动教养试行办法》。这三个法规对劳动教养的适用对象、审批和管理办法都作了详尽的规定，但都没有授权地方人民政府另定执行措施的规

[1] 案例来源：北大法宝数据库，并参见章剑生：《行政行为说明理由判解》，武汉大学出版社2000年版，第29—30页。

定。这三个法规中规定的适用劳动教养的对象很明确，根本没有《山西省人民政府关于保护企业厂长、经理依法执行职务的规定》第8条第（2）项‘以暴力、威胁方法阻碍厂长、经理依法执行职务，尚不够刑事处罚的，可实行劳动教养’的规定。因此，对山西省人民政府规章中的这一条只能作这样的理解：只有法规规定的劳动教养对象兼有以暴力、威胁方法阻碍厂长、经理依法执行职务的行为，尚不够刑事处罚时，才可对其实行劳动教养。否则，不能单独依规章对其实行劳动教养。”这一判决意见从技术上说非常精彩。被告陕西省吕梁行政公署劳动教养管理委员会上诉至山西省吕梁地区中级人民法院，二审法院指出，《行政诉讼法》所指的可以参照的规章，是指那些根据法律和国务院的行政法规制定的规章。对于那些不是根据法律和行政法规制定的规章，或者其内容与法律和行政法规相抵触的规章，则不在人民法院参照之列。以此为基础，二审法院采纳了一审法院对规章的巧妙解释，并指出“对于法律和行政法规中的实体与程序规定，都应当全面、准确无误地适用，才是依法办案”。据此，二审法院维持了一审法院判决。应当说，在发生位阶冲突的情形下，如果行政主体只片面依据位阶较低的规范作出行政行为，其法律依据的充分性是很成疑问的，司法审查非常正确地确认了这一点。

（b）依据法律文件错误及（c）适用法律条款错误。对于这两类错误的审查，法院同样具备一定程度的裁量权，但一般情况下，如果行政主体在适用法律方面发生了根本的理解或定性错误，司法审查将对行政行为的效力作出否定性的结论。例如，在2012年判决的马某不服新蔡县国土资源局行政处罚案[1]中被告的行为就存在这样的问题。2012年3月23日，新蔡县弥陀寺乡白庄村民委员会以疏通港渠、兴修水利为目的与原告马某签订合同书，将李白桥白桥至徐桥段大港承包给原告，期限20年，由马某进行疏通、加深，改造成养鱼场，并保障水利畅通；被告新蔡县国土资源局以原告未经批准，擅自取土破坏耕地面积2466平方米，对其作出行政处罚决

[1] 案例来源：北大法宝数据库。

定。法院经审理认为，原告是在李白港港内河滩地进行取土，属于《河南省〈河道管理条例〉实施办法》而非《中华人民共和国土地管理法》相关条款的“管理范围”，遂以被告的行为证据明显不足、超越职权为由作出撤销判决。这个判决虽然可能存在一些具体争议，但足以说明司法审查对法律依据的错误持否定性的态度，对行政行为的法律理由采取较为严格的审查立场。

3. 裁量理由

在我国的司法审查中，行政主体的裁量理由一般得到高度尊重，针对裁量理由不足或有误的撤销或确认违法判决较为少见。如果将行政主体享有的判断余地也视作裁量权行使的一部分，则针对裁量理由的司法审查还是有一些案例可循的。早在《行政诉讼法》实施以前，法院就已经开始对后一种意义上的裁量理由采取实质性的审查立场，如 1989—1990 年判决的宁德市大众影院不服宁德地区工商行政管理局以其电影广告内容荒诞予以行政处罚决定案[1]中，我们就可以窥见法院对判断余地及裁量空间的审查。宁德市大众影院预定于 1989 年 4 月 5 日至 6 日上映《寡妇村》影片，上映之前，电影院为本片作宣传称：“郑重声明，儿童不宜”“本片通过三位女主人公的夫妻生活，正面触及在文艺领域长期被视为禁区的性生活问题，反映落后的风俗与传统观念给予妇女的精神重负。该片被一些报刊宣传为我国第一部性电影，第一部儿童不宜的电影，在京上映场场爆满，黑市票价一张卖 10 元，广州卖到 27 元，是目前电影市场上一部看好的片子”“寡妇村，国内首部性电影，儿童不宜”等。4 月 4 日宁德地区工商行政管理局（以下简称宁德工商局）曾以“内容恣意夸张，为票贩开绿灯”为由两次要求电影院撤除广告，遭电影院拒绝。4 月 7 日，宁德工商局以大众影院未经工商行政管理部门同意，擅自设立广告，恣意夸张内容，欺骗消费者为理由，根据国家工商行政管理局发布的《广告管理条例施行细则》第

---

[1] 案例来源：http://www.bjxch.gov.cn/pub/xch_148/ssal/xzla/200603/t20060316_683582.html，2013 年 1 月 25 日访问，并参见章剑生：《行政行为说明理由判解》，武汉大学出版社 2000 年版，第 3—4 页。

22条、第23条之规定，对大众影院作出行政处罚。大众电影院对此诉诸司法审查，案件一直推进到福建省高级人民法院。在二审中，福建省高级人民法院认为：“影片《寡妇村》主要揭示在封建意识影响下的性风俗、性意识、性压抑。在此之前，我国未曾拍过这一类影片。因此，大众影院宣传《寡妇村》影片为‘我国首部性电影’‘儿童不宜’的电影广告，不能认为是违法的。它不属于《广告管理条例》第8条第（4）项‘有反动、淫秽、迷信、荒诞内容的’规定的调整范畴。”但“大众影院在广告中宣传黑市票价，违反了《广告管理条例》第3条关于广告内容必须健康的规定，应当予以处罚。鉴于大众影院违法情节较轻，可免予罚款”。最终作出了变更判决，将罚款2000元变更为免予处罚。

这个案件的特殊之处在于，它同时触及判断余地和裁量空间，而法院不仅否定了行政主体的判断依据，还变更了行政主体的裁量性决定（实际上也等于否定了行政主体的裁量理由），这项变更即使依据后来制定的《行政处罚法》也是允许的。当时虽然许多法律法规未经制定，但法院拥有广阔的行动空间，在合适的条件下仍然能够发挥较为深入的审查与监督职能。尽管这种看起来有些越俎代庖的审查并不完全符合当前的行政法理论，行政机关未充分展示其对此进行法律定性的理由，法院也未表明对于行政机关意见的尊重程度，而是径行以自身的判断代替行政机关的判断，但无论如何，当时的法院审查力度之强还是值得肯定的。当一系列行政法律法规得以制定后，法院对裁量理由进行司法审查反而无从借力了，唯一可以直接依据的条款是《行政诉讼法》中对于行政处罚显失公正的可以判决变更的规定。这方面成为司法机关对裁量理由进行审查的集中地带，陆续出现一些有代表性的案例。

2003年王某等不服安宁市烟草专卖局烟草专卖管理处罚案[1]就是一个典型案件。2000年7月21日，原告四人从昆明裕辉商场购进盖红河等五个品牌的卷烟70件（价值人民币134650元），运至安宁收费站被查获。被

---

[1] 案例来源：北大法宝数据库。

告即作出（2000）专罚字第13号、14号“关于对周某等四人无烟草准运证运输卷烟的处罚决定”，安宁市人民法院以（2000）安行初字第4号、5号行政判决撤销处罚，被告又重新作出（2001）专罚字第3号行政处罚决定，罚款卷烟价值的45%。原告不服提起行政诉讼要求变更处罚数额。被告、原告对行政处罚确认的事实及定性均无异议。被告作出处罚的裁量理由是“上诉人明知行为违法，采用在夜晚的时间运输，故意实施当前重点打击的违法行为，数额较大，具有从重情节，处罚罚款卷烟价值45%是适当的”；二审法院认为：“被上诉人的上述处罚决定在作出时应当考虑以前和近期对同种情况的违法行为给予的行政处罚程度的因素，其曾作出安烟（1999）专罚字第02号处罚决定，本案属相同情况，所作的处罚决定应对此予以考虑‘同责同罚’。而本案未予考虑，且处罚幅度相差较大，与处罚公正原则相悖，显失公正。”因此，二审法院将罚款数额变更为非法运输卷烟价值的30%。

在本案中，法院的审查直接指向行政裁量理由的融贯性，虽然由于说理的简略，未曾完全展示法院对行政裁量理由融贯性的要求，但也反映出我国司法审查对裁量理由的检视实际上已经在某些局部达到了与法治发达国家相接近的深度。从理论上看，这应当可以归入行政说明理由存在逻辑缺陷的一类，但很难由此得出结论认为我国部分法院已经为行政裁量提出了一种思维模板。不过，只要这方面的司法审查权限及深度能够得到进一步拓展，裁判文书说理的充分性获得进一步加强，中国的司法系统也有可能迅速发展出自身的行政裁量思维模式或裁量思维基本准则的要求。

通过以上几个方面的分析，我们可以观察到，中国对说明理由的部分司法审查已经进行了比较全面的探索：对于未说明理由、说明理由不充分、理由不正确或不恰当的情形分别给予不同的处理方式。在逻辑层面，司法审查不仅要求行政行为具备理由，还在事实层面对理由要求逻辑上的完备性、判断上的周全性、证明上的充分性，在规范层面要求一致性、充足性及正确性，在裁量层面要求合理性及融贯性。由此可见，中国与美国、德国等国家一样，行政机关为其行为提供理由的要求有时并不因形式上的具备就得到满足了，即使仅仅从程序义务的角度上看，说明理由的不充分依然可以导致程序违法；不过，由于《行政诉讼法》第54条各项（2014年修改后的《行政诉讼法》为第70条）的适用范围较具概括性和广泛性，法院往往混用各项对说明理由的不足作出判决，导致司法审查对说理义务要求的层次区分在中国显得不够清晰；有的法院甚至根本不审查行政理由是否具备、是否完整。但从总体上看，中国对说明理由的部分司法审查已经初步具备法治发达国家的审查模式中的主要因素，对促使行政主体完善行政程序、推进完整说理模式的建设起到了一定的积极作用。我们非常期待在未来对说明理由的司法审查能够得到进一步的扩展、深入与完善。

第五节　通过说明理由引领社会互动：关注与期待

如前所述，行政理由要发挥它全面而深远的完整功能，就必须从狭小的行政法律关系走向广阔的社会。在中国，行政主体说明理由在制度层面的正式兴起比较晚，行政理由在社会中的作用也是方兴未艾，行政理由要对社会发挥积极的启发与引导作用还有相当长的路要走；但是，从既有的一些互动情形看，行政理由在中国社会中的影响和作用依然值得关注与期待。前述地域性、专业性、焦点性的社会互动，就是一些生动的事例。

在围绕行政理由的社会互动背后，我们更需要关注作为互动根源的心态问题。在获得较强反响的行政理由中，无论是在社会注意力瞬间高度集中、还是保持持久而广泛的压力的情况下，行政主体与社会公众的心态都是不可忽略的要害。在社会的交往与互动中，理由仅仅是一个中介，其背后不仅有利益与价值，也有情感和心态作支撑。理由是这一切的枢纽所在，可谓“牵一发而动全身”的要害。

更进一步看，这反映出一个关键：理由的本质是思考过程的依据，是一项考虑乃至行动的出发点，是价值观和基本心态的体现，如果理由得不到社会的接受甚至遭遇普遍的激烈质疑，只能说出发点和价值观与社会共识的底线仍有距离，行政主体与社会大众的心态甚至可能背道而驰。由此，我们可以发现，对行政理由的关注和致力，并不仅仅是一项表面的、形式性的工作，认真推进对说明理由的充分要求，有助于促使行政主体弥合其心态与社会公众心态之间的裂痕与距离，反思自己的立场与出发点，进而在价值观上完成与社会共识的有效整合。

通过对说明理由的制度性要求来促使行政主体完善价值考量、弥合社会共识，遵从行政法治精神的要求，进而引领有序的、积极的社会互动，是一种带着“倒逼”色彩的制度设计。这种制度设计不仅在全球范围内逐渐发挥重要作用，在中国也开始凸显其影响。这种影响不仅仅对行政机关存在，对行政过程中的其他相关主体也广泛存在。

就以类似的专家咨询制度而言，青海省政府采购中心制定了《青海省政府采购中心专家打分复核制度》，对评审专家的打分进行复核，有效地遏制了专家滥用自由裁量权的现象。若发现专家有明显偏向、打分过高或过低的，则会请专家向评标委员会说明理由，对说不出理由的要求专家实事求是地重新打分。对情节严重的还会由相关部门依据相关法律法规对违规打分的专家采取除名等处罚措施。“复核考评的效果非常好。”例如，2009年3月，青海省政府采购中心采购一批服务器，投标的多家供应商提供的产品在质量上都相差无几，按常理应该是谁的价格低谁中标。但其中一个专家在评质量分时，给他熟悉的一家供应商打了15分，却给质量最好的一家打了5分。“幸亏这一现象在打分复核时被及时发现，复核小组让他解释原因，他解释不出来，最后不得不重新打分。”[1]这种“倒逼”式的压力对于行政机关而言也是一样的。同年9月，广州市建委发布泥头车管理新政，除明确各政府职能部门的管理职责外，还有意放宽泥头车的限行时间。消息一出，反对声四起。反对者观点鲜明：泥头车日间上路既影响行车安全，又会令本已不堪重负的道路交通雪上加霜，非法泥头车也可能趁机浑水摸鱼，届时局面将不可收拾。[2]在各种理由都遭到反对以后，行政机关转而

[1] 杨大威：《青海出招规范专家自由裁量权》，载《政府采购信息报》2009年5月22日，第1版。

[2] 参见黄雄：《广州泥头车白天上路新政引发争议》，载《中国安全生产报》2009年9月5日，第4版。

加强了对泥头车的管控，[1]泥头车上路时间最终也未发生调整。

如果这种机制能够进一步扩展，使得受社会肯定、具备较高接受度的行政理由体系成为行政活动的正面指引（反之亦然），对于行政法治和行政的正当性水平大有益处。随着社会发展与民众素质的不断提升，民众对政府活动正当性及合理性的期待、对行政合法性的需求随之加强，说明理由要求经由现实或潜在的社会互动对行政活动的“倒逼”效应也将逐渐得到强化。如前所述，这既是政府面临的挑战，也是珍贵的机遇。与其被动地为社会的舆潮所驱赶，不如主动把握公众立场和民众诉求，以理据充分、贴近人心而又不盲从民粹的理由主动引导社会思考、凝聚理性共识，进而一方面提升行政活动的公信力和满意度，另一方面塑造更为理智而开明的社会、塑造理性而深刻的民智。“限塑令”的推行及说明理由的社会反应就是一个值得借鉴的例子。[2]唯有如此，行政理由所蕴含的巨大潜能才能完全发挥其积极作用。这一点正逐渐得到中外学界与实务界越来越充分的重视。

从整体上看，中国行政过程中的说明理由制度及实践还存在众多的不足。例如，在法律规定方面，还缺少行政程序法典或类似立法上对于说明理由要求的总体性规定；大多数包含说明理由要求的立法并未规定说明理由的具体内容，规定过于简略；违反说明理由义务的法律后果不够明确，通常情况下难以引起足以促使行政机关注意纠正的法律后果，等等。在执

[1] 参见韩庆文、史剑、黄国祥：《不管好泥头车企业或无工可做》，载《广东建设报》2009年10月9日，第A03版。

[2] 2007年12月31日，中华人民共和国国务院办公厅下发了《国务院办公厅关于限制生产销售使用塑料购物袋的通知》（俗称“限塑令”），规定从2008年6月1日起，在全国范围内禁止生产、销售、使用厚度小于0.025毫米的塑料购物袋，在所有超市、商场、集贸市场等商品零售场所实行塑料购物袋有偿使用制度，一律不得免费提供塑料购物袋。这一举措虽然给许多人带来了不便，但仍然得到了大多数公众的支持。参见蒋文能、刘典文：《管理、治理与公众参与——“限塑令”实施一周年案例分析》，载《学术论坛》2010年第6期。需要注意的是，政府当时通过种种形式进行宣传，收到了良好的社会认同，也说服和激发了不少民众自觉携带包袋进行购物，但此后的配套政策较为单薄，实施力度不足，在实施一年以后逐渐引发了对其实施效果的质疑，但质疑声音还是持相对积极的建议和促进态度。

法实践方面，问题更是常见，执法人员经常无视说明理由的要求，或者不按照法律规定的形式、内容进行说理，还经常出现说明理由过分简略的情形。这些问题都在相当大程度上阻碍着说明理由制度发挥它的最佳功能。但是，从种种迹象看，我们对于说明理由的重视程度也在逐渐增强。《湖南省行政程序条例》和《行政强制法》等重要立法中大量与说理相关的条款，最近各种部门立法中日益多见的说明理由规定，以及近年来不断涌现的专门性研究论文等，都是这一迹象的表现。我们相信，说明理由在行政法治中占据关键位置的时代即将到来，中国行政过程中的说明理由制度也将有着更广阔的发展和突破，中国行政法也将不仅仅满足于一纸决定，而会不断地将理论与制度的视野延伸到行政行为背后丰富多样的“理由”中去，探寻行政合法性的深层脉络。

余论　理由的位置：行政法学体系的拓展

对说明理由制度的研究，最终都要着眼于理由在行政法学当中的角色。对于行政过程中理由的重要性，我们已经看得很清楚了；但是，理由在行政法学体系中应当占据一个什么样的位置？这个问题还没有得到深入讨论。如果我们局限于将说明理由作为一种纯粹的程序性构件，甚至认为只要形式上满足基本要求就行了，我们将发现对说明理由制度的此种定位已经越来越跟不上今天政治社会和公共行政发展的需要。如前所述，既然“理由”在当代行政活动中占据如此重要的地位，我们就应当考虑拓宽思路，给它一个充分发挥作用的空间，甚至可以考虑围绕理由来重塑行政法学体系的局部乃至全局构架，特别是通过加强共通性理由结构和组织方式、审查标准的建设，加强行政法学的横向学理架构，改变目前行政法学“纵横失衡”的状态，是一个非常值得认真考量的思路，只有在这种思路中，说明理由制度才能觅得它的真正归宿。但这套思路需要充分解放我们的理论创造力和想象力，如果说社会的时代要求和公共行政的基本格局正在重塑，我们的理论体系也应当有重大调整的思想准备。

一、零敲碎打的行政法学？

行政法学发展至今，已经由初时高度的体系化状态逐渐开始“散架”，各种部门行政法在“纵向”上日益脱离传统行政法学的核心关注和关键主题，用既有研究的话来说，就是存在“逃遁”或“逸散”的风险；[1]而我们

---

[1] 参见朱新力、唐明良：《行政法总论与各论的“分”与“合”》，载《当代法学》2011年第1期。

又很难返回警察国时代行政法的零散、琐碎状态，因为行政法在今天的社会生活中已经占据了极为重要的地位。所以，寻找新的体系化基点已经变得十分重要。部门行政法研究对行政法总论的建设是有意义的，学者们已经很全面地看到了这一点，如宋华琳教授认为，“可将部门行政法作为行政法总论的试金石，通过部门行政法的发展，来累积共同特征，从而反思行政法总论体系”[1]；朱新力教授和唐明良研究员认为可以通过“反馈”过程，“在探索部门行政领域的具体问题时，对行政法总论的原理进行反思甚至重构”[2]。宋华琳教授还通过阐发阿斯曼教授的理论，进一步指出可以通过部门行政法的研究，抽取出“中度抽象水准”的论题，进而对总论之定型化观点予以改正或充实，从而对多个相关行政领域有所导引。[3]

这些分析无疑是很有道理的，但问题在于如何抽取一定抽象水平的论题、如何经由众多部门行政法学的研究对总论进行反馈？如何建立因应新的时代要求的行政法横向结构？尽管不乏一些示例性的论证，但具体的进路还是欠缺的。当前学界还着力于通过部门行政法修补或充实原有的行政法学总论体系，而很少精心思考部门行政法研究对总论本身的涵盖和调节能力所提出的深远挑战。我们的行政法总论对于一系列的部门行政法措施已经日益无力进行理论组织，或不能提供充分的制度约束，如现代风险规制中的“助推”（nudge）或“轻推”（gentle nudge）式监管，[4] 区域规划制定和重大行政决策过程的合理化与正当化，对公共利益的判断和基于概括性公共利益进行活动的要求，对相对人是否具有需要变通处理的特殊理由的判断等，都日益超出了传统行政法总论的负载能力。学界内甚至出现了

---

[1] 宋华琳：《部门行政法与行政法总论的改革——以药品行政领域为例证》，载《当代法学》2010年第2期。

[2] 朱新力、唐明良：《行政法总论与各论的“分”与“合”》，载《当代法学》2011年第1期。

[3] 参见宋华琳：《部门行政法与行政法总论的改革——以药品行政领域为例证》，载《当代法学》2010年第2期。

[4] 这种监管方式很多时候是通过避免作出一个成型决定的行政手段进行的。For example, see On Amir and Orly Lobel, “Stumble, Predict, Nudge: How Behavioral Economics Informs Law and Policy”, *Columbia Law Review*, Vol.108, No.8 (Dec., 2008), pp.2098-2137.

一些十分奇特的情况，学者可以几乎完全撇开行政法总论而完成一个部门行政法主题的研究，而研究行政法总论的学者可能对部门行政法所知甚少。行政法总论与分论、与部门行政法之间的割裂有日益扩大的趋势。

但是，行政法学是否就已经处于“一盘散沙”的状态呢？从目前的情况看也不见得。行政法总论与分论、与部门行政法之间千丝万缕的联系，现在正处于一种难以清晰定位的微妙状态。最重要也最值得我们深思的一个现状是，行政法原则如正当程序、信赖保护、合法期待等日益受到重视，但这些原则和行政法实践之间缺乏合适的衔接渠道的状况也日益突出。行政法的法理基础日益丰满，但行政法制度和行政法学理体系中却缺乏足够的入口让它们在合法性论证中能够发挥足够的作用。行政法学体系由此呈现出一种哑铃式的“两头大、中间小”的结构，中间界面的塑造已经成为一种迫切的需要。

对此，行政理由的说明、审查以及围绕行政理由的社会互动，都在提示我们，我们完全可以基于行政理由塑造联结行政法原则与行政法实践的“中间层”。当然，要完成这一点，仅仅在法哲学逻辑上分析理由作为一种正当性论证之普遍载体的逻辑通约能力是不够的，我们还需要深入认识行政理由对于部门行政法实践中的共通性，亦即理由为何能在行政法学体系中承担这样一种任务。

二、未经深挖的部门行政法横向共通性

对部门行政法之间的横向共通性的追寻，通常学界会沿着行政权力的属性及其运行的理想品性方向进行。从思维层面进行分析，这种方式确实是抓住了根本的要点，但往往会停留在比较抽象的原则上，而很少能够深挖到中间层次的共通性。我们只有从根本思路上进行方向的转换，才有可能寻求到关键的、具有实践意义的突破。换句话来说，实践讲求的是“怎样调整”而不是“何种品性”，如果从“我们对行政权力有什么类型的控制手段”这个角度出发，部门行政法之间各个层面上的潜在横向共通性会更

加明朗。

纵观部门行政法对行政权力的调节手段，归根到底是权限符合性和裁量合理性审查调节，[1] 这里蕴含的行政理由发挥横向作用的空间，前面已经有详细论述。深究当前的部门行政法，我们可以看见一些常见的调节手段，首先我们要求一个适当的主体结构，即通过一定构成的某种主体对结果是否合法、合理进行判断，司法机关、行政复议机关、专业审查委员会、多元参与平台、利益相关人票决 [2] 等都属于这种方式。这一制度工具与其他几个类别处于不同的层面上，可以说它是最终的调节工具，但同时也可以离开其他的调节工具而独立发挥调节作用，所以也是直接的调节工具。随后，两类典型的调节手段是我们需要关注的：一是预设标准，即通过外在的、容易检测的客观标准来判断行政权力的行使是否符合授权，或衡量裁量的合理性尺度，但一般而言这种调节方式比较适宜于授权符合性的判断，裁量权基准本质上也是以权限符合性判断的方式控制裁量合理性判断。这种调节手段客观性强，容易形成外部舆论监督和政治压力，对行政过程中的主体结构依赖相对较小，但在形成标准时仍然需要适当的主体结构作支撑。二是法律原则，最终也会进入某种主体结构的审查和判断之中，对执行判断权的主体结构的依赖性比较强。

在法律原则与预设标准之间存在一系列清晰度不等的调节手段谱系，

[1] 它们在某种意义上可以认为是当前行政合法性原则及合理性原则中最为核心的部分。

[2] 目前国内已经开始应用利益相关人票决的机制。例如，2012 年实施的《河北省国有土地上房屋征收与补偿实施办法》第 24 条第 2 款规定："省住房城乡建设厅应当于每年年初在其部门网站公布符合具备相应资质的房地产估价机构名单，由被征收人在规定时间内从中协商选定房地产价格评估机构；被征收人也可以在规定时间内选择其他区域具备相应资质的房地产估价机构。在规定时间内协商不成的，由房屋征收部门通过组织被征收人按少数服从多数的原则投票决定，或者采取摇号等随机方式公开确定，并将结果在征收范围内公示。"同年实施的《甘肃省实施〈国有土地上房屋征收与补偿条例〉若干规定》第 7 条第 2 款规定："房屋征收部门实施征收项目时，应当向被征收人提供房地产价格评估机构名录，由被征收人在公布的名录中协商选定具有相应资质的评估机构。被征收人以协商方式无法选定房地产评估机构的，可以通过投票方式选定，投票同意率应达到半数以上。被征收人在房屋征收部门提供房地产价格评估机构名录之日起 5 日内无法达成一致的，可以采取抽签方式选定，抽签应当在公证机构的监督下进行。"

结合上面的分析和前人的论述，我们不难得出这样一套原理：第一，对行政权力的调节归根到底是要获得一种或多种主体结构的接受，在行政无法满足所有人的要求的情况下，可接受性只能通过满足较大时空范围内尽可能广泛的目标群体意愿来获得，因此行政过程中的主体结构就需要满足一定的代表能力和转化能力（将自身判断转化为长远而广泛的可接受性）的要求。第二，对具备一定代表能力和转化能力的主体结构，我们需要使行政活动在它们那里的可接受性达到相当程度的总体水平，否则无法满足更完整的可接受性要求，特别是追求长远而广泛的社会认同目标时更应如此。第三，这种可接受性的总体水平根据法律调节机制的清晰度不同而在逻辑阶段上呈现不同的分布形态，调节机制的清晰度越高，对形成调节机制阶段的商议主体结构与商议过程的要求就越高；调节机制的清晰度越低，对运用调节机制阶段的判断主体素质的要求就越高。这样一套原理可以说是在复杂社会中尽可能平衡兼顾各方需要，使行政权力与对行政权的监督、控制能力相适应，而公私各方又能够达成有效整合与交融的基本进路。[1]

这种以行政法主体为中心的行政权力调节思路，虽然清晰而成体系，也非常有益，但在实践中推行的难度相当大，归根到底是两个难点：首先，即使我们能为每种重要的行政活动单独设置一套主体结构或标准，也很难让这套主体结构或标准内置于各个行政程序之中；其次，不同主体之间本身的互动过程也存在困难。对于第一点，由于时间、精力、成本和资源上的限制，完整意义上的专家咨询或公众参与机制不可能内置于所有行政程序中，现实中许多行政程序难以建立充分互动的多元主体结构；但说明理由机制却可以几乎为所有的行政程序所接纳的，行政理由不仅可以灵活地出现在行政过程的任何环节、绝大部分时间与地点中，还可以很好地与各种行政程序和审查机制相衔接。对于第二点，一是许多主体互动场景必须

[1] 这种根本要求正是当前“平衡论”的重要思考所在。参见罗豪才、宋功德：《行政法的治理逻辑》，载《中国法学》2011 年第 2 期。

围绕充分的素材、基于参与者掌握有效信息并学习到相关技能的前提才能产生有效的互动，而行政理由正好是可以引起全面而深入互动的理想素材；二是主体互动结构可能存在一些操作上很不方便的地方，如成本高昂、操作水平要求高（否则容易放大甚至激化对立）、制度衔接与配套问题多等，因此不能完全指望依靠它推进当代社会条件下行政法治的完善。

这两个难点正好给予理由体系发挥作用的巨大空间。在行政程序内难以置入主体结构的，我们可以通过理由体系和说明理由制度使主体结构扩展到行政程序之外，通过广泛的社会互动和过程性的影响力来填补行政程序内主体结构所需要发挥的作用；主体结构本身互动介质欠缺的，理由就成为重要的互动中介和互动模式的基点。正因如此，我们有可能通过重新认识、定位并展开行政理由的角色，重构行政法学的体系平衡。

三、通过理由扩充行政法学的体系

经由前面的论述，我们已经可以认识到：行政理由绝不仅仅是行政法制中一项可有可无的纯粹程序性要素，它包含了丰富而深远的潜力，一方面可以携司法审查及社会舆论之势“倒逼”行政机关形成富于价值理性和逻辑性的思维模式，使行政权力得以合法、合理行使；另一方面可以使行政主体有更多的机会和平台发挥行政机关的影响力，使得行政理由成为局部价值认知和利益结构的调节器，并且有机会进一步整合和凝聚社会共识。这样，我们就需要深入考虑行政理由的具体定位，即它应当在行政法学体系中被赋予一套什么样的设定，才能更好地横向串联各行政法领域之间的共通地带？

对这个问题的回答取决于我们对于行政活动本质的认识。实际上，由于生活世界的千变万化及语言含义缺乏绝对的确定性，所有的行政活动在某种程度上而言都包含一定程度的自由裁量或判断空间，而除非相关信息涉密，所有的判断和裁量过程都可以在事前或事后（紧急情况下）得到充分的展示；而即使没有硬性的制定法要求，随着时代对公开与透明与日俱增的渴望，提供充分理由以保证行政公平的需求与期待也水涨船高。[1] 在这个认识的基础上，理由的充分性可以被作为所有行政考量过程的核心要素而进入法律调整空间内。基于这一点，行政活动的实质约束体系就可以围绕理由得到构建，所有法律规范的明文约束以及法律原则、规范目标的要求都将成为规范理由的一部分，与其他融入行政法治秩序中的政策、伦理要求或者制度容许的其他类型抽象理由一起，构成行政考量依据的第一个层次；在这个层次的理由框架之下，行政措施对以上由抽象理由框架组成的行政目标之促进或满足作用，即构成行政考量依据的第二个层次，各种与行政立法、决策或决定相关的事实材料、统计数据、分析报告等都包含在第二层次理由之内，而成为具体理由或论证的一部分。对这两个层次的行政理由实现公开化，并对其施加逻辑完备性、充分性及融贯性的严格标准，同时适用比例原则、合理期待等普遍化的行政要求，是完全可行的。不仅如此，在普遍性的行政理由展示要求以外，我们还可能对某些利益关系重大、社会反应敏感、裁量程度较高的行政活动加以特别充分的理由要求，使得行政理由制度的普遍性与特殊性能够在行政法体系内有机地结合起来。

这里我们至少可以作一个视角上的转换：判断行政活动合法性的标准不仅仅应当是对法律规范字面意义的符合，更应当是包括法律理由在内的整个行政理由的完备、充分与融贯。由此，行政合法性原则和合理性原则在此可以获得某种程度上的统一，因为这里采取了更加整全的“合法性”概念及视野，而从根本上说，行政合理性也是整全意义上的合法性要求的一部分。[2] 这样一来，从行政法基本原则到行政法普遍性程序要求的横向结构就可以整体上基于行政理由的合法化能力通联，不同的普遍原则、规则与具体规范甚至是行政伦理的要求都可以在这个新的横向框架内融为一体。我们完全有能力为行政法中的理由开辟更为广阔的天地，建立与它的

[1] See Nicholas Dobson, “The age of reasons”, *New Law Journal*, No.157 (Jul., 2007), p.994.

[2] 除前文论述外，类似见解可参考周占生：《关于行政合理性原则的法理思考》，载《河南社会科学》2007 年第 3 期。

深远意义相匹配的学理框架。

此处所述的重大变革，也将伴随行政法学的一场革命，而与行政法治的理念转变紧密联结。如果说法治国理念的具体内容决定行政法治及行政法体系学的基本取向，那么，由形式法治国到实质法治国这场尚未全部完成的转变就决定了行政法学进一步的发展方向。由形式法治国到实质法治国的变化，要求行政活动的主要依据由形式依据转变为实质依据。对行政活动的约束，无论任何时空环境，形式面与实质面均相辅相成、互相依托，那么形式和实质约束的关系就应当随法治精神的变化而反转。如果说此前实质约束通过形式约束注入行政活动中是主要一面，在未来，形式约束通过实质约束注入行政活动中就应是主要一面。唯有如此，真正超越形式法治的实质法治才会到来。这本是直接可得的道理，却很少在行政法学中得到充分的反思。因为形式法治国时期的一个重要偏见仍在左右我们的根本思路：形式约束应当是处于基础位置的、作为一切规范约束方式的直接载体。

实际上，这个思路完全可以反过来，让实质约束处于基础位置，只保留必要的形式规定性，而让形式约束作为实质约束的其中一项内容，使最终的行政行为呈现“法”与“理”的交相辉映。前文已经论及当代实证主义者的反思：不再将形式合法性当作唯一的合法性基础，而只是将法律看作行动的正当理由之一。可以说，当今公共秩序中最重要的资源就是合法性，而从逻辑上看，作为一种中介形式的理由必然居于合法性论证的核心位置；它包含了授权符合性论证，而授权符合性只不过是正当理由的一种。更进一步地说，在一个合法性资源高度紧张的共同体内，一个行政机关即使超越模糊的授权范围办事，如果它能拿出让各方信服和支持的理由和行动，依然可以获得接受；而一个行政机关即使完全在权限内行动，完全符合形式合法性的要求，但行为的理由无法让人接受，也很难说具有充分的合法性和正当化水平，在这种共同体内，形式合法性约束的意义并没有极端实证主义者所设想的那样充分。当然，笔者还是主张各种理由通过规范理由这个第一层次的理由而发挥作用，规范理由仍应处于所有理由的中心位置，但只要此种理论视角能够被留存，理由能够代替合法律性作为行政法分析的基本对象，就是将行政法学从简单的框架拓展到了一个包含原先简单框架的更为丰富和深远的空间。

对于反转思路的这种可能性，国内也已经有学者敏锐地捕捉到了，如肖金明教授在分析行政合法性与合理性原则的关系时颇有深意地指出：“严格地讲，合法性不过是合理性的法律形式化而已，没有法律形式化的合理性当与合法性具有同等意义，通过实践合法性从而实现合理性显得极富逻辑性。”[1] 这一论述实际上已经隐含了思路反转的萌芽。基于“合理行政的实现难于合法行政”[2]，我们不妨将基本的形式合法性约束看作行政法治的一个较低阶段，而将行政合理性原则乃至完整意义上的合法性目标的充分实现看作行政法治的较高阶段；在后一阶段中，行政理由的结构要求及运用水平将成为我们最关注的要害问题。这两个阶段并非截然划分的，在行政法治刚刚起步的时刻，也不能排除较高的行政合理性要求可以在某些局部得以适用。再进一步看，基于理由体系的实质约束也未必见得比基于授权体系的形式约束逊色，二者可以相互补充，关键是我们还没有理解建构实质约束体系的重要性、未深入探索使实质约束体系与形式约束秩序相调和的适当方式。目前的实质约束体系要么偏于笼统化，如许多难以操作的法律原则；或者过度细化而构成不可扩展的尺度。也就是说，实质约束体系还没有机会充分形成一套对于各种行政活动共通的、可操作的标准，而这正是我们要不断努力的目标。在此，理由与合法性之间的紧密联系、理由体系所包含的丰富内容及其自身清晰的逻辑性、层次性，使得行政理由完全可以成为这样一种通约性框架的理想支点。通过发展行政理由相关法制的一系列要求，行政合法性约束得以获得新的深度和广度，行政法学也由此获得更为丰满的世界，将是非常有益的变革。

总之，说明理由制度在当代行政法中的兴起给这场等候已久的学理变

---

[1] 肖金明：《论行政合理性》，载《中国行政管理》2000 年第 4 期。

[2] 同上注。

革一个弥足珍贵的契机。理由作为所有理性思维过程的核心单位，与作为理性过程或被施加理性过程之本质要求的当代法治行政，在法哲学的意义上是相匹配的。这种根本的契合关系注定理由绝不会永远是行政法学中的一个边缘配角，公共行政越是理性、严谨，理由在行政法学的舞台上就越是举足轻重；更进一步看，如果我们渴望一个理智而成熟的政治社会，行政法中的说明理由制度就需要得到更深刻的理解和定位。我们完全有可能迎来行政法的"理由的时代"——通过种种充分陈述理由的结构性要求承载和展开行政合法性的复杂维度。"千里之行，始于足下"，只要我们努力推进说明理由的法制要求，认真加强对说明理由的司法审查，积极关注围绕行政理由的社会互动，行政法学与行政法治的未来就会多一分光明。

参考文献

一、中文文献

（一）著作

1. 湛中乐:《现代行政过程论——法治理念、原则与制度》，北京大学出版社 2006 年版。
2. 谭安奎编:《公共理性》，浙江大学出版社 2011 年版。
3. 许章润、翟志勇编:《国家理性与现代国家》，清华大学出版社 2012 年版。
4. 应松年:《外国行政程序法汇编》，中国法制出版社 1999 年版。
5. 何海波:《实质法治——寻求行政判决的合法性》，法律出版社 2009 年版。
6. 胡建淼主编:《中国行政法规分解与比较（中)》，法律出版社 2004 年版。
7. 马怀德主编:《行政程序立法研究——〈行政程序法〉草案建议稿及理由说明书》，法律出版社 2005 年版。
8. 城仲模主编:《行政法之一般法律原则》(二)，三民书局 1994 年版。
9. 蒋红珍:《论比例原则》，法律出版社 2010 年版。
10. 罗豪才等:《软法与协商民主》，北京大学出版社 2007 年版。
11.《邓小平文选》(第三卷)，人民出版社 1993 年版。
12. 章剑生:《行政行为说明理由判解》，武汉大学出版社 2000 年版。

（二）论文

1. 苏宇:《深化合法性分析技术：迈向“整体合法性”理念的探索》，载《东方法学》2011 年第 4 期。

2. 于洪:《论布拉克顿的王权观念》，载《世界历史》2009 年第 2 期。
3. 秦静:《中德行政行为理由说明义务之立法与现状比较研究》，载《研究生法学》2011 年 2 月。
4. 龙晟:《社会国的宪法意义》，载《环球法律评论》2010 年第 3 期。
5. 宋华琳:《英国行政决定说明理由研究》，载《行政法学研究》2010 年第 2 期。
6. 李林:《立法权与立法的民主化》，载《清华法治论衡》2000 年第 1 辑。
7. 陈绪兆、王习胜:《群体非预谋性突发事件的应对方略 ——以“万州事件”和“池州事件”为例》，载《理论界》2008 年第 5 期。
8. 胡渊:《论突发性群体行为的心理原因及其疏导 ——由“池州事件”引发的思考》，载《山西高等学校社会科学学报》2009 年第 7 期。
9. 孙子航:《和谐社会建设中的群体性事件和社会稳定 ——以“瓮安事件”为例》，载《改革与开放》2012 年第 8 期。
10. 崔亚东:《从贵州瓮安“6・28”事件看新形势下群体性事件的预防与处置 ——关于贵州瓮安“6・28”事件的反思之一》，载《公安研究》2009 年第 7 期。
11. 潘强、朱瑞博:《群体性事件的演进机制与处置对策 ——以瓮安事件和德江事件为例》，载《中国浦东干部学院学报》2009 年第 3 期。
12. 许可祝、陈平:《西班牙公共行政机关及共同的行政程序法（续)》，载《行政法学研究》1996 年第 2 期。
13. 王蔚臆:《试论行政行为说明理由制度》，载《中共山西省委党校学报》2007 年 4 月。
14. 周云帆:《对行政裁量权的司法审查》，载《暨南学报》（哲学社会科学版）2002 年第 4 期。
15. 龚祥瑞:《行政合理性原则》，载《法学杂志》1987 年第 2 期。
16. 胡建淼:《关于中国行政法上的合法性原则的探讨》，载《中国法学》1998 年第 1 期。
17. 王锡锌:《行政正当性需求的回归——中国新行政法概念的提出、逻辑与制度框架》，载《清华法学》2009 年第 2 期。

18. 冯健鹏：《论德国宪法学中的“客观价值秩序”，载《西安电子科技大学学报》（社会科学版）2008 年 11 月。
19. 刘承韪：《论美国契约法理论“演化三部曲”》，载《比较法研究》2010 年第 1 期。
20. 章志远：《相对集中行政处罚权改革之评述》，载《中共长春市委党校学报》2006 年第 1 期。
21. 雷新明：《相对集中行政处罚权的理性评价》，载《南都学坛》（人文社会科学学报）2003 年第 6 期。
22. 易军：《论私法上公序良俗条款的基本功能》，载《比较法研究》2006 年第 5 期。
23. 杨寅：《普通法传统中的自然正义原则》，载《法学论坛》2000 年第 3 期。
24. 万小龙、李福勇、田雪：《一元算符逻辑理论二探——一元算符完全性视野下的道义逻辑研究》，载《安徽大学学报》（哲学社会科学版）2012 年第 3 期。
25. 刘珂、胡泽洪：《道义逻辑的新发展》，载《学术研究》2012 年第 2 期。
26. 周祯祥：《道义逻辑、行动逻辑和规范逻辑》，载《广州大学学报》（社会科学版）2002 年第 9 期。
27. 刘莘：《行政应急性原则的基础理念》，载《法学杂志》2012 年第 9 期。
28. 王娟：《紧急状态下基本权利限制的程序保障》，载《知识经济》2010 年第 5 期。
29. 高志宏：《公共利益实现困境中的程序纠偏——以土地征收拆迁为例》，载《时代法学》2012 年第 8 期。
30. 李爱荣：《权利的法律保护——以扬州土地使用权二次转让为例进行分析》，载《法治论坛》2010 年第 3 期。
31. 朱征夫：《以公共利益的名义》，载《同舟共进》2004 年第 3 期。
32. 王锡锌：《英美传统行政法“合法性解释模式”的困境与出路——兼论对中国行政法的启示》，载《法商研究》2008 年第 3 期。
33. 张淑芳：《论行政立法的价值选择》，载《中国法学》2003 年第 4 期。
34. 汪全胜、雷振斌：《日本行政立法过程中的意见公募程序析论》，载《日本研究》2011 年第 1 期。
35. 朱芒:《行政立法程序基本问题试析》，载《中国法学》2000 年第 1 期。
36. 王锡锌:《行政管制的精细化和人性化——美国〈管制灵活性法〉简述》，载《行政法学研究》2008 年第 4 期。
37. 郑春燕:《论行政行为补充说明理由》，载《行政法学研究》2004 年第 2 期。
38. 阮友利:《英国金融申诉专员制度借鉴简析》，载《上海保险》2010 年第 10 期。
39. 张千帆:《司法审查的标准与方法——以美国行政法为视角》，载《法学家》2006 年第 6 期。
40. 杨小敏:《国家紧急权宪法条款设计之若干核心问题探讨——以德国法为经验》，载《当代法学》2005 年第 5 期。
41. 王天华:《行政裁量与判断过程审查方式》，载《清华法学》2009 年第 3 期。
42. 姜明安:《行政法基本原则新探》，载《湖南社会科学》2005 年第 2 期。
43. 周佑勇:《论英国行政法的基本原则》，载《法学评论》2003 年第 6 期。
44. 刘兆兴:《论德国行政机关的裁量权和司法控制》，载《环球法律评论》2011 年第 4 期。
45. 吴传毅、唐云涛:《“非直接利益冲突”的规律及制度性应对思考——对重庆万州事件、四川大竹事件、贵州瓮安事件的反思》，载《北京行政学院学报》2010 年第 2 期。
46. 杨希坤:《农药行业落实“十二五”规划有点难》，载《今日农药》2012 年第 3 期。
47. 中国纸业发展战略课题组:《中国急需实施重组纸业的国家战略——对中国纸业发展战略的初步思考》，载《中华纸业》1999 年第 2 期。
48. 陶林:《小排量汽车限行政策的法律缺失性》，载《交通与运输》2006 年第 4 期。
49. 吴憩棠:《节能环保型小排量汽车的转机》，载《汽车与配件》2006 年第 3 期。

50. 张泽:《小排量汽车开出“禁区”以后…… ——关于汽车产业可持续发展的论争》，载《环境》2006 年第 2 期。
51. 石子:《小排量汽车何时破茧》，载《中关村》2005 年 9 月号。
52. 陈亚南:《“限小”解禁》，载《中国市场》2006 年第 Z4 期。
53. 陶林:《小排量汽车限行政策的法律缺失性》，载《交通与运输》2006 年第 4 期。
54. 沈中元:《中国汽车领域的节能潜力》，载《国际石油经济》2006 年第 8 期。
55. 方家平:《“限小”背后存在的利益博弈》，载《环境》2006 年第 2 期。
56. 李磊:《小车行遍天下 ——解禁的辩证法》，载《汽车与配件》2006 年第 9 期。
57.《中国民政》编辑部:《观点交锋：“禁乞”，该不该?》，载《中国民政》2004 年第 2 期。
58. 昊夫:《“禁乞”与公民基本权利》，载《人大建设》2004 年第 5 期。
59. 李巍铭:《浅论地铁内是否应该禁乞》，载《海淀走读大学学报》2005 年增刊。
60. 翟小波:《为了达成正当决策 ——民主论脉络内的协商民主论》，载罗豪才等:《软法与协商民主》，北京大学出版社 2007 年版。
61. 苏少之:《论中国共产党根据地时期的新富农政策》，载《党的文献》2004 年第 3 期。
62. 沈岿:《风险治理决策程序的应急模式 ——对防控甲型 H1N1 流感隔离决策的考察》，载《华东政法大学学报》2009 年第 5 期。
63. 伍雅俐:《我国仲裁诉讼化现状分析及对策探讨》，载《司法改革论评》2009 年第 6 辑。
64. 蒋文能、刘典文:《管理、治理与公众参与 ——“限塑令”实施一周年案例分析》，载《学术论坛》2010 年第 6 期。
65. 朱新力、唐明良:《行政法总论与各论的“分”与“合”》，载《当代法学》2011 年第 1 期。
66. 宋华琳:《部门行政法与行政法总论的改革 ——以药品行政领域为例

证》，载《当代法学》2010 年第 2 期。
67. 罗豪才、宋功德：《行政法的治理逻辑》，载《中国法学》2011 年第 2 期。
68. 周占生：《关于行政合理性原则的法理思考》，载《河南社会科学》2007 年第 3 期。
69. 肖金明：《论行政合理性》，载《中国行政管理》2000 年第 4 期。
70. 朱林：《葡萄牙〈行政程序法典〉评价》，载《行政法学研究》1996 年第 3 期。

（三）译著 / 译文

1. [德] 施米特：《正当性与合法性》，李秋零译，载刘宗坤等编译：《政治的概念》，上海人民出版社 2004 年版。
2. [智利] 米盖尔·法特：《公共理性观念与国家理性 ——施米特与罗尔斯论政治》，许小亮译，载许章润、翟志勇编：《国家理性与现代国家》，清华大学出版社 2012 年版。
3. [英] 霍布斯：《利维坦》，黎思复、黎廷弼译，商务印书馆 1997 年版。
4. [德] 哈贝马斯：《公共领域的结构转型》，曹卫东等译，学林出版社 2002 年版。
5. [法] 勒内·达维德：《当代主要法律体系》，漆竹生译，商务印书馆 1984 年版。
6. [德] 阿列克西：《法律论证理论 ——作为法律证立理论的理性论辩理论》，舒国滢译，中国法制出版社 2002 年版。
7. [美] 贝勒斯：《程序正义》，邓海平译，高等教育出版社 2005 年版。
8. [美] 斯图尔特：《美国行政法的重构》，沈岿译，商务印书馆 2003 年版。
9. [奥] 凯尔森：《纯粹法理论》，张书友译，中国法制出版社 2008 年版。
10. [德] 拉伦茨：《法学方法论》，陈爱娥译，商务印书馆 2004 年版。
11. [德] 马克斯·韦伯：《政治作为一种志业》，钱永祥译，载 [德] 马克斯·韦伯：《韦伯作品集 I ：学术与政治》，钱永祥等译，广西师范大学出版社 2008 年版。

12. [英] 彼得·莱兰、[英] 戈登·安东尼：《英国行政法教科书》（第五版），杨伟东译，北京大学出版社 2007 年版。
13. [德] 克劳斯·罗克辛：《德国刑法总论》（第 1 卷），王世洲译，法律出版社 2005 年版。
14. [英] 边沁：《道德与立法原理导论》，时殷弘译，商务印书馆 2000 年版。
15. [德] 施米特：《政治的神学》，刘宗坤译，载刘宗坤等编译：《政治的概念》，上海人民出版社 2004 年版。
16. [美] 索罗姆：《建构一种公共理性的理想》，陈肖生译，载谭奎安编：《公共理性》，浙江大学出版社 2011 年版。
17. [德] 施米特：《罗马天主教与政治形式》，刘锋译，载刘宗坤等编译：《政治的概念》，上海人民出版社 2004 年版。
18. [德] 哈贝马斯：《合法性危机》，刘北成、曹卫东译，上海人民出版社 2000 年版。
19. [美] 萨托利：《民主新论》，冯克利、阎克文译，东方出版社 1998 年版。
20. [英] 哈特：《法律的概念》，张文显等译，中国大百科全书出版社 1996 年版。
21. [日] 室井力等主编：《日本行政程序法逐条注释》，朱芒译，上海三联书店 2009 年版。
22. [日] 盐野宏：《行政法总论》，杨建顺译，北京大学出版社 2008 年版。
23. [法] 让·里韦罗、[法] 让·瓦尔纳：《法国行政法》，鲁仁译，商务印书馆 2008 年版。
24.《葡萄牙行政程序法典》，朱林译，载《行政法学研究》1997 年第 1 期。
25.《韩国行政程序法》（1996 年），车美玉译，载《行政法学研究》1997 年第 3 期。
26. [德] 弗里德赫尔穆·胡芬：《行政诉讼法》（第 5 版），莫光华译，法律出版社 2003 年版。
27. [日] 小早川光郎：《行政诉讼与裁量统制》，王天华译，载《行政法学研究》2006 年第 3 期。
28. [美] 曼斯菲尔德：《驯化君主》，冯克利译，译林出版社 2005 年版。

29. [美] 米德:《心灵、自我和社会》，霍桂桓译，译林出版社 2012 年版。
30. [德] 阿列克西:《法理性商谈 ——法哲学研究》，朱光、雷磊译，中国法制出版社 2011 年版。

(四) 媒体报道与报纸文章

1. 胡云腾:《论裁判文书说理与裁判活动说理》，载《人民法院报》2011 年 8 月 10 日，第 5 版。
2. 王丽:《瓮安事件成群体性“标本性事件”》，载《中国改革报》2008 年 9 月 12 日，第 4 版。
3. 侯莎莎:《紧急送医遇堵违反交规能否免罚?》，载《北京日报》2012 年 9 月 13 日，第 14 版。
4. 薛德凯、张彦云:《白衣天使救死扶伤，献血无“罪”》，载《云南政协报》2005 年 9 月 24 日，第 5 版。
5. 卓科荣:《全市基层稳定发展工作会议要求全体干部始终不渝站稳群众立场》，载《汕尾日报》2012 年 6 月 1 日，第 1 版。
6. 蔡志强:《什邡事件对社会治理成长的启示》，载《学习时报》2012 年 7 月 23 日，第 4 版。
7. 潘廷祥:《“什邡钼铜”：有色金属泪在飞》，载《中国有色金属报》2012 年 7 月 19 日，第 5 版。
8. 项建新:《电动车福州惨遭围剿执法程序成为各方关注焦点有关厂商正式启动行政诉讼》，载《中华工商时报》2003 年 6 月 18 日。
9. 徐庭余:《推行“禁乞令”不可取》，载《中国社会报》2004 年 5 月 1 日，第 T00 版。
10. 杨恒:《禁乞令与清代乞丐管理制》，载《甘肃日报》2004 年 1 月 20 日，第 T00 版。
11. 易艳刚:《“禁乞”与城市包容精神格格不入》，载《新华每日电讯》2012 年 8 月 31 日，第 3 版。
12. 杨涛:《“公交禁乞”是一种权利平衡》，载《深圳商报》2010 年 10 月 26 日，第 A12 版。

13. 魏蒙:《珠海新推“禁电”“禁乞”令引发争议》，载《新华每日电讯》2011 年 7 月 30 日，第 2 版。

14. 南朔:《“车道禁乞”是对生命的尊重》，载《中国妇女报》2011 年 7 月 28 日，第 A04 版。

15. 杨大威:《青海出招规范专家自由裁量权》，载《政府采购信息报》2009 年 5 月 22 日，第 1 版。

16. 黄雄:《广州泥头车白天上路新政引发争议》，载《中国安全生产报》2009 年 9 月 5 日，第 4 版。

17. 韩庆文、史剑、黄国祥:《不管好泥头车企业或无工可做》，载《广东建设报》2009 年 10 月 9 日，第 A03 版。

（五）学位论文

1. 郑永兰:《全球化背景下的政府形象塑造》，南京师范大学硕士学位论文(2004)。

2. 秦静:《中德行政行为说明理由之立法与现状比较研究》，中国政法大学硕士学位论文（2010）。

3. 吴珍美:《1957 年的上海群体性事件研究》，上海师范大学硕士学位论文(2010)。

二、外文文献

（一）著作

1. Adolf Berger, *Encyclopedic dictionary of Roman law*, Volume 43, the American Philosophical Society, 1991.

2. Gaines Post, *Studies in Medieval Legal Thought*, the Lawbook Exchange, 1964.

3. The Parker Society, *The Works of John Jewel*, the University Press, 1847.

4. C.Woolf, Bartolus of Sassoferrato: His Position in the History of Medieval Political Thought, Cambridge University Press, 1913.

5. Vico, De *Universi Juris Uno Principio Et Fine Uno*, see from Giorgio Del

Vecchio, *General principles of law*, Wm.S.Hein Publishing, 1956.

6. Ian Maclean, *Interpretation and meaning in the Renaissance: the case of law*, Cambridge University Press, 1992.

7. Leidulf Melve, *Inventing the Public Sphere: The Public Debate during the Investiture Contest*（c.1030-1122）, Brill, 2007.

8. Jürgen Habermas, *Communication and the Evolution of Society*, translated by Thomas McCarthy, Polity Press, 1995.

9. Jaap C.Hage, *Reasoning With Rules: An Essay on Legal Reasoning and Its Underlying Logic*, Springer, 1997.

10. *State Formation and Political Legitimacy: Political Anthropology*, edited by Ronald Cohen and Judith D.Toland, 1998.

11. *Max Weber*, Wirtschaft und Gesellschaft—Grundriß der verstehenden Soziologie, Digitale Bibliothek Band 58.

12. Damiano Canale, *The Planning Theory of Law: A Critical Reading*, Springer, New York, 2013.

13. Fletcher and Joseph F, *Situation Ethics:the New Morality*, Westminster John Knox Press, 1996.

14. *Uwe Kischel*: Die Begründung: Zur Erläuterung staatlicher Entscheidungen gegenüber dem Bürger, Mohr Siebeck, 2003.

15. *Carl Schmitt*, Politische Theologie, Verlag von Duncker und Humblot, Müchen und Leipzig, 1922.

16. Richard J.Pierce, JR, Sidney A.Shapiro & Paul R.Verkuil, *Administrative Law and Process*, 4th, Foundation Press, New York, 2004.

17. *Zimmermann*: Sachverständigenpflichten, DS 2006.

18. Jürgen Habermas, Jürgen Habermas Vorstudien und Ergänzungen zur Theorie des kommunikativen Handelns, Suhrkamp, 1995, Frankfurt.

（二）论文

1. Gerald Bray, "The Legal Concept of Ratio in Tertullian", *Vigiliae Christianae*,

Vol.31, No.2 (Jun., 1977) .

2. M.Viroli, “The Revolution of the Concept of Politics” , *Political Theory*, Vol.20, No.3 (Aug., 1992) .

3. Jost Delbrück, “Exercising Public Authority Beyond the State: Transnational Democracy and/or Alternative Legitimation Strategies?” *Indiana Journal of Global Legal Studies* No.10, 1 (Winter, 2003) .

4. Miguel Vatter, “The Idea of Public Reason and the Reason of State: Schmitt and Rawls on the Political” , Political Theory,Vol.36, No.2 (Apr., 2008) .

5. See W.Buzbee and R.Schapiro, “Legislative Record Review” , *Stanford Law Review*,Vol.54, No.1 (Oct., 2001) .

6. J.Freedman, “Crisis and Legitimacy: The Administrative process and American Government” , *Stanford Law Review*, No.27 (1974-1975) .

7. Timothy H.Jones, “Administrative Law, Regulation, and Legitimacy” , *Journal of Law and Society*,Vol.16, No.4 (Winter, 1989) .

8. Peter G.Stillman, “The Concept of Legitimacy” , *polity*,Vol.7, No.1 (Autumn, 1974) .

9. Tom R.Tyler, “Enhancing Police Legitimacy” , *Annals of the American Academy of Political and Social Science*,Vol.593, To Better Serve and Protect: Improving Police Practices (May., 2004) .

10. Edward O.Correia, “A Legislative Conception of Legislative Supremacy” , *Case Western Reserve Law Review*, No.42 (1992) .

11. David Dyzenhaus, “The Legitimacy of Legality” , *The University of Toronto Law Journal*,Vol.46, No.1 (Winter, 1996) .

12. Jirí Pribán, “Beyond Procedural Legitimation: Legality and Its ‘Infictions’ ” , *Journal of Law and Society*,Vol.24, No.3 (Sep., 1997) .

13. Watt, J.A. “THE THEORY OF PAPAL MONARCHY IN THE THIRTEENTH CENTURY: The Contribution of the Canonists” , *Traditio*, Vol.20 (1964) .

14. Kochenov, D. “A Real European Citizenship: A New Jurisdiction Test: A

Novel Chapter in the Development of the Union in Europe”, *Columbia Journal of European Law*, vol.18 (Fall, 2011).

15. Noam Gur, Legal Directives in the Realm of Practical Reason: A Challenge to the Preemption Thesis”, *The American Journal of Jurisprudence*, Vol.52 (2007).
16. Joseph.Raz, “Reasons for Action, Decisions and Norms”, *Mind*, New Series, Vol.84, No.336 (Oct., 1975).
17. Joseph Raz, “Authority and Justification”, *Philosophy & Public Affairs*, Vol.14, No.1 (Winter, 1985).
18. Schauer, F. “Giving Reasons”, *Stanford Law Review*, Vol.47 (Apr., 1965).
19. Felix Frankfurter, “The Task of Administrative Law”, *University of Pennsylvania Law Review and American Law Register*, Vol.75, No.7 (May., 1927).
20. C.Sumner Lobingier, Administrative Law and Droit Administratif: “A Comparative Study with an Instructive Model”, *University of Pennsylvania Law Review and American Law Register*, Vol.91, No.1 (Aug., 1942).
21. Marshall E.Dimock, “The Development of American Administrative Law”, *Journal of Comparative Legislation and International Law*, Third Series, Vol.15, No.1 (1933).
22. Anne Joseph O’ Connell, “Political Cycles of Rulemaking: An Empirical Portrait of the Modern Administrative State”, *Virginia Law Review*, Vol.94 No.4, (Jun., 2008).
23. K.Watts, “Constraining Certiorari Using Administrative Law Principles”, *University of Pennyslvania Law Review*, No.160 (2011).
24. J.Short, “The Political Turn in American Administrative Law: Power, Rationality, and Reasons”, *Duke Law Journal*, No.61 (May., 2012).
25. M.Cohen, “Sincerity and Reason-giving: When May Legal Decision Makers Lie?”, *DePaul Law Review*, No.59 (Summer, 2010).
26. N.Nathanson, “Probing the Mind of the Administrator: Hearing Variations

and Standards of Judicial Review under the Administrative Procedure Act and Other Federal Statutes”, *Columbia Law Review*,Vol.75, No.4 (May., 1975).

27. Fred I.Dretske, “Reasons and Falsification”, *The Philosophical Quarterly*, Vol.15, No.58 (Jan., 1965).
28. Baruch Schwarz, Yair Neuman, Julia Gil and Merav Ilya, “Construction of Collective and Individual Knowledge in Argumentative Activity”, *The Journal of the Learning Sciences*,Vol.12, No.2 (2003).
29. Friedl Weiss, “Transparency as an Element of Good Governance in the Practice of the EU and The WTO: Overview and Comparison”, *Fordham International Law Journal*,Vol.30 (May., 2007).
30. Mary L.Means and James F.Voss, “Who Reasons Well? Two Studies of Informal Reasoning among Children of Different Grade, Ability, and Knowledge Levels”, *Cognition and Instruction*,Vol.14, No.2 (1996).
31. Dryzek, J.& Niemeyer, S. “Reconciling Pluralism and Consensus as Political Ideals”, *American Journal of Political Science*,Vol.50, No.3 (Jul., 2006).
32. Cass R.Sunstein, “Incompletely Theorized Agreements”, *Harvard Law Review*,Vol.108, No.7 (May., 1995).
33. W.Kip Viscusi, “THE APA AT FIFTY: Regulating the Regulators”, *University of Chicago Law Review*, No.63 (Fall, 1996).
34. Martin Shapiro, “The Giving Reasons Requirement”, *University of Chicago Legal Forum* (1992).
35. Peter L.Strauss, “Law Considering Political Alternatives to ‘Hard Look’ Review”, *Duke Law Journal*, Vol.1989, No.3, Twentieth Annual Administrative Law Issue (Jun., 1989).
36. Cass R.Sunstein, “Deregulation and the Hard-Look Doctrine”, *The Supreme Court Review*,Vol.1983 (1983).
37. William W.Buzbee and Robert A.Schapiro, “Legislative Record Review”, *Stanford Law Review*,Vol.54, No.1 (Oct., 2001).
38. Alan Charles Raul and Julie Zampa Dwyer, “Science in the Regulatory

Process: ‘Regulatory Daubert: A Proposal TO Enhance judicial review of agency science by incorporating daubert principles into administrative law”, *Law and Contemporary Problems*, No.66 (Fall, 2003).

39. Larry A.DiMatteo, “The Counterpoise of Contracts: The Reasonable Person Standard and the Subjectivity of Judgment “, *South Carolina Law Review*, No.48 (Winter, 1997).

40. Mayo Moran, “Who is the Reasonable Person? The Reasonable Person: A Conceptual Biography in Comparative Perspective “, *Lewis & Clark Law Review*, No.14 (Winter, 2010).

41. Ernest Gellhorn, “Adverse Publicity by Administrative Agencies”, *Harvard Law Review*,Vol.86, No.8 (Jun., 1973).

42. W.Kip Viscusi, “Constructive Cigarette Regulation”, *Duke Law Journal*, Vol.47, No.6,Twenty-Ninth Annual Administrative Law Issue (Apr., 1998).

43. Jürgen Habermas, “Actions, Speech Acts, Linguistically Mediated Interactions, and the Lifeworld”, in *On the Pragmatics of Communication*, Edited by Maeve Cooke,The MIT Press, Cambridge, Massachusetts, 1998, p.245.

44. Jeff Mason, “Rhetoric and the Perlocutionary Field”, *Philosophy & Rhetoric*, Vol.27, No.4 (1994).

45. On Amir and Orly Lobel, “Stumble, Predict, Nudge: How Behavioral Economics Informs Law and Policy”, *Columbia Law Review*, Vol.108, No.8 (Dec., 2008).

46. Nicholas Dobson, “The age of reasons”, *New Law Journal*, No.157 (Jul., 2007).

47. *Alexander Weber*, Investitionsanreize unter RPI-X-Regulierung und die angemessene Höhe von Kostendurchreichungen, Zeitschrift für Energiewirtschaft 2009 (3).

48. Atila Abdulkadiroğlu and Tayfun Sönmez, “School Choice: A Mechanism Design Approach”, The American Economic Review, Vol.93, No.3 (Jun., 2003).

（三）古典名著

1. *Digesta*

2. Coke, *Coke Upon Littleton*

3. Cicero, *De Officiis*

4. Cicero, *De Republica*

5. Tacitus, *Historiae*

6. Gaius, *Commentary*

7. *Codex Justinianus*

8. Petrus Crassus, *Defensio Henrici IV*

9. Jean Bodin, *Les six livres de la République*

10. Erasmus, *De Natiuitate et educatione Principis Christiani*

11. Pufendorf, *De Officio Hominis et Civis Juxta Legem Naturalem Libbi Duo*

（四）司法案例

1. Board of Trustees of the University of Alabama v. Garrett, 531 U.S.356（2001）

2. Kimel v. Florida Board of Regent, 528 U.S.62（2000）

3. Case of District Attorney of United States, Case No.3,924, 1868 U.S.Dist. LEXIS 208

4. State v. Shea and Beam, 51 A.D.227（1900）

5. Wichita Railroad & Light Co.v.Public Utilities Commission, 260 U.S.48（1922）

6. Eastern-Central Motor Carriers Association v.United States, 321 U.S.194（1944）

7. Environmental Defense Fund, Inc. v .Environmental Protection Agency, 82 F.3d 451（1996）

8. Morgan v. United States, 298 U.S.468（1936）

9. SEC v. Chenery Corp., 318 U.S.80（1943）；332 U.S.194（1947）

10. Maxey v. Califano, 598 F.2d 874, at 876（1979）

11. Willston Basin Pipeline Company v. Federal Energy Regulatory Commission, 165 F.3d 54 (1999)

12. City of Lawrence v. Civil Aeronautic Board, 343 F.2d 583 (1965)

13. Daniel B.Salameda and Angelita C.Salamada v. Immigration and Naturalization Service, 70 F.3d 447 (1995)

14. Schnautz v. Barnhart, 94 Fed.Appx.525 (2004)

15. United States v. Chicago, Milwaukee, St.Paul & Pacific R.Co., 294 U.S.499 (1935)

16. Federal Power Commission v. Texaco Inc., Texaco Inc., 417 U.S.380 (1974)

17. Holt v. Sullivan, 921 F.2d 1221 (1991)

18. Dyer v. Barnhart, 395 F.3d 1206 (2005)

19. Greater Boston Television Corporation, v. Federal Communications Commission, 444 f.2d 841 (1970)

20. Clinton Memorial Hospital v. Shalala, 10 F.3d 854 (1993)

21. Raye And Company Transports, Inc., v. United States of America and Interstate Commerce Commission, 314 F.Supp.1036 (1970)

22. United States Telecom Association v. Federal Communications Commission and United States of America, 227 F.3d 450 (2000)

23. Qwest Corporation v. Federal Communications Commission (2001)

24. Chrysler Corporation, v. Department of Transportation, 472 F.2d 659 (1972)

25. Citizens to Preserve Overton Part v. Volpe, 401 U.S.402 (1971)

26. Motor Vehicle Manufacturers Association Inc. v. State Farm Mutual Automobile Insurance co., 463 U.S.29 (1983)

27. Chevron, U.S.A., Inc. v. Natural Resources Defense Council, 467 U.S.837 (1984)

28. Allentown Mack Sales and Service, Inc., v. National Labor Relations Board, 522 U.S.359 (1998)

29. Federal Communications Commission v. Fox Television Stations, Inc., 556 U.S.502 (2009)

30. United States et al. v. Morgan, 313 U.S.409（1941）

31. Denver First Church of the Nazarene v. Cherry Hills Vill., 2006 U.S.Dist. LEXIS 49483

32. N.M.Cattle Growers Ass'n v. United States Fish & Wildlife Serv., 248 F.3d 1277（2001）

33. BverfGE, 6, 32（1957）

34. BVerfGE 51, 1（1979）

35. OVG Lüneburg, Beschluß vom 17.8.2005

36. BVerwG, beschluss vom 11.03.1998

37. OVG Münster: Entscheidung vom 20.10.2004

38. OVG Greifswald: Beschluss vom 08.07.2009

39. OVG Weimar, Beschluß vom 31.1.2005

40. Beschluss des 1.Wehrdienstsenats vom 15.Juli 2008 – BverwG 1 WDS-VR 11.08

41. BVerfGE 7, 377（1957）

42. OVG Bautzen: Beschluss vom 31.05.2010

43. BVerwG, Beschluss vom 16.11.1999

44. R v. Parole Board, ex parte Bradley, [1990] 3 All ER 828, [1991] 1 WLR 134

45. R v. Higher Education Funding Council, ex parte Institute of Dental Surgery, [1994] 1 All ER 651, [1994] 1 WLR 242

46. Leeds City Council v. Hall; Birmingham City Council v. Frisby, [2011] UKSC 8

47. Associated Provincial Picture Houses Ltd. v. Wednesbury Corporation [1948] 1 KB 223

48. Devine and another v. Welsh Ministers, [2011] EWHC 358（Admin）

（五）其他

1. Tiedemann, *Beck'scher Online-Kommentar VwVfG*, § 39 Rn 1-99.

2. Robert H.Jackson, *Attorney General's Report on the Administrative Procedure Act*（1941）.

后 记

本书是在我博士学位论文的基础上修改而成的。在博士论文的后记中，我逐一感谢了北京大学宪法与行政法研究中心的各位老师，对我的硕士生和博士生导师湛中乐教授表达了深深的感激，并向在我求学期间教育、关心和帮助过我的数十位师友表达了谢意，还对当时的女朋友（前女友）表示了特别的感谢。

整个研究生期间，关于合法性的思考都构成我的一个主题线索。法律人赖以自足自立的技艺和价值，就在于对合法性的判断。然而，什么是合法性？这个问题引起了我的兴趣。我并不觉得现有的答案能够使我满足。经过不断地追索，我发现这一问题有着庞大而深远的学术脉络，乍看之下归根到底合法性无非是意志和理性两条主线的不断缠结，但随着追寻的不断深入，一个庞大的概念体系浮出水面：理由。

我逐渐步入了一个时而晦暗、时而辉煌、气象万千的思想王国，以前我们的认识仅仅限于“国家理由”，但这不过是那个思想王国的冰山一角。在合法性思想的体内旅行，和在外面看这个概念是完全不同的一套风景。在这个过程中，我深感要将流离失所的理由重新安置，给合法性这个概念还原她完整的生命。没有理由的合法性是没有灵魂的，只是一个苍白的空壳，并不值得成为法律人安身立命的志业。但是，要完成这一研究，我必须在现实的秩序中找一个点，将深层的法理和现世的制度融合起来，给它一个能呼吸、能变化的空间。

我深信，即使有一天法律规则变成代码和算法，理由也将依然作为根本的规范性思考形式而存在。合法性判断过于依赖预定的处境，而理由完善性的判断将跨越一切处境而存在。它是一个更为广阔而又更加精致的规范性参照系，里面蕴藏着各种部门法和各个子领域在未来可用的大量横向共通结构。“人是万物的尺度”，所有的规范，归根到底都是以一种规范中假定的标准人为基础生发的，而理由的世界是如此内在于人类的共同精神过程之中，在这里我们可以看到历久弥新的法理生长点，它必将在未来欣欣向荣。

五年过去了，我走上了一条格外艰难但有趣的学术道路，在不断学习与研究警察法学、信息法学的旅途中，我从未放弃对行政法基础理论的思考，从未放弃自中关村大街59号时开始的对公法学基础命题的关切。这五年来，我一度暂时放下了“理由”这个主题，转而对一个又一个行政法的基础概念进行考察——行政权、权力、警察权、行政法律关系……这些思考深受福柯《词与物》和方新军教授《权利概念的历史》的影响，我想理解公法学思想的深层脉络，并且在未来的代码和算法时代依然能够延续和发展其中的精华。在这条弯弯曲曲的小路上，我依然感谢恩师湛中乐教授的支持，感谢许多师友在这方面给予我的关心和帮助，感谢你们熠熠生辉的观点和建议。

在本书的写作过程中，中国政法大学的赵宏教授给予了我巨大的支持和帮助，也正是赵老师的推荐使此书有机会名列“青蓝文库”，也正是赵老师对我的写作提供了许多珍贵的建议和帮助，在此我深表感激，赵老师治学的严谨、待人的真诚和行政法研究的深度也堪为我辈楷模。中国法制出版社的王雯汀女士为本书付梓做了大量细致入微的工作，使得此书有机会以更好的状态问世，在此一并感谢。我深知自己才力有限，见识浅薄，欢迎各位师友、各位读者对本书提出宝贵的批评意见，对你们的不吝指教也预先说声“谢谢”。

物换星移，秋去春来，我早已离开了未名湖和畅春园，日复一日穿梭于木樨地桥的车流人影间，大多数时候低头赶路，偶尔也抬头仰望月轮。岁月如旧日黄河裹挟尘沙倾泻而去。离开北大的前四年，我搬了四次住处，散失了许多资料，换掉了不少旧物，东南西北各住了一遍，兜兜转转，在月坛南街遇到了我的太太，到西北五环外安了个小家。她一直坚定地支持和鼓励我投身学术研究，陪伴我进行漫长的探索和思考，并且一字一句地阅读了我许多作品的初稿，没有哪一种温暖比这更刻骨铭心。我愿将所有作品都献给她。

写完这篇后记，正是灯火黄昏，去厨房做饭，等她下班。

苏　宇

2018.11.20 于农大南路

图书在版编目（CIP）数据

走向“理由之治”：行政说明理由制度之透视 / 苏宇著. —北京：中国法制出版社，2019.5
（青蓝文库）
ISBN 978-7-5216-0223-4

Ⅰ. ①走… Ⅱ. ①苏… Ⅲ. ①行政法学—研究
Ⅳ. ① D912.104

中国版本图书馆 CIP 数据核字（2019）第 084273 号

策划编辑 马 颖 王雯汀　　责任编辑 王雯汀　　封面设计 蒋 怡

走向“理由之治”：行政说明理由制度之透视
ZOUXIANG “LIYOU ZHIZHI”：XINGZHENG SHUOMING LIYOU ZHIDU ZHI TOUSHI

著 者 / 苏宇
经 销 / 新华书店
印 刷 / 三河市紫恒印装有限公司
开 本 / 710 毫米 ×1000 毫米 16 开
印 张 / 18
字 数 / 251 千

版次：2019 年 5 月第 1 版 / 2019 年 5 月第 1 次印刷
书号：ISBN 978-7-5216-0223-4　　定价：59.00 元

北京西单横二条 2 号
邮政编码：100031　　传真：010-66031119
网址：http://www.zgfzs.com　　编辑部电话：010-66060794
市场营销部电话：010-66033393　　邮购部电话：010-66033288

（如有印装质量问题，请与本社印务部联系调换。电话：010-66032926）